U0571362

经济管理学术文库·经济类

混合所有制企业
股权结构选择研究

Research on the Choice of Ownership Structure of
Mixed Ownership Enterprises

董梅生／著

经济管理出版社
ECONOMY & MANAGEMENT PUBLISHING HOUSE

图书在版编目（CIP）数据

混合所有制企业股权结构选择研究/董梅生著. —北京：经济管理出版社，2017.10
ISBN 978-7-5096-5371-5

Ⅰ.①混… Ⅱ.①董… Ⅲ.①混合所有制—企业—股权结构—研究—中国
Ⅳ.①F279.246

中国版本图书馆 CIP 数据核字（2017）第 238293 号

组稿编辑：杨国强
责任编辑：杨国强　张瑞军
责任印制：黄章平
责任校对：王纪慧

出版发行：经济管理出版社
　　　　　（北京市海淀区北蜂窝 8 号中雅大厦 A 座 11 层　100038）
网　　址：www.E-mp.com.cn
电　　话：（010）51915602
印　　刷：玉田县昊达印刷有限公司
经　　销：新华书店
开　　本：720mm×1000mm/16
印　　张：13.25
字　　数：210 千字
版　　次：2017 年 11 月第 1 版　2017 年 11 月第 1 次印刷
书　　号：ISBN 978-7-5096-5371-5
定　　价：58.00 元

前　言

在中共十八届三中全会提出"积极发展混合所有制经济"，并把它上升到"基本经济制度的重要实现形式"这一重要高度之后，拉开了新一轮国有企业改革的序幕。党中央期望通过公有资本和非公有资本的交叉持股、相互融合实现"国民共进"，以顺利实现经济结构调整和产业转型升级。但政界、企业界和学术界对此理解各异，不同意见、立场和观点争论较为激烈。地方政府积极响应党中央号召，但也采取了一些激进做法，民营企业家则普遍担心"混合"后失去话语权、私有产权无法得到法律保障；国企领导人则担心被扣上"国有资产流失"的帽子，双方为此踟蹰不前。学者们的研究大多集中在混合所有制经济的内涵、性质、发展必要性，以及争论是走"国退民进"还是"国进民退"的道路等问题上，因此，学术研究成果定性的多、定量的少，实证分析更是滞后于社会实践需要。面对争议，习近平同志指出："发展混合所有制经济，基本政策已明确，关键是细则，成败也在细则。"因此，在此背景下，学术研究视角应该转到"细则制定上"来。

本书在回顾国内外相关文献的基础上，重点研究了混合所有制企业股权结构选择的问题。本书首先从国有企业产权改革的视角，研究为什么国有企业未来改革方向不是继续进行民营化，而是发展混合所有制经济。采用倾向评分匹配倍差法对2003~2014年692家混合所有制企业和135家由混合所有制企业改制的民营企业进行了产权改革效果的实证比较，发现民营化产权改革对社会福利和微观效率提升非常显著。中共十八届三中全会之所以不再继续进行民营化，是因为进一步分析发现，产权改革效果还受市场竞争程度、规模、行业、地区等因素交互影响，且未匹配上的混合所有制企业的社会福利和微观效率均比民营化的企业高，所以对未匹配上的企业应该积极发展混合所有制经济，而不是民营化。本书还发现，未匹配上的混合所有制企业垄断程度比匹配上的混合所有制企业高，因此垄断程度高的行业适合发展混合所有制经济。进一步考察发现，未匹配上的样本主要集中在制造业、冶炼及压延加工业、石油加工及炼焦业、电力煤气自来水的生产和供应业等自然垄断行业，而仓储业、其他制造业和食品饮料制造加工业等竞争性行业匹配上的样本很少，这说明未来适合进行混合所有制改革是这些垄断领域。另外，在一些竞争性行业也有一部分发展比较好的混合所有制企业，所以国有企业改革也不能绝对断定垄断行业只能发展混合所有制经济，竞争性行业国有企业要全面退出，应该根据每个企业的实际情况，因企制宜。

本书对混合所有制经济发展现状进行了分析。首先回顾了我国混合所有制经济的发展历程，发现混合所有制经济是伴随着我国国企改革过程逐步萌芽、发展、壮大的。从广义和狭义角度出发，本书对混合所有制企业基本情况进行了分析。为了研究我国混合所有制企业的优劣势，本书利用 1998~2007 年《中国工业企业数据库》30 多万条企业数据，采用 3 年滚动窗口检验，发现混合所有制企业技术创新能力最强。方差分析发现，国有独资企业、民营独资企业、外商独资企业和混合所有制企业的微观效率和社会福利还受企业规模、地理位置、市场势力和行业等因素交互影响，孰优孰劣并无定论。但从变动趋势看，混合所有制企业的盈利能力、技术创新能力和社会福利指标一直处于优化和改进中，因此混合所有制企业是一种极具发展潜力的企业类型，这正是中共十八届三中全会《决定》提出"积极发展混合所有制经济"的现实依据。

针对国企和民企老总普遍担心的控制权问题，本书从资金侵占角度，研究了金字塔式股权结构的终极控制股东侵占中小股东利益，进而损害公司业绩的作用机理。随后，本书收集了 2003~2014 年 692 家混合所有制企业、222 家民营企业的平衡面板数据，建立了联立方程模型，系统分析了金字塔式股权结构、资金侵占、公司业绩之间的关系。研究发现，不同类型终极控制股东设立金字塔式股权结构动机不同，但终极控股股东控制权与现金流权的分离都会诱发终极控股股东对中小股东资金的侵占，且损害了公司业绩，只是侵害程度按照社会法人终极控制、中央政府终极控制和地方政府终极控制依次递减。我们还发现，适度制衡的股权结构、市场竞争程度的提高有利于缓解终极控制股东的资金侵占行为，提升公司业绩。

　　基于上述研究，本书利用 1998~2007 年《中国工业企业数据库》5960 家混合所有制企业数据，从市场竞争角度，考虑到股权结构内生性问题，使用面板 IV 模型研究了混合所有制企业股权结构选择的一般规律。实证发现，国有股与企业绩效呈倒 U 型关系，市场竞争与企业绩效呈正相关关系，市场竞争与股权结构存在替代关系，且考虑市场竞争效应后，最优国有股比例从 45% 提高到 50.57%，或从 51% 提高到 75%。因为混合所有制企业中，国有股比例的平均值和中位数远未达到最优持股比例，所以对垄断程度高的行业进行混合所有制改革时可以考虑提高国有股比例至最优水平，实行强强联合模式；对竞争性强的行业，可以考虑降低国有股比例，但没必要实施国有股全部从竞争性领域退出，或单边退让国有股比例，因为此时国有股与绩效是正相关的。另外，混合所有制企业国有股比例的选择还受规模、行业等其他因素影响，并无普适标准，应因企制宜。

　　此外，本书分类分层选取了两家混合所有制企业，剖析了其股权结构的选择及对公司业绩的影响，研究发现股权结构安排固然重要，但公司治理结构完善更为重要。基于实际操作层面，本书选取了上海市国资委对其混合所有制改革的具体做法做了全方位解读，研究发现，借助资本平台进行兼并重组、国有资产证券化是混合所有制改革的主要方式。

　　最后，本书提出了发展混合所有制经济的几点政策建议：第一，积极稳妥地推进混合所有制改革；第二，分类分层推进混合所有制改革；第三，坚持市场化方向推进混合所有制改革；第四，混合所有制企业普遍采用金字塔式股权结构，但更要完善公司治理结构；第五，借助资本平台进行兼并重组提高国有资产证券化率是进行混合所有制改革的主要方式，因此要大力建设资本市场。

目　录

第一章 绪 论

本章首先阐述研究背景及研究价值，其次介绍研究框架结构和主要研究内容，最后指出本书采用的主要研究方法，可能存在的创新点和不足之处。

第一节 选题背景与研究价值

一、选题背景

作为国民经济支柱的国有企业，在我国经济发展中具有举足轻重的作用，国有企业改革也是我国经济体制改革的中心环节。我国国有企业改革在实践中不断探索深化。改革开放以来，先后经历了放权让利（1978~1984 年）、承包经营（1984~1992 年）、建立现代企业制度（1992~2003 年）、国企改革纵深推进（2003 年至今）四个阶段，并取得了令人瞩目的成就。总体而言，我国国有企业已同市场经济相融合，其运行质量和国际化程度大幅提升，但仍然存在一些深层次问题急需解决，如体制僵化、竞争力不强、效率低下，等等。2008 年金融危机爆发后，国际经济艰难复苏，全球总需求不足，国际产业分工格局正在重塑；国内经济进入新常态和"三期叠加"阶段，产能过剩严重，大宗商品价格暴跌，产品出口受阻，实体经济面临互联网的冲击，国有企业应对能力不够灵活，抗风险能力不够强大，而非公有制经济则受规模、技术、融资等方面的制约，发展尤为艰难。为此，中共十八届三中全会《中共中央关于全面深化改革若干重大问题的决定》（以下简称《决定》），首次把"混合所有制经济"提到"基本经济制度的重要实现形式"这一重要高度，拉开了新一轮国有企业改革的序幕。党中央期望通过构建公平、公正的市场平台，通过公有资本和非公有资本的交叉持股、相互融合实现"国民共进"，以增强国有企业的活力、控制力和抗风险能力，提高国有企业的国际竞争力，顺利实现经济结构调整和产业转型升级。

在中共十八届三中全会 《决定》再次提出"积极发展混合所有制经济"之后，关于为什么发展混合所有制经济、如何发展混合所有制经济等问题，引起了政界、企业界、学术界和民间大讨论。支持者认为发展混合所有制是国企改革的重头戏（彭建国，2014；王小力，2014），是深化国企改革的突破口和加速器（杨瑞龙，2014a），能实现"国企实力+民企活力=中国企业竞争力"（周宏达，2013），能加快产业转型（管清友，2014），催生局部牛市（中秦，2014）。反对者认为混合所有制不是灵丹妙药（李靖、汤谷良，2014），不会一混就灵，大型国企不缺钱、不缺技术，应保持国有资产的完整性，不应发展混合所有制经济（龙斧、王今朝，2015）。中立者认为既要积极拥护，也要防止"穿新鞋走老路"（宁彬、王旸，2014），还要警惕有人故意曲解"混合所有制"（丁冰，2014），只指大型国企中混入私有资本，绝口不提私人资本里混入国有资本，因此要防止被单维度"私有化"（丁石，2015）和"全盘外化"（李毅中，2014）。

显然，关于要不要发展混合所有制经济的争论一直难以平息，但中央对发展混合所有制经济的决策是坚定的。正如习近平指出的那样，"发展混合所有制经济，基本政策已明确，关键是细则，成败也在细则。"因此再探讨要不要发展混合所有制经济已经没有多大价值，研究视角应该转到"细则制定上"、转到如何发展混合所有制经济的问题上来。为此，本书首先收集 2003~2014 年上市公司数据，从产权改革角度，实证分析国有企业未来改革方向为什么不是继续进行民营化，而是发展混合所有制经济。其次对混合所有制经济的发展历程进行回顾，对广义和狭义的混合所有制企业现状进行分析，并收集《中国工业企业数据库》30多万条数据，比较 1998~2007 年混合所有制企业与国有独资企业、民营独资企业、外商独资企业的微观效率和社会福利高低，探寻发展混合所有制经济的现实支撑。再次从资金侵占视角，收集 2003~2014 年上市公司数据，研究"金字塔"式股权结构下，混合所有制企业股权结构的作用机理。本书从市场竞争视角，利用《中国工业企业数据库》数据，实证分析在市场竞争的环境中，混合所有制企业中公有资本是应该保持绝对控股、相对控股还是参股形式，以探寻混合所有制企业股权结构选择的一般规律。复次重点探讨了惠而浦、中国建材集团的股权结构安排，及其对公司绩效的影响，详细地分析了上海市国资委发展混合所有制经济采取的具体操作办法。最后提出了相应的政策建议。

二、研究价值

(一)学术价值

第一，有助于对中国经济转轨独特性、复杂性和多样性的理解，对准确辨析"中国模式""中国道路"具有参考价值。其他转轨国家进行大规模的国有企业改革，要么是全面私有化，要么是再国有化，在私有化和国有化之间不停摇摆，混合所有制经济这种制度安排并没有上升为其主流的改革策略。欧美等老牌市场经济国家，虽然某个阶段也存在混合持股的现象，但对国有企业改革主要采取的是私有化道路。中国政府自 1984 年开始就把国有企业改革作为经济转轨的中心环节，对混合所有制经济的探索从未停止过，并把其作为一项重要的国有企业改革策略，这在其他国家还找不到现成参考经验，因此混合所有制经济独具中国特色。采用倾向评分匹配倍差法评判混合所有制企业产权改革效果，通过实证数据分析为什么发展混合所有制经济，有助于对中国经济转轨独特性、复杂性和多样性的理解，有助于在国内和国际准确辨析"中国模式""中国道路"。同时，当下被中国广泛推行的混合所有制企业，它是以公有制为主体的企业类型，不同于资本主义国家以私有制为主体的混合所有制企业，它的股权结构如何安排，才能与中国市场经济体制相融合，与经济全球化和市场体系全球化相融合，是不可回避的学术问题，因此本书以问题为导向，具有学术研究价值。

第二，研究具有系统性，具有学术交流价值。虽然最近几年关于混合所有制经济的文章呈爆发式增长，但定性研究多，定量研究少，大数据的实证研究更少。本书从产权改革角度，阐释为什么国有企业未来改革方向是发展混合所有制经济，而不是继续民营化；采用大数据，从微观效率和社会福利视角探寻发展混合所有制经济的现实支撑是对中共十八届三中全会《决定》提出的"积极发展混合所有制经济"的深刻注释和有力举证，也是对国有企业改革产权理论的有益补充。研究混合所有制企业股权结构作用机理，剖析混合所有制企业股权结构选择的一般规律，是对公司治理结构中股权结构理论内容的有益补充。同时，从案例研究角度剖析惠而浦和中国建材集团股权结构安排特点及其效果，探析上海市国资委如何具体进行混合所有制改革，是对如何发展混合所有制经济的整体考量，因此本书具有系统性，具有学术讨论和交流价值。

第三，打开了实证研究视角，具有抛砖引玉作用。本书尝试在实证角度研究为什么发展混合所有制经济，而不是继续进行国有企业私有化的产权改革；实证比较我国当前混合所有制企业的优劣势；研究混合所有制企业金字塔式股权结构的作用机理，混合所有制企业股权结构选择的一般规律和个案特征，以及剖析上海市国资委进行混合所有制改革的具体操作方法，可以为后来研究者打开视野，研究诸如混合所有制企业股权如何定价、如何实施员工持股制度、如何建立职业经理人制度、如何建设董事会等问题。可以说，这一领域的实证研究才刚刚开始，并无多少现成文献可以参考，本书具有抛砖引玉的作用。

(二) 应用价值

第一，有利于积极稳妥发展混合所有制经济。通过实证分析发现，未来国企改革方向必须是发展混合所有制经济；实证分析发现，与民营企业相比，混合所有制企业微观效率和社会福利孰优孰劣，并无定论，因此发展混合所有制经济是有效良方，但不是唯一良方，每个企业要不要发展混合所有制经济，需具体情况具体分析，应该一企一策。相反，我们要警惕一些地方政府的激进做法，如提出一些硬性指标、采取"一刀切"的方案、设置时间表等。同时还要警惕在一片改革声浪中，造成国有资产巨额流失的问题，因此我们要积极稳妥地发展混合所有制经济。

第二，有利于分类推进混合所有制经济改革。我们对混合所有制企业产权改革的实证研究发现，混合所有制经济适合在垄断行业发展，因此应该分类推进混合所有制改革。对混合所有制企业股权结构作用机理研究也发现，不同类型企业设立金字塔式股权结构动机不同，因此应该分类研究不同终极控制类型企业股权结构的安排问题。对混合所有制企业股权结构选择的实证结果还发现，垄断企业应该绝对控股，实现强强联合；竞争性行业股权结构由融合双方自主确定，但不能搞国有资本在竞争性领域的单边退让和全部退出，再次证明应该分类推进混合所有制改革，以及如何分类改革，因此本书有利于分类推进混合所有制改革。

第三，有利于推进混合所有制改革相关政策法律的配套完善，提高改革效果。我国混合所有制改革过程中，混合对象选择、股权定价、信息披露、国有资产流失等问题，必须有相应完善的政策制定、配套的法律制度实施才能达到改革目的，才能取得预想效果。因此，混合所有制改革必须与相关法律制度的完善同步推进。本书提出的完善公司治理结构、建设完善的资本市场的建议，有利于推进相关政策法律配套建设。

第二节　框架结构和主要研究内容

一、框架结构

本书遵循"为什么"发展混合所有制经济，混合所有制企业"是怎样"选择股权结构、地方国资委如何具体进行混合所有制改革，最后"该怎样"发展混合所有制经济的逻辑框架分析，框架见图1-1。

二、主要研究内容

本书共分为八章，其主要内容安排如下：

第一章是绪论，研究选题背景与研究价值、框架结构和主要研究内容、主要研究方法、创新点和不足之处。

第二章是概念界定与文献回顾。首先对本书相关概念进行界定，对混合所有制经济的性质进行确定，其次对发展混合所有制经济的必要性、理论支撑、路径、效率评价和股权结构五个方面的国内外文献进行回顾和述评，从而提出本书需要研究的问题。

第三章从产权改革的视角，对为什么发展混合所有制经济进行实证分析。主要是收集2003~2014年827家上市公司数据，采用倾向匹配评分倍差法，在控制各种定量变量和定性变量后，评价混合所有制企业的民营化改革效果，用数据证实国有企业改革未来方向为什么不能继续进行民营化，而是发展混合所有制经

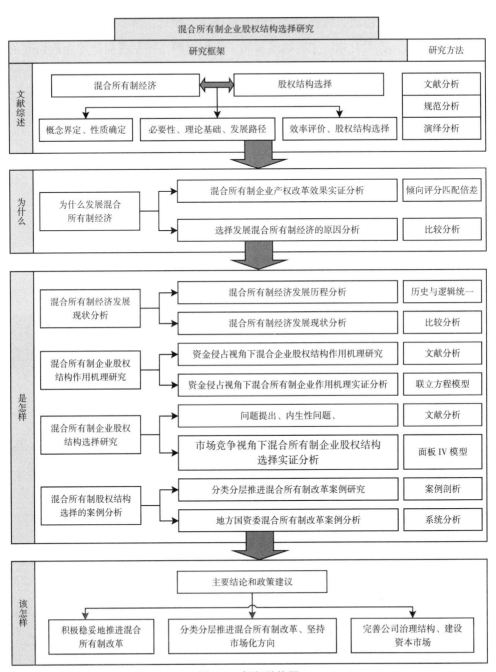

图 1-1 框架结构图

济，以及为什么要分类推进混合所有制改革。

第四章是对混合所有制经济发展现状的分析。首先是对改革开放以来，我国混合所有制经济发展历程的回顾。其次对广义的混合所有制经济、狭义的混合所有制经济发展现状进行说明。最后收集大数据，评价混合所有制企业的微观效率和社会福利大小，以找出混合所有制经济的优势及存在的问题。

第五章研究了混合所有制企业股权结构作用机理。利用 2003~2014 年 914 家上市公司数据，构建金字塔式股权结构、资金侵占与公司业绩的联立方程模型，实证研究混合所有制企业采取金字塔式股权结构如何发生终极控制股东侵占中小股东利益，并损害公司业绩的机理。

第六章研究混合所有制企业股权结构选择的一般规律。利用《中国工业企业数据库》1998~2007 年 5960 家混合所有制企业数据，采用面板 IV 模型，研究在市场竞争的环境中，混合所有制企业中公有资本何时应该保持绝对控股、相对控股还是参股形式，然后考察规模、行业、地区等因素对股权结构选择的影响，为混合所有制企业股权结构分类选择提供经验证据。

第七章是混合所有制企业股权结构选择的案例分析。首先从分类分层推进混合所有制改革的角度，选取惠而浦和中国建材集团两个公司，对其股权结构安排和效果进行案例分析；其次从地方国资委角度，以上海市国资委为例，剖析其进行混合所有制改革的具体做法，以进一步分析如何发展混合所有制经济。

第八章为主要结论、政策建议和下一步研究方向。首先对主要研究结论进行总结，其次提出相应的政策建议，最后指出未来进一步研究的方向。

第三节 主要研究方法、创新点和不足之处

一、主要研究方法

本书除了采用常用的文献分析和归纳演绎等方法外，重点采用：

第一，比较分析法。该方法贯穿着整个研究过程。比较混合所有制企业进行

产权改革与不进行产权改革的效果差异；比较各类型企业微观效率和社会福利大小；比较不同终极控制股东侵占中小股东的行为差异，比较不同类型终极控制控股设立金字塔式股权结构的动机；比较功能不同、行业不同、规模不同等因素对混合所有制企业微观效率和社会福利，以及股权结构选择的影响；比较充分竞争行业国有股绝对控股、相对控股、参股对公司业绩的影响；等等。

第二，案例分析法。从分类推进混合所有制改革角度选取了充分竞争行业的惠而浦上市公司，从分层推进混合所有制改革角度选取了中国建材集团，从地方推进混合所有制改革角度，选取了上海市国资委进行案例分析。

第三，计量方法。使用联立方程模型研究混合所有制企业股权结构作用机理；采用面板模型、面板 IV 模型实证分析混合所有制企业股权结构选择的一般规律；使用倾向评分匹配倍差法分析混合所有制企业进行产权改革的效果；等等。

二、创新点

（一）研究视角的新颖性

大部分文献都是从定性的角度研究混合所有制经济发展的必要性、理论基础和发展路径，本书从实证角度阐释为什么发展混合所有制经济、如何选取混合所有制企业的股权结构、如何发展混合所有制经济具有新颖性。本书首先采用倾向评分匹配倍差法考察混合所有制企业的产权改革效果，发现产权改革是卓有成效的，但垄断行业更适合发展混合所有制经济，通过收集大样本数据分析发现，混合所有制企业技术创新能力强、是一种极具发展潜力的企业类型；其次从资金侵占角度研究混合所有制企业股权结构的作用机理；最后从市场竞争角度研究混合所有制企业股权结构选择的一般规律，从案例分析角度剖析混合所有制企业股权结构选择的个案特征和上海国资委混合所有制改革的具体做法，这些研究视角具有新颖性。

（二）研究内容的新颖性

以混合所有制企业股权结构为切入点，在资金侵占视角下，研究混合所有制企业金字塔式股权结构的终极控股股东对中小股东的利益侵占，以及对公司业绩影响的作用机理；在市场竞争视角下，研究混合所有制企业股权结构选择的一般规律；分类分层选择混合所有制企业的个别上市公司进行案例剖析，系统解析上海市国资委进行混合所有制改革的具体做法，这些内容具有新颖性。

（三）研究方法的新颖

使用倾向评分匹配倍差法分析混合所有制企业的产权改革效果；采用联立方程模型系统分析混合所有制企业金字塔式股权结构、资金侵占和公司业绩三者之间相互作用机理；利用面板 IV 回归模型探寻混合所有制企业股权结构选择的一般规律；使用案例分析剖析混合所有制企业股权结构选择的个案特征，总结上海市国资委进行混合所有制改革的经验，等等。这些方法也具有一定的新颖性。

三、不足之处

虽然近几年有关混合所有制经济研究的文献呈爆发式增长，但实证研究的文献并不多，本书也是在摸索中完成。由于笔者水平有限、时间有限，还存在以下几点不足：

第一，对发展混合所有制经济的理论基础没有深入研究。虽然政府干预理论、西方产权理论和马克思主义等理论都对发展混合所有制经济有了各种理论阐释，但本书没有把它们有机结合起来，特别是对中国化的混合所有制经济的理论研究并未展开，还存在较大缺陷。

第二，只从资金侵占视角研究了混合所有制企业股权结构的作用机理，没有从关联交易、过度投资、掠夺性分红等角度进一步研究。

第三，竞争性状态下股权结构选择一般规律的实证分析，自变量只考虑了一部分因素，可能还有所遗漏。原本设想再用门槛模型分析各行业适宜的股权比例，但由于时间仓促没有完成，下一步可以在这方面进行改善。

第四，案例分析局限于材料堆积，深度不够，还需进一步完善。

第二章　概念界定与文献回顾

本章主要是界定混合所有制经济、股权结构的概念，厘清全书的基本概念，然后对国内外有关混合所有制经济的文献进行了回顾，从发展混合所有制经济的必要性、理论基础、路径、效率评价、股权结构五个方面展开，它构成了本书的基础，并成为本书的起点。

第一节　概念界定和性质确定

一、混合所有制经济概念的界定

（一）国外混合所有制经济概念

经过几百年的发展，西方资本主义国家发展模式主要分为莱茵模式（西欧、北欧资本主义国家）和盎格鲁·撒克逊模式（英国、美国资本主义国家）（程恩富、谢长安，2015）。但是 20 世纪 70 年代世界经济发生"滞胀"现象，表明凯恩斯主义极端干预政府的失败，以及 2008 年金融危机显示新自由主义鼓吹的国家无政府主义失败，说明无论是哪一种资本主义经济模式，都不能使用单一所有制的市场经济模式，而应该是混合所有制经济模式。但迄今为止，关于混合经济或混合所有制经济，国外还没有一个统一公认的定义。凯恩斯（1933）认为，通过加强政府对经济的干预，让国家的权威与私人的策动力互相合作，可以医治资本主义经济危机与失业等痼疾，这是有关"混合经济"的最初思想。汉森继承了凯恩斯的这一观点，他在 1941 年发表的《财政政策和经济周期》中，较系统地解释了"混合经济"的含义。他认为，从19世纪末期以后，大多数资本主义国家的经济逐渐变为私人经济和社会化经济并存的"公私混合经济"或者"双重经济"。汉森认为，这种"混合经济"具有双重的意义，即生产领域的"公私混合经济"（国有企业与私人企业并存）和收入与消费方面的"公私混合经济"（公共卫生、社会安全和福利开支与私人收入和消费的并存）（王荣森，2014）。汉森的学生萨缪尔森也是凯恩斯的积极推广者之一，他专门论述了"混合经济的力量"（萨缪尔森、沈耀庚，1983）。他认为，混合经济的力量在于混合，人类干预可以调动和控制市场这匹狂奔的骏马，不至于让它迷失方向和偏离目标太远。美国企业史学家钱德勒也认为，从19世纪末期以后，多数西方国家的经济开始逐渐变为"公私混合经济"。钱德勒在《看得见的手》中，列举了八个论点论述管理协调"有形的手"取代市场机制"无形的手"。在钱德勒看来，管理协调这只"看得见的手"，相比市场协调这只"看不见的手"而言，能够带来更大的生产力和丰厚的利润，能够提高资本的竞争力，由此管理的变革会引发生产和消费的显著提高（王荣森，2014）。瑞典经济学家埃克隆德（1989）在分析混合所有制经济时认为，由于"国家干预经济和纯粹市场经济的模型都存在着严重的缺陷，因此在实际经济运行中，国家多是市场调节和政府干预并存的混合所有制经济形式"（克拉斯·埃克隆德，1989）。总之，"混合经济"在西方经济学界实质上是国家干预的、以私人经济为基础的市场经济，是把"看得见的手"和"看不见的手"结合起来的经济。因此，从政治角度定义是指国家干预的资本主义市场经济（Prestom，1982；Galan，1980；Rowley，1982），从非政治化角度定义是指公共和私人所有权以及规划和市场结合的经济（Kaldor，1980；Roll，1982）。

（二）国内混合所有制经济概念

国内学者对其称呼并不统一，大致有"混合经济""混合所有制""混合所有制企业""混合所有制经济"。目前比较权威的定义是指同一个经济组织中，不同所有制的产权主体多元投资、交叉持股、融合发展的经济形式，它既可以描述一个国家或地区，也可以描述一个企业组织。王永年（2004）认为，有广义和狭义的混合所有制经济，广义是指一个国家或地区之间，不同所有制主体之间，如国有经济、集体经济、私人、民营、外资等构成的经济关系；狭义是指同一企业内不同所有制的投资者共同投资联合组建而成的企业。朱光华（2004）把混合所有制经济分为宏观和微观，宏观是指社会所有制结构的多种所有制并存，我国以公有制为主体，多种所有制共同发展的格局，就是一种宏观的混合所有制；微观是指不同所有制联合形成的企业所有制形态，可称为企业的混合所有制。王永年的广义与朱光华的宏观、王永年的狭义与朱光华的微观概念比较接近。葛扬（2004）指出，混合所有制经济不仅包括多种所有制形式和经济成分并存的外生型混合所有制经济，还包括不同所有制性质归属的资本在同一企业中"混合"的内生型混合所有制经济，所以葛教授的外生型、内生型混合所有制经济分别对应于宏观、微观的混合所有制经济。卫兴华早在2004年就指出，混合经济是公有制经济与私有制经济的混合，带有公有制性质（卫兴华，2004）。刘泉红（2014）继承和发扬了卫兴华（2004）的观点，把混合所有制企业又分为广义和狭义，其中广义是指两种或两种以上的所有制经济成分通过股份制、联营等形式，成立有限责任公司或股份有限公司，共同从事生产经营活动的所有制形式，包括国有企业与国有企业的混合，国有企业与集体企业的混合，国有企业与民营企业的混合，国有企业与外资企业的混合，民营企业与外资企业的混合，等等；狭义是指有国有经济成分参与的混合所有制经济，因此，广义的混合所有制经济混合产权中不一定包含国有经济成分，而狭义的混合所有制经济的混合产权中一定包含国有经济成分。但朱光华（2004）把混合所有制经济划分为三类，即公有制和私有制的混合、公有制与个人的混合、国有企业与集体企业的混合，他的分法不同于刘泉红（2014）的广义和狭义划分，因为广义里面少了私有制之间的混合类型，狭义划分又多出了国有企业与集体企业的混合。国务院国资委（2014）采纳了刘泉红（2014）的狭义概念，并作为官方正式解释。因此本书混合所有制经济从宏观层面是指各种合资、合作经济的所有制结构；微观层面仅指公有资本与非公有资本混合的合资、合作、股份经济，其实质是指混合所有制企业。

　　总之，国外强调的是混合所有制经济宏观概念，指国家干预的资本主义市场经济；国内是针对所有制结构"单一性、封闭型和凝滞性"的弊端，提出了发展混合所有制经济，看重混合所有制经济的微观概念，实质是指公有资本与非公有资本混合的混合所有制企业。虽然国内外称呼不同，内涵不一致，但从世界范围看，发展混合所有制经济是时代趋势（王荣森，2014；程恩富、谢长安，2015）。

二、股权结构概念的界定

股权结构是公司治理结构的基础，它决定了企业的组织架构，并左右了企业战略发展方向和利益分配方式，最终决定了企业行为和绩效，因此股权结构如何选择非常重要。对于混合所有制企业，公有资本与非公有资本追求目标带有天然的不一致性，公有资本在追求企业效率的同时还必须关注社会福利问题，而非公有资本只是以利润最大化为目标。很显然，混合所有制企业如何通过股权结构安排实现资源最优配置、内部运行流畅成为混合所有制经济改革的关键问题之一。

股权结构有两层含义，第一层是指不同性质股东所持股份的比例及其相互关系，如国有股、法人股、民营股和外资股等，以及流通股和非流通股；第二层是指股权集中度，即前十大股东持股比例。由于 2006 年底我国股权分置改革基本完成，解决了股票不能流通的问题。因此本书以《中国工业企业数据库》为样本时，股权结构是指注册资本中不同类型股东的持股比例；以中国上市公司 2003~2014 年数据为样本时，是按照终极控制股东类型，将股权结构划分为中央政府终极控制的混合所有制企业、地方政府终极控制的混合所有制企业和社会法人控制的民营企业。

三、混合所有制经济性质的确定

国外所有制形式是以私有制为主，它们认为混合经济是市场自发的一种财产组合形式，因此较少讨论其性质归属问题。国内伴随姓"资"姓"社"的争论，一直纠结其性质归属，而且还产生了诸多分歧，概括起来，有以下几种观点。

第一，混合所有制经济是所有制的一种基本形式。戴文标（2001）认为，混合所有制形式应是一种独立的所有制形式，它有独立的阶级归宿与产权归宿，与私有制同时产生于原始公有制向私有制过渡的过程中。王祖强（2006）认为，混合所有制在我国的出现绝不是偶然的，是公有产权和非公有产权在企业内部融合所形成的一种新的财产所有结构，是一种新的独立所有制形式，其主要特征是开放性、兼容性和过渡性。何伟（2004）基于中共十六届三中全会《决定》提出的"大力发展国有资本、集体资本和非公有资本等参股的融合所有制经济，实现投资主体多元化，使股份制成为公有制的主要实现形式"，认为混合所有制经济是社会主义所有制的基本形式。马昀（2007）反驳了何伟的观点，他认为何伟混淆了公有制的实现形式和公有制的基本形式或者说是存在形式。私有制和公有制是不同的所有制，但可以采取同一的实现形式即股份制。股份制是一种资本组织形式，并不是一种独立的所有制形式。因此不能简单地界定股份制是公有还是私有，是姓"社"还是姓"资"。侯为民和孙咏梅（2006）也不同意何伟的观点，他们认为混合所有制不能泛化为公有制，不能成为社会主义所有制的基本形式。社会主义市场经济条件下，股份制可以作为公有制的实现形式，但性质上不能简单等同于公有制。

第二，混合所有制经济是一种新公有制企业。厉以宁（2004）论述了新公有制企业的几种形式，第一种形式是经过改制的新的国家所有制；第二种形式是由国家控股或国家参股的股份制企业，且把它们称为混合所有制企业；第三种形式是大量存在的没有国家投资的公众持股企业，如像工会、商会这样的社会团体，或像街道、居民区这样的社区，用公众集资的钱所举办的企业；第四种形式是公益性基金所有制所办的企业，其资金来自私人捐赠，它具有公有的性质。厉以宁"新公有制企业"理论提出来后，立即引起学术界激烈的争论。项启源（2004）认为这种把股份制等同于公有制的观点，既违背了马克思主义基本原理，又违背了中共十五大以来党的有关决议，而且不符合当代实际。钱津（2004）认为厉以宁将公众持股的股份制企业确定为公众所有制企业，所犯错误是将公众混同于公有。李保民（2005）认为，厉以宁将不属于社会主义的东西贴上社会主义的标签，并冠以"社会主义公有制企业的新形式"的做法，既有扰乱理论混乱之嫌，也是改制中不同利益集团在理论上的博弈，因为表面上的姓"资"姓"社"之争，实质上是改革背后其真正的股东官僚集团、资本家，与劳动人民的争论。晓亮（2004）认为混合所有制经济是打破单一所有制而出现的一种所有制类型。王祖强（2006）认为混合所有制经济是公有产权和非公有产权在企业内部融合而形成的一种新的财产所有制结构。这些言论也是不妥的，因为它混淆了所有制基本形式和所有制实现形式。

第三，混合所有制经济是一种"控股"经济。这是因为混合所有制经济作为一种资产组织形式，并无姓"公"姓"私"的性质，其性质是由构成部分中占控股地位的资产所有制性质决定。吕东升（2005）认为，混合所有制经济是一种非独立的经济形态或所有制形态，它的性质是由占主导地位的股权决定的。换言之，谁控股，谁就左右局势，谁就决定它的性质。中共十五大报告也提出，"不能笼统地说股份制是公有还是私有，关键看控股权掌握在谁手中。国家和集体控股，具有明显的公有性，有利于扩大公有资本的支配范围，增强公有制的主体作用"。但是把混合所有制经济看成"控股"经济是不对的，因为混合所有制经济的具体实现形式，除股份制经济之外，还有劳动者合作制经济、股份合作制经济、企业联合体所有制经济等形式。张作云（2009）认为，混合所有制经济既不是控股经济，也不是一种非"公"非"私"的独立经济形式，它是作为现代企业的一种资本组织形式。同样道理，把混合所有制经济看成是股份经济也是错误的。张卓元（2014）认为，混合所有制经济肯定是股份制经济，但并不是所有的股份制经济都是混合所有制经济，西方国家合伙制和股份制经济一般都不是混合所有制经济，我国也有少量国有企业之间成立或由私人资本合伙经营的股份制企业也不属于混合所有制经济。季晓南（2014）认为，混合所有制经济比股份制的内涵更为宽泛，股份制是混合所有制的主要实现形式，但混合所有制不等于股份制。

第四，混合所有制经济是一种所有制实现形式。李萍和刘金石（2005）明确提出，混合所有制经济"是所有制的一种实现形式"，"与'所有制性质'无关"。张卓元（2014）认为，混合所有制经济是基本经济制度的重要实现形式。卫兴华和何召鹏（2015）提出，既要弄清混合所有制经济"是公有制的主要实现形式"同"是基本经济制度的重要实现形式"的关系与区别，也要弄清楚"公有制的实现形式"同"公有制形式"的关系与区别，不能把公有制实现形式等同于公有制性质。

总之，随着1992年中国共产党第十四次全国代表大会确立社会主义市场经济体制后，为发展壮大公有制经济，引导非公有制经济健康发展，我国关于所有制的理论和政策不断被突破和创新，特别是在中共十六届三中全会提出要大力发展混合所有制经济后，对混合所有制性质的认识也在争论中不断深化发展。中共十八届三中全会《决议》明确提出"混合所有制经济是我国基本经济制度的重要实现形式"，自此，对混合所有制经济性质的争论尘埃落定。

第二节　文献综述

一、发展混合所有制经济的必要性

中共十八届三中全会再次提出"积极发展混合所有制经济"之后，政界、学界和企业界各抒己见，对发展混合所有制经济的必要性提出了不同看法，归纳起来有以下几点：

第一，是完善基本经济制度的必然要求。伯娜（2007）认为，农村经济发展过程中产生的大量合作经济和经济联合体、改革开放过程中出现的各种合资企业，以及股份制企业的迅速发展，均证明了混合所有制经济的发展是建设有中国特色社会主义经济的必然要求。中国社科院经济所研究员张卓元（2013）认为，大力发展混合所有制经济，是我国发展社会主义市场经济中所特有的改革策略。国有企业进行公司制股份制改革，可以实现国有机制同市场经济的有机结合，使国有企业找到能有效促进生产力发展的实现形式，是完善基本经济制度的必然要求。

第二，是推动国有企业深化改革的突破口和加速器。杨瑞龙（2014b）认为，混合经济可以作为突破口，推进国有企业的分类改革战略、重构与混合所有制相适应的国有资产管理与经营体制、积极探索国有资本有序退出的路径、优化混合所有制企业的治理结构，建立职业经理人制度。常修泽（2014）认为，面对我国全面改革已进入"深水区"的情况，可以把行政体制改革和国企改革作为突破口，其中发展混合所有制经济可以打破央企"一股独大"或"一股独占"的僵局，使得经济体制改革取得突破，并带动其他领域的改革。常修泽（2014a）还认为，混合所有制经济是"社会共生"体制的经济支撑，是建立现代国家治理体系的重要组成部分，是寻求改革取得实质性进展的突破口。国有重点大型企业监事会主席季晓南（2014）认为，现在国企改革已进入"深水区"，混合所有制是深化国企改革的一个突破口和加速器。王小力（2014）认为，混合所有制经济是国资监管体制上的创新，是深化国有企业管理体制改革、健全完善现代企业制度、强化法人治理结构、强化市场公平性的一个必要手段，是国有企业走向市场的必经之路，混合所有制经济是国企改革的重头戏。姚洋（2014）却提出了相反意见，他认为混合所有制不能从根本上解决国企治理结构问题，不是国企改革方向，对于大型国企改革只有一条路，就是上市公司变成公众公司。[1]

第三，是实现国有资本放大功能、保值增值和提升国有企业竞争力的途径。中国建材集团和中国医药集团董事长宋志平（2014）说："要在企业经营中发挥民营企业的活力，让民营企业的活力与国有企业的实力结合起来，实现央企实力+民企活力=企业竞争力。"[2]贾淑军（2013）认为，混合所有制经济的最大优势就是汇集了不同所有制经济成分的特长，通过联合投资和联合经营，既扩大了资本实力，又激活了经营机制，是促进企业快速发展壮大和提升竞争力的有效组织形式。谭江华（2016）认为混合所有制可以集国企资本雄厚实力和民企机制灵活的优势，在充分发挥各自优势的情况下，可以提高企业的国际竞争力，有助于中国企业走出去。

第四，拓宽了民间资本投资渠道，为发展混合所有制经济创造了现实条件。樊怀洪和郭济龙早在1999年就认识到国有企业改革是混合所有制经济的重要一环，他们认为，"国有经济与民营经济不应对立，而应相互促进、共同发展。"常修泽（2014）认为，为了"和谐统一"协调社会多种利益关系，混合所有制是这种有效的产权组织形式。中国人民大学经济学院张宇教授（2014）指出，国有企业、民营企业各有所长。我国国有企业多数规模庞大、总体实力雄厚、拥有较强的技术优势和国际竞争力；民营企业则具有机制灵活、创新意识强等优势。积极发展混合所有制经济，国有经济和民营经济将在更大范围、更广领域形成"你中有我、我中有你"的新局面。这既有助于二者在交融中取长补短、发挥更大优势，也有利于平息"国进民退"还是"国退民进"的争论，通过多种所有制的共同发展，最终实现"国民共进""公平竞争"，打造更多具有国际竞争力的中国

---

① 姚洋：《混合所有制不是国企改革方向》，http://money.163.com/14/1107/18/AAFFUA5I00253B0H. html，财经网（北京），2014年11月7日。
② 国企负责人：《央企实力+民企活力=企业竞争力》，http://finance.ifeng.com/a/20140306/11814885_0. shtml，《第一财经日报》，2014年3月6日。

大企业。

但是，也有一部分学者对发展混合所有制经济提出了质疑。武汉大学的龙斧发表了一系列文章，他认为中国作为社会主义国家，当大型国企运作良好、股权资本雄厚、资金充足、债权资本信誉度高、市场稳定时，政府应该保持国有资本的完整性、神圣不可侵犯性，不必发展混合所有制经济。他还认为把中国的"混合所有制经济"理解为在大型国企中混入私有资本、让私人老板成为国企资产、资本、资源、资金的所有人之一，是在概念上将其偷换成所谓的"资本混合型企业"，但混合所有制经济不等于资本混合型企业，它背离了国企股权资本来源决定国企性质的基本规律，且私人资本会改变国企性质。国有企业改制和上市不等于"混合所有制经济"，而且国企其自身的企业性质、社会功能以及中国社会经济发展所面临的问题也决定了当前改革的方向与任务不应是与私有资本的"混合"（龙斧、王今朝，2015）。很明显，龙斧曲解了中共中央发展混合所有制经济的目的，认为混合所有制是基本经济制度的重要实现形式，其实混合所有制本身并不带有所有制性质。发展混合所有制经济的目的，是在服从于坚持和完善公有制为主体、多种所有制经济共同发展的基本经济制度前提下，发挥国有经济主导作用，不断增强国有经济活力、控制力、影响力、风险能力，巩固和发展公有制经济，同时实现国有资本和社会资本的相互融合，打破对非公经济的"玻璃门""弹簧门"和"旋转门"，清除市场壁垒，激发非公有制经济的活力和创造力。其混合方向是双向融合，既有私人资本参股国企，也有国有资本参股私企，而不仅仅是龙斧所提的国企中混入私有资本。如2016年3月8日大连国际（民企）以8.77元/股收购中广核核技术公司（国企）等7家公司股权，就是国有资本参股私企的案例。同时，发展混合所有制经济不是把国企已做好的大蛋糕进行分割，切一大块分给私资，搞所谓的"国退民进"（卫兴华，2015a），而是在增量改革的基础上，分类、分层推进混合所有制经济改革，即在集团公司推行整体上市和资产证券化，在国有企业集团公司二级及以下企业有序稳妥推进混合所有制经济改革，如中国石化拿出销售领域发展混合所有制经济，等等。另外，混合所有制经济是基本经济制度的重要实现形式，其本身并不带有公有制或私有制的性质。当然，龙斧担心发展混合所有制经济过程中出现的资产流失问题是值得肯定的。

但党中央对发展混合所有制经济的决定是坚定的，2014 年 3 月，习近平参加安徽省代表团审议时说"发展混合所有制经济政策已明确，关键是细则，成败也在细则"。因此不应再质疑要不要发展混合所有制经济，研究视角应该转到细则制定上，转到如何发展混合所有制经济上。

二、发展混合所有制经济的理论支撑

虽然混合所有制经济出现的历史源远流长，但专门论证混合所有制经济理论的文献较少，通过分散的文献，我们归纳出发展混合所有制经济的理论有：

第一，政府干预理论。面对 20 世纪 30 年代初世界经济危机的爆发，凯恩斯（1933）在《就业、利息和货币通论》里提出医治资本主义经济危机与失业等痼疾的唯一切实办法，就是扩大政府职能，加强政府对经济的干预，让国家的权威与私人的策动力互相合作。随后汉森、萨缪尔森等发扬光大了凯恩斯的政府干预思想，并将凯恩斯理论发展成 20 世纪 30 年代至 70 年代占统治地位的经济学。但哈耶克（1997）在《通往奴役之路》中宣称，混合经济在本质上是不稳定的，一段时期后，经济干预将不可避免地导致集权主义。为此，A. A. Alves 和 J. Meadowcroft（2014）对混合所有制经济的稳定性进行了检验，实证发现混合经济是非常稳定的，而自由放任和集权主义政权是不稳定的，A. Bhowmik 和 J. L. Cao（2013）也证实了混合经济分配效率的稳健性。

第二，西方产权理论。虽然在发展过程中西方产权理论形成了不同的流派，有不同的理论和政策主张，但他们都认为，公司制企业的产权关系已由原来的一元产权转变为多元产权，由分散转变为集中，由所有权派生的产权分属不同的权利主体拥有和行使，由此生成公有产权和私有产权混合的新型混合所有制经济（Shleifer 等，1998）。但是，西方产权理论，尤其是新制度经济学的产权理论，仍然继承的是亚当·斯密《国富论》中"经济人"假设和"看不见的手"的基本思想，仍然强调市场经济的私人产权是最有效的，它在实现自身利润最大化的同时也能带来社会福利最大化，只不过"经济人"假设从完全理性变为有限理性，且考虑了产权的外部性问题，研究了不同交易制度对绩效的重要影响，因而国外把发展市场经济等同于发展私有制经济，把发展混合所有制等同于"私人混合"（刘凤义等，2016）。万华炜（2009）研究了混合所有制企业中产权界定、组织结构、保障机制、产权流转和企业家才能等内容。上海社会科学院的李正图（2005）则论述了混合所有制经济中不同交易关系的制度选择与制度安排问题。南开大学刘凤义等（2016）认为，产权包括所有权、占有权、收益权、处置权等多项权利，它是所有制的实现形式，因此混合所有制经济中不同产权之间的关系实质上体现的是"资本与资本"的关系，哪种成分占据主导地位要通过市场谈判来决定，因此要保证我国混合所有制企业中公有资本的主导地位，还需加强科学的顶层设计。

第三，马克思主义理论。南京大学葛扬（2004）根据马克思的所有制理论，构建了所有制动态理论模型，引入边际分析方法考察了适合发展混所有制经济的区域。上海同济大学的顾钰民（2006）用马克思的生产力与生产关系理论分析了企业理论，发现产权制度、经营制度和分配制度为混合所有制经济的发展提供了多方面的优势，并构建了博弈模型进行了验证。贾华强（2014）则引述了马克思在《经济学手稿》（1857~1858）中论述亚细亚农村公社问题时曾使用的原生和次生概念，认为混合所有制经济是更具创新性和适应性的次生、过渡所有制形式。贾利军和杨静（2015）以马克思主义经济学中生产关系与技术创新的内在逻辑作为研究出发点，认为混合所有制改革，必须坚持国有控股才能确保国有经济的主导地位，体现出社会主义的生产关系，进而推动社会主义的技术创新。李红梅（2015）则认为，混合所有制是马克思主义关于落后国家建设社会主义所有制发展的必经环节。刘凤义等（2016）利用马克思主义政治经济学基本原理进行了分析，他认为是人类历史发展的所有制演变规律决定了市场经济和商品货币关系，而不是由市场经济和商品货币关系决定所有制，因此我国发展混合所有制经济只不过是借助市场经济这种手段实现社会主义初级阶段的物质利益关系，混合所有制企业哪些需要控股或独资经营，不能简单地由市场机制决定，考虑到基本经济制度由所有制关系决定，混合所有制经济的顶层设计必须以公有制为主体，需要做强做大做优国有企业。

总之，虽然发展混合所有制经济具有时代趋势，但世界其他国家对国有企业的改革，要么是私有化，要么是国有化，并没有把混合所有制这种制度作为一种主流的改革策略，而中国政府把其上升为"基本经济制度的重要实现形式"，独具中国特色。因此在理论研究上，必须综合运用各种理论，结合中国国情，提出中国化的独特理论，以准确分析中国转轨经济的独特性、复杂性和多样性，这方面的理论研究还有待挖掘。

三、发展混合所有制经济的路径研究

如何发展混合所有制经济有两种针锋相对的观点。

第一种观点奉行新自由主义思想，认为应该实行"国退民进"的路径。持这种观点的学者大多认为垄断行业依靠垄断地位获取了高额利润，同时还存在效率低下、政企不分、机制不灵活等问题，并且国企上缴国家的红利很少，因此整个社会福利很差，所以必须打破垄断，引入民企提高竞争程度，以降低垄断产品价格和提高服务质量，增加社会福利。清华大学中国经济研究中心研究员、国家发展和改革委员会宏观经济研究院常修泽（2014a）在《光明日报》撰文，他认为在社会层面，需要把公有制经济和非公有制经济用包容性的观点和政策"统合"起来；在国有经济层面，鉴于国有经济比重偏高，要特别"推进垄断性行业改革"，主要方式是打破垄断，让民营资本通过多种途径进入垄断企业；在微观层面，除极少数企业由国家百分百控股外，其他企业应积极发展混合所有制经济，重要的企业不必拘泥于是"绝对控股"（75%以上）还是"优势控股"（51%以上），可以采取"有效控股"（50%以下），甚至是"金股"制；还可以向民资、外资、企业内经营者和职工"置换"竞争性企业资产。与常修泽（2014a）推进垄断企业改革的观点不同，中国社会科学院剧锦文（2016）认为，混合所有制改革的重点是推进中间型和竞争型国有企业的改革，它才是优化国有经济布局的主战场。常修泽（2014b）继续在《人民论坛·学术前沿》发文，并提出了发展混合所有制经济的四条实施路径，第一条是民、外、内各类资本与国有资本融合；第二条是国、外、内资本与民营资本融合；第三条是国、民、内资本与外商资本融合；第四条是实行员工持股。国务院国资委研究中心研究员彭建国（2014）认为，深化国企改革的目标是大部分国有企业发展混合所有制经济、逐步降低混合所有制企业中国有持股比例、支持国有资本与非国有资本的双向融合。即使习近平主席一再强调要做大做强国有企业，仍有学者坚持国有企业应从竞争性领域全面退出。2016年3月27日，新供给经济学50人论坛成员、国家发改委宏观研究院副院长马晓河提出，"在国企改革中，国企应从一般竞争性领域退让，如建筑、金融、交通、

房地产、汽车、商贸、烟草、传媒等领域，并且应该退足、退够。"[①] 我们不知道该学者是用何种标准把金融、交通、烟草和传媒等行业归为一般竞争性领域的。当前我国经济进入新常态，不仅仅是国有企业发展面临困难，民营企业日子也不好过，为何该学者坚持国企从竞争性领域全面退出？事实上，近几年，作为私人经济发达的广东省和浙江省，其经济增速下降是不可否认的事实，[②] 媒体也不时报道民营企业家跑路、民营企业关门倒闭的事件，说明面对国内外严峻的经济形式，民企的灵活性也不是万能的，相反民营企业家跑路、工厂破产倒闭留下了一堆烂摊子，给当地政府带来了巨大的财政、经济和政治危机，如若是国有企业断不会发生这种情况，为何坚持国企从竞争性领域退出、退足？

第二种观点遵循马克思主义思想，认为应该实行"国民共进"的路径。持这种观点的学者多数认为，我国国有企业经过历次改革，国有企业战线在不断收缩，国有企业数量已不到20%，这与以公有制为主体的社会主义经济制度地位极不相匹配，因此不能再通过混合所有制改革削弱国有经济了，应该大力发展国有经济，增强公有制经济的主体地位，实现"国民共进"。程恩富和董宇坤（2014）认为，大型国有企业是维护国家经济安全的中流砥柱，现行大型国有企业并不缺乏资金，所以应从完善公司治理机制入手，通过引入非公有资本优化企业管理方式，但绝不是化公为私，应以公有资本为主体，做优做强做大国有企业。国家发改委经济体制与管理研究所夏小林（2014a）认为，"国资委以垄断企业的'一股独大'作为重点改革对象，引入非公有资本、外资进入国企，若采取国有企业参股或黄金股等尽可能降低国有股比例的措施，会产生颠覆公有制的错误，将失去国有企业维护经济平等的压仓石，因此国企改革要维护国资主导作用"。卫兴华（2015a，2015b）认为，发展混合所有制经济绝不是销蚀国有资产，削弱国有经济，搞"国退民进"，而是大力发展国有经济，实现"国民共进"，要有利于国有资本放大功能、保值增值、提高竞争力，提高国企影响力和控制力。谭江华（2015）则提出，作为未来国有企业改革主战场的混合所有制经济改革，应该采

① 马晓河：《国企应在房地产等领域退足退够》，中国经济网，http://news.163.com/16/0328/07/BJ7RR43A000146BE.html。

② 广东省2010~2014年GDP增长率为12.4%、10.0%、8.2%、8.5%、7.8%；浙江省2010~2014年GDP增长率为11.9%、9.0%、8.0%、8.2%、7.6%，数据来源于《中国统计年鉴》（2015）。

取新加坡的淡马锡模式，给予民营企业充分发展的空间，以实行"国民共舞"。

可以说，在中共十八届三中全会《决定》刚刚出来时，由于对中央文件精神把握不够，有部分学者和部分官员提出了"国退民进"的改革路径，思想上奉行的是新自由主义教条，认为发展市场经济就是发展私有制，并没有注意到国有企业已经发生了质的变化。我国国有企业不但已基本同市场经济相融合，而且其效率与私营企业也不相上下，因此没必要再实施国有企业全面退出策略。针对这种错误思潮，有部分学者立刻站出来进行反驳，他们认为在国有企业占比不多、整体实力很强、不缺资金、不缺技术的情况下，没有必要进行新一轮私有化，造成新一轮国有资产流失，削弱公有制主体地位。2014年3月5日，习近平在参加上海代表团会议时说，"国企不仅不能削弱，还要加强，要在深化改革中自我完善，要在凤凰涅槃中重生"。2014年3月9日，习近平参加安徽代表团审议时再次指示"要吸取过去国企改革经验和教训，不能在一片改革声浪中把国有资产变成谋取暴利的机会。"2015年7月17日，习近平在吉林省考察时说"要坚持国有企业在国家发展中的重要地位不动摇，坚持把国有企业搞好、把国有企业做大做强做优不动摇"。习主席旗帜鲜明地表明国有企业改革不能走资本主义道路，不能实行私有化，必须做优做强做大国有企业，以增强国有企业的公有制主体地位，因此发展混合所有制的路径，必须统一到"三个有利于"的原则下，鼓励非公有制企业参与国有企业改革，鼓励、支持、引导非公有制经济发展，实现"国民共进"。

四、混合所有制企业效率评价研究

虽然发展混合所有制经济具有时代趋势，但国外研究混合所有制经济的文献并不多。改革开放后，我国混合所有制经济虽然历经了20多年的发展，但对其研究还是局限于混合所有制经济的概念、性质、必要性和发展路径上，在中共十八届三中全会提出"积极发展混合所有制经济"之后对该问题的研究方兴未艾，已经有部分文献开始进行实证研究，且主要集中在效率评价和股权结构安排上。

国内外大多数研究通过控制国有企业的利润与社会福利的分配比例来考察混合型企业的效率和福利的大小。

（一）同质产品

Harris 和 Wiens 是最早注意到国有企业与私营企业在垄断领域竞争问题的学者。他们建立了 1 个国有企业和 N 个私营企业的同质产品的垄断竞争模型，其中国有企业目标是社会福利最大化，私营企业目标是自身利润最大化，研究发现，国有企业和私营企业的竞争有利于市场资源配置，但配置效率受信息的完整性和官员动机影响。Matsumura 和 Kanda（2005）也构建了与 Harris 和 Wiens（1980）一样的模型，在不存在委托代理问题、生产技术相同、固定成本大于零和没有产能限制的情况下，采用静态、均衡分析，发现混合所有制企业的社会福利比完全垄断的国有企业模型低；但当市场是充分竞争时，国有企业追求自身利润最大化，比追求社会福利最大化时带来的社会福利更高，因此市场应该部分私有化。无独有偶，Matsumura（1998）构造了一个国有企业和一个私营企业的数量机制决定的双寡头模型，其中国有企业目标是国企利润和社会福利的加权平均值最大，私营企业目标是自身利润最大化，结论是：在完全垄断的情况下，全部国有化是最优的；如果国有企业效率不低于私营企业，全部私有化也不是最优的；其他情形应该选择混合所有制经济，其混合的股权比例取决于消费者需求和生产者成本，并没有普适标准。可以说，这篇文章为发展混合所有制经济提供了最早的理论支撑。

与上述学者认为企业数量外生不同，Fujiwara（2007）考虑了企业数量的内生性问题。他假定在混合所有制的市场环境里，企业开办成本是沉没成本、边际成本是递增的，构建了一个混合所有制企业和 N 个私营企业的产品数量机制决定的垄断模型，其中混合所有制企业目标是国企利润和社会福利的加权平均值最大，私营企业目标是自身利润最大化，研究发现：在企业自由进入的情况下，为了使社会福利最大化，最优的手段是国有企业拥有全部股权，这与 De Fraja 和 Delbono（1989）的结论正好相反，与 Matsumura（1998）认为应该选择混合所有制经济的结论也不同，这表明管制的市场比自由进入的市场更适合私有化。同时，笔者还发现，企业自由进出时，当且仅当国有企业亏损时，混合所有制市场比单纯私营公司市场福利低，且亏损时，最好不要在该领域开办国有企业，因为亏损的国有企业最终会在该行业消亡，这与 Fujiwara（2007）对自由进入的异质产品的垄断竞争模型研究结论相同。

(二) 异质产品

Saha（2009）构建的 1 个国有企业和 N 个私营企业的异质产品混合寡头模型，其国有企业和私营企业的目标函数与 Matsumura（1998）一致，研究发现：短期内，市场有严格的进入和退出壁垒时，最优的私有化政策与产品种类偏好是非单调的，且私营企业数目越多，越需私有化；长期内，假设垄断市场企业进出自由，则最优的私有化政策与产品种类偏好是单调下降的，且国有和私营混合寡头垄断模型社会福利水平比单纯垄断模型低。Beladi 和 Chao（2006）认识到，由于国有企业不承担全部生产成本（如具有外部性的环境成本、职工培训成本等），所以国有企业目标与政府目标并不一致，因此把社会福利最大化作为国有企业的目标是不正确的，他认为国有企业追求的是特定产品福利[①] 最大化。因此，他构建了两个公司生产两种异质产品的对称模型，其中企业目标是自身利润和自身社会福利的加权平均值最大，在考虑外部成本的情况下，研究发现：当产品价格等于全部边际成本时，产出达到最大，此时，部分私有化是缩小国有公司与政府目标偏离的有效手段;[②] 而建立非对称模型，且仅考虑外部联合成本时，发现一种产品产量提高，必然导致另一种产品产量下降，因此可以设计一种税收——补贴机制，使得社会效率达到最高。在特定条件下，完全国有和私营企业是最优的，否则，应该根据社会成本大小、产品替代率高低和产量的不同决策机制，选择常见的混合所有权形式。

P. Lister（2007）、S. Ferreira（2008）、M. Mayo（2008）、Hardill 和 P. Dwyer（2011）、D. Kinderman（2014）和 A. Rasche（2013）讨论了混合经济的福利问题。Mattijs Backx 等（2002）实证发现，国际航空公司的混合所有权公司绩效优于国有公司，劣于私人公司。Silvania Neris Nossa 等（2011）则证实混合经纪公司和私人公司的盈利能力无差异。Beladi H.和 Chao C.（2006）分析了发展中国家对国有企业部分民营化的企业（也即混合所有制企业）对失业和社会福利的影

[①] 特定产品福利是指国企自身利润与社会福利的加权平均值，其权重是内生的，随着不同情况发生改变，Saha（2009）考虑了三种确定权重的方法（BP、BA 和 MS）。

[②] 这与 Matsumura（1998）和 Fujiwara（2007）认为部分私有化是解决国有公司效率低下手段的结论不同，虽然通过部分私有化可以增加私人企业产量，提升了整体生产效率，但国有企业效率低下的事实仍然存在，这时可以对私人公司施加不同的成本补贴以达到完全效率。

响，发现民营化短期内降低了产量、增加了失业率，但从长期看，随着资本向农村流动，缓解了失业问题，提高了社会福利。

上海现代经济研究所的朱东平教授（1994）是国内最早研究混合所有制的学者，他构建了国有企业和私有企业的古诺竞争模型，发现在它们都是两权分离的情况下，混合所有制在国有企业效率不高于私有企业的区间内，它所带来的社会剩余大于完全的私有制；在私有企业两权不分离的情况下，混合所有制社会剩余无条件大于完全的私有制，因此应该发展混合所有制经济。张校军和石明明（2011）构建了市场分割调节下的混合所有制经济市场竞争模型，发现国有企业可以作为一种内部规制工具，对市场分割的负面效应进行制衡，具体表现为在其效率较高的情况下，将迫使地方企业改进成本或者退出市场；反之，全国性国有企业应选择退出策略，因此可以通过动态调整企业目标函数以实现整体市场福利的最大化。陈东和董也琳（2014）采用 2003~2011 年的省级面板数据，发现2008 年以后混合所有制经济全要素生产率（Malmquist 指数）呈现下降趋势，且其受政策变化、资产配置比例、融资方式、劳动力等因素影响。陈林和唐杨柳（2014）以 1997~2007 年《中国工业企业数据库》的 48391 个样本，采用双重差分法，发现混合所有制改革可以降低国有企业的政策性负担，且垄断性行业的混合所有制改革效率高于竞争性行业。吴万宗和宗大伟（2016）采用 1998~2007 年的《中国工业企业数据库》的 1014789 个样本观测值，采用修正的 OP 方法估计了全要素生产率，发现公有资本独资和非公有资本独资企业的效率最低，混合所有制企业效率最高。

总之，对混合所有制企业效率和福利的评价，主要是采取两种评价方法：第一种方法是构建数理模型，但由于模型前提假设不同，结论并未统一。第二种方法是收集数据进行实证分析，由于我国混合所有制企业界定为公有资本与非公有资本的混合，而目前统计年鉴的数据还未按照这种口径进行划分，因此目前实证数据不但存在口径不统一的问题，也存在评价方法不同的问题，因而结论的可比性不强；且实证分析时一般只考虑企业单个效率指标（如全要素生产率、资产收益率等），并未从整体视角考察企业的宏观效率，因而效率评价缺乏全面性。

五、混合所有制企业股权结构研究

目前，有关股权结构研究的文献浩如烟海，但本书只回顾相关的部分。首先回顾股权结构的作用机理，其次综述股权结构选择的文献。文献梳理发现，研究股权结构作用机理的文献很多，但探究股权结构选择的文献很少，这可能与股权结构的内生性和动态性有关。早期主要是针对跨国公司股权结构选择的研究，中共十八届三中全会后，开始关注混合所有制企业股权结构选择的问题。

（一）股权结构作用机理

股权结构之所以重要，因为它既是影响企业绩效的重要影响因素之一，也是大股东获取控制权私人收益的重要途径，所以我们从股权结构与公司绩效的关系角度回顾股权结构作用机理。

1. 分散的股权结构与公司绩效关系

早期基于高度分散的股权结构（Berle and Means，1932），研究多是从股权性质（国家股、法人股、民营股、外资股等）入手，进而分析股权集中度和股权制衡对公司绩效的影响。实证结果多强调法人股、股权集中度和股权制衡在公司治理中的积极作用（白重恩等，2005；徐莉萍等，2006；李维安和李汉军，2006），以及国家股的消极治理作用（Sun and Tong，2003；胡一帆等，2006）。但受样本来源、指标选取和实证方法不同，也有学者认为法人股、股权集中度和股权制衡与公司绩效负相关、曲线相关（吴淑琨，2002；刘银国等，2010），国家股与公司绩效正相关、曲线关系、不相关（田利辉，2005；王新霞等，2011），股权集中度和股权制衡存在曲线型关系（Mcconnell and Servaes，1990；曹廷求等，2007）。

2. 集中的股权结构与公司绩效的关系

自 20 世纪 80 年代发现是高度集中的股权结构后（Shleifer and Vishny，1986；LLS，1999），控股大股东与中小股东之间的代理问题得到关注，研究多数从公司绩效角度入手，提供有关利益侵占的间接经验证据，且利益侵占的途径主要有两条。

一是通过关联交易，取得比较一致的结论有：①在所有权集中的上市公司，控股股东容易通过"隧道行为"转移上市公司的资源，从而损害中小股东和其他利益相关者的权益（Johnson et al.，2000；刘峰等，2004；张祥建等，2007；王化成和张伟华，2010；郑国坚等，2013），但适当的股东制衡能抑制大股东通过关联交易进行利益侵占（唐清泉等，2005；陈晓和王琨，2005）。②企业集团控制的上市公司比非集团控制的上市公司更容易通过关联交易行为侵占中小股东的利益（Claessens et al.，2002；辛清泉等，2007；潘红波和余明桂，2014）。但也有学者认为关联交易会带来内部效率改进（Khanna and Yafeh，2007；邵毅平和虞凤凤，2012），存在"效率促进"和"掏空"的双重效应（郑国坚，2009；柳建华等，2008），企业集团会相机抉择是掏空还是支持行为（许荣等，2015；甄红线和庄艳丽，2015）。

二是构建金字塔式股权结构，它导致了现金流权和控制权的分离，是大股东用来强化上市公司控制权、侵占中小股东利益、损害公司价值的工具（Shleifer and Vishny，1997；Claessens and Fan，2006；王鹏和周黎安，2006；刘星和吴雪姣，2011）。但也有研究证明，金字塔股权结构有利于缓解公司融资压力和约束（Almeida and Wolfenzon，2006；李增泉等，2008）、能有效配置资源（Khanna and Palepu，1997；刘运国和吴小云，2009）、能抵御外部利益相关者的干预（Peng and Jiang，2006；程仲鸣等，2008；梁利辉等，2014；章卫东等，2015），因此研究结论尚未统一。

（二）股权结构选择研究

1. 跨国公司股权结构选择的研究

早期研究把股权结构看成外生变量，重点分析跨国公司进入的股权选择方式，并提出了一系列理论，其中交易成本理论（Williamson and Oliver，1978；Anderson and Gatignon，1986）影响最大，其次是 Dunning（1988）和 Gomes Casseres（1987）提出的讨价还价理论，Das 和 Teng（2000）提出的组织能力理论，Kogut 和 Singh（1988）提出的战略行为理论等。国内学者则是在国外理论的指导下，结合中国国情，构建博弈模型探讨跨国公司的股权选择方式（张晖等，2005，2006；张向阳等，2005）。张晖等（2005）和张晖（2006）构建了政府、合资企业、跨国公司的三方多阶段动态模型，发现跨国公司股权的进入方式取决于其技术垄断优势，是区域竞争的自然选择结果。张向阳等（2005）从个体和整体、静态和动态的双重视角研究，发现跨国公司的股权选择是一种混合动态选择行为，新进入跨国公司主要依赖公司战略和技术水平，已进入跨国公司主要依靠东道国经验的积累和公司战略决定股权是独资还是控股模式。但自从 Demsetz（1983）发现股权结构存在内生性问题后，关注股权结构内生性问题和动态性的文献逐渐增多。在政企关系角度，有学者认为政府保留国有股比例是随机抉择的，上市时国有股比例与公司绩效存在逆向选择，但上市后变为正向关系（李涛，2002）。在股东关系和组织社会资本角度，梁上坤等（2015）对雷士照明，赵晶和郭海（2014）对国美电器，崔淼等（2013）对科龙公司控制权的动态变化进行了案例剖析。梁上坤等（2015）从个人社会资本和企业社会资本的契合度研究了雷士照明创始人控制权的社会资本断裂与重构的原因、过程，从资产专用性角度分析了控制权争夺的后果。赵晶和郭海（2014）构建了"社会资本控制效度模型"，并以国美电器控制权争夺为案例，研究了企业以非正式制度或正式制度为主时，实际控制人利用社会资本控制链对公司控制强度的变化。崔淼等（2013）以科隆公司为案例，研究了合资企业控制权与资源相互演化的过程，认为跨国公司在华合资企业控制权的配置，是由其技术资源优势、市场占有率和关键性人力资本决定。高蓓和高汉（2013）建立了两阶段混合寡占博弈模型，发现进行目标管理时，国有企业会优先选择利润收益合同；在仅追求社会福利最大化时，国有企业倾向于成为市场垄断者。

2. 混合所有制经济股权选择问题研究

国外较少关注混合所有制企业，因此主要是国内学者探究混合所有制企业股权结构的安排问题。虽然中共十五大正式提出混合所有制经济概念，但对混合所有制企业股权结构选择问题的研究，还只是零星地见诸于中共十八届三中全会之后的文献，尚未形成完整的理论体系。郝云宏和汪茜（2015）借鉴股东关系理论，从多路径剖析了"鄂武商"第二大股东对第一大股东的制衡机制，发现民营第二大股东可以通过引入关系股东、争取董事会席位和运用法律等手段制衡国有第一大股东，并且这种控制权争夺是符合效率的市场化行为。汪平等（2015）从资本成本差异角度，考察了股东异质性如何在报酬率差异之中谋求一种均衡的混合所有制股权结构。张莉艳和安维东（2015）以零售业为样本，发现民营零售企业加入国有资本能够提升绩效，国有零售企业引入其他所有制资本能够改善绩效，因此应该在零售业进行混合所有制经济改革。穆林娟和杨扬（2015）对中航油与泽胜集团双方各占50%的股权结构进行了案例分析，他们认为这种股权结构既解决了民营企业话语权的问题，又解决了国有资本可能流失的问题，使双方利益处于均衡状态，但也存在不能快速做出决策的隐患，因此有可能错失重要的发展和成长机会。高蓓和高汉（2013）构造了两阶段混合寡占博弈模型，发现国有控股比例的不同对经理人的行为约束亦不相同；当国有企业仅追求社会福利最大化时，国有企业会将私有企业挤出市场，成为市场垄断者；在没有管理授权且国有控股超过40%或在利润收益激励合同下，国有企业将选择利润和消费者剩余之和最大化作为目标。陈俊龙和汤吉军（2016）则构建了混合所有制企业国有股最后比例的双寡头垄断竞争模型，发现非国有资本效率和市场竞争环境是影响国有股比例的重要因素。

因此，对混合所有制企业股权结构选择的研究，已有学者探析其作用机理，构建了数理模型，讨论了混合所有制企业如何确定最优国有股比例，但在实证分析方面，还只局限于案例分析，没有使用大样本数据探究混合所有制企业股权结构选择的一般规律。

第三节　本章小结

上述文献综述表明，从世界范围看，发展混合所有制经济是时代趋势，但由于国情不同、体制不同、道路不同、经济发展水平不同，中国混合所有制经济带有浓厚的中国特色。它既要承担深化国有企业改革、增强公有制经济主体地位的功能，还要承担促进市场公平竞争、发挥市场资源配置的决定作用，因此，研究如何发展混合所有制经济是一个非常重要和有意义的课题。但是，目前对混合所有制经济的研究，带有浓厚的中国特色，国外少，国内多。中共十八届三中全会《决定》再次提出积极发展混合所有制经济，掀起了学术界对混合所有制经济研究的一个新热潮，即对其概念、性质、必要性和发展路径的大讨论，总体而言，这些争论都有了确切结论。混合所有制经济微观上主要是指公有资本和非公有资本的混合，其性质是指基本经济制度的重要实现形式，其发展的必要性是完善基本经济制度的需要、推进国有企业深化改革的需要、融合非公有资本共同发展的需要，其发展路径是做强做大国有企业，鼓励非公有资本参与混合所有制企业改革，实现"国民共进"。习近平也说过，发展混合所有制经济政策已明确，关键是细则，成败也在细则。随着 2015 年 9 月 28 日国务院《关于国有企业发展混合所有制经济的意见》（国发〔2015〕54 号）的出台，相应的配套措施正在不断出台，如国务院关于《改革和完善国有资产管理体制的若干意见》（国发〔2015〕63 号），国务院办公厅《关于加强和改进企业国有资产监督防止国有资产流失的意见》（国办发〔2015〕79 号），2015 年 12 月 29 日国资委、财政部、发展改革委《关于国有企业功能界定与分类的指导意见》等，国家顶层设计的思路逐渐清晰，各省市区也在如火如荼地推进混合所有制经济改革。但是，学术界的研究却显得有些滞后，如缺乏对为什么发展混合所有制经济的理论阐释和实证支撑，欠缺对中国 20 多年混合所有制改革的经验总结——如已经存在的混合所有制企业其股权结构是如何选择的、股权是如何定价的、是如何融合公有资本和非公有资本共同发展的、公有资本大股东和非公有资本中小股东的利益冲突是如何解决的？分类推进混合所有制经济的经验有哪些？员工持股的经验教训是什么？国外发展混合所有制经济有哪些经验可供借鉴？等等。可以说，这一领域的实证研究刚刚开始，并无多少现成文献可供参考。笔者也是尝试在这一领域进行一些实证研究，重点分析深化国有企业改革的方向为什么不是继续民营化，而是发展混合所有制经济；考察当前混合所有制经济的发展现状，探寻发展混合所有制经济的理论依据和现实支撑，探析当前混合所有制经济存在的问题；研究我国混合所有制企业股权结构安排的机理，探析金字塔式股权结构中终极控股股东是如何侵占中小股东利益、如何损害公司业绩的；探寻混合所有制企业股权结构选择的一般规律；考察中共十八届三中全会后我国混合所有制企业股权结构安排个案，总结上海市国资委进行混合所有制改革的具体做法，以期为后来者打开研究视野，具有抛砖引玉的作用。

第三章　为什么发展混合所有制经济

我国国有企业改革主要采取两种方案：产权改革和剥离政策性负担。本章主要阐释为什么国有企业未来改革方向不是继续民营化、外资化、私人化，而是发展混合所有制经济。第一节首先提出为什么研究混合所有制企业的股权结构问题，其次收集有关上市公司数据，采用倾向评分匹配倍差法，考察混合所有制企业产权改革对企业效率、社会福利和政策性负担的影响。第二节对未匹配上的样本做进一步分析，阐释为什么国企未来改革方向是发展混合所有制经济。第三节是对本章研究结论的小结。

第一节　混合所有制企业产权改革效果分析

一、问题的提出

国企改革是中国改革开放的重要内容之一，也是国家经济体制改革的关键环节之一，且与国家政治体制改革密切相关，因此国企改革方向如何选择非常重要。学术界对国企改革方案的选择持有许多不同观点，在诸多政策主张中，影响最大的有两大派别：一类是以张维迎、吴敬琏和刘小玄等为代表的学者主张进行国有企业产权改革，即把国有企业进行民营化、外资化和私人化。这类学者认为国有企业效率低下的关键原因是所有者缺位导致产权不清晰、职责不明确、流转不畅，所以应该对国有企业进行产权改革，以建立产权清晰、权责明确、政企分开、管理科学的现代企业制度；另一类是以林毅夫、白重恩等为代表的学者，他们认为国有企业效率低下的原因是国企承担的社会政策性负担太重，为此他们建议剥离国有企业政策性负担，通过创造公平、竞争的外部环境，来改善国有企业的经营绩效（陈林、唐杨柳，2014）。持产权改革观点的学者主张从企业内部，即产权的角度进行民营化、外资化和私人化改革，这种改革思路符合当时世界流行的以新自由主义学说为基础的《华盛顿共识》，体现了市场经济的特点，试图依照"产权—市场—交易—竞争"的市场经济逻辑，从理论上把握国企改革的本质，似乎更倾向于"治本"。而持剥离政策性负担观点的学者则主张从企业外部环境着手，认为国有企业只有在拥有"硬预算约束"条件下的公平竞争环境里，才能轻装上阵、才有能力参与市场竞争，这种从实际操作层面上提出的具体做法，似乎更倾向于"治标"。从以往的研究成果看，国内学术界似乎将这两种改革路径对立起来。2014 年 7 月 5~6 日，在复旦大学召开的追思杨小凯逝世十周年学术会议上，林毅夫与张维迎围绕"政府与市场的关系"发生了激烈争论，而裹挟其中的核心命题就是事关新一轮国企改革路径的选择，以及对既往国企改革的成败定性。

但政府在进行国有企业改革时采取了务实的"两手抓"策略。我国的产权改革在 20 世纪 90 年代大规模铺开，一方面受国企一片萧条、亏损严重的现实所迫，另一方面受《华盛顿共识》和新自由主义掀起的各国私有化浪潮影响，让处于亏损中的中小国有企业通过资产变卖方式退出市场的改革思路很快被确立下来。1995 年 9 月，中共十四届五中全会通过"抓大放小"的国有企业改革策略，大量的小型国有企业随后在市场上被出售、兼并、重组、联合，甚至一些大中型企业也开始被转让。在进行国有企业产权改革的同时，为了适应市场经济发展，创造公平的竞争环境，国家对国企也进行了社会性负担的大剥离，国有企业承担过多的冗余人员和退休工人、养老保险、职工医疗、子女教育等社会性职能所形成的负担逐步推向了社会。因此政府对国有企业改革采取了务实的"两手抓"改革策略，并取得了不错成果。

到目前为止，我国国企实力不断增强，如资产从 2002 年的 3.3 万亿元增加到 2012 年的 22.5 万亿元，净利润从 1622 亿元增加到 9247 亿元，上缴税收也从

2927 亿元增加到 1.9 万亿元。[①] 国有企业总体上已同市场经济相融合，优胜劣汰机制基本建立，其效率和国际竞争力也得到大幅提升。2014 年《财富》世界 500 强排名中，中国企业创纪录的数量达到 100 家（包括内地、香港和台湾），其中 92 家是国有企业，3 家进入排行榜前 10 名，而 2002 年和 1995 年仅有 11 家和 3 家国有企业进入世界财富 500 强（程志强，2015）。

与此同时，股份制改革使得国企身份模糊化，国企与民企交叉持股现象非常普遍，所以混合所有制企业在国有企业改革的实践中也获得了长足发展，并取得了不错的成绩。中共十八届三中全会通过的《决定》指出，"混合所有制经济是我国基本经济制度的重要实现形式"，因此发展混合所有制是当前深化国企改革的基本方向。

目前学者对国有企业产权改革和剥离政策性负担的效果做了许多实证研究，但直接考察混合所有制企业产权改革效果的文献还较少。为此，本书使用倾向匹配评分倍差法探析国有企业与民营企业这种相互融合的企业即混合所有制企业，进行民营化产权改革后在社会福利、微观效率和剥离政策性负担上所取得的效果，以解读为什么当前国有企业改革的方向是发展混合所有制经济，而不是继续进行民营化、外资化和私人化；阐释为什么混合所有制需要分类改革、需要一企一策。下面对混合所有制企业民营化产权改革的效果进行实证分析。

二、混合所有制企业产权改革效果分析

（一）数据收集与指标选取

1. 数据收集

改革开放后，虽然我国混合所有制经济已有 20 多年的发展历史，但其仅仅是作为我国股份制经济形态的有限补充，并没有上升到基本经济制度重要实现形式的高度，所以统计部门也没有专门口径来统计混合所有制企业的各项指标。王永年等（2006）、陈东和董也琳（2014）将除纯国有、纯集体、纯私营、港澳台和外商独资之外的工业企业全部归为混合所有制企业，这是广义的混合所有制企

---

① 资料来源：《国企改革受关注，专家指需四方面努力》，中国新闻网，2014 年 6 月 28 日，http://finance.21cn.com/newsdoc/zx/a/2014/0628/20/27690513.shtml。

业，而不是国资委定义的狭义的混合所有制企业（即指公有资本与非公有资本融合的企业）。陈林和杨柳（2014）、吴万宗和宗大伟（2016）用《中国工业企业数据库》实收资本中含有公有资本与非公有资本的组合划分为混合所有制企业，这是狭义的混合所有制企业。李永兵等（2015）、张晓玫和朱琳琳（2016）则将前十大股东中既有国有资本又有非国有资本的上市公司界定为混合所有制企业，但他们没有说清如何界定前十大股东的国有资本或非国有资本的性质，因为目前有关上市公司的数据库，如 RESSET 数据库、CSMAR4.0 数据库、Wind 数据库都没有对前十大股东的性质进行界定。汪平等（2015）手工整理了 2013 年 A 股前十大股东产权性质，马连福等（2015）手工收集整理了前十大股东的所有权性质，并定义了混合主体的多样性、融合性和制衡度，但手工收集是如何通过层层股权链条追溯判定终极股东性质，以及如何避免主观性误判也是不可回避的问题。有一种界定方法，根据第一大股东的终极产权划分（刘芍佳等，2003），终极产权是国家股的归为混合所有制企业。本书在以上市公司为样本时，采用终极控制权方法判定上市公司的混合所有制企业；在以《中国工业企业数据库》为样本时，将实收资本中既含有公有资本，又含有非公有资本的组合划分为混合所有制企业。

本书首先在 CSMAR4.0 的中国上市公司治理结构研究数据库里收集了 2003~2014 年发行的所有 A 股上市公司的基本情况文件，其中选取行业 B[①]，通过以下几点界定混合所有制企业[②]和民营化企业：

第一，在 CSMAR4.0 收集 2003~2014 年中国民营上市公司数据库，将该数据库统计的民营化日期后的企业定义为民营企业。

第二，在 CSMAR4.0 的中国上市公司股权结构研究—股权性质—上市公司控制人文件的数据库里根据股权控制链收集 2003~2014 年所有 A 股上市公司直接控股股东名称、直接控股股东性质、直接控股股东持股比例、实际控制人名称、实际控制人性质、实际控制人所有权比例、实际控制人控制权比例和两权分离度指标，并按照实际控制人名称、实际控制人性质划分企业类型。具体方法为按统

---

① 依据 2001 年中国证监会颁布的《上市公司行业分类指引》为标准。
② 根据狭义口径，混合所有制企业是指公有资本和非公有资本混合的企业。所以实际控制人是国有企业、集体企业和国有机构的上市公司，只要不是 100% 的国有股份，就一定包含非公有资本成分，因此定义为混合所有制企业。

计截止日期和上市公司代码匹配，属于民营上市公司数据库的企业定义为民营企业，剩余的企业结合实际控制人名称和实际控制人性质划分为混合所有制企业。[①]

第三，在民营企业里，为保留民营化前后两年数据，删除 2004 年前和 2013 年后进行民营化的企业，这样民营化企业仅指 2005~2012 年混合所有制企业转换为民营的企业。最终收集了 827 家上市公司 2003~2014 年的平衡面板数据，其中混合所有制企业 692 家，民营化企业 135 家，混合所有制企业是民营化企业的 5 倍多，这为后文的倾向匹配评分提供了充足的匹配样本。分年度看，混合改民营 2005 年 21 家，2006 年 35 家，2007 年 22 家，2008 年 9 家，2009 年 14 家，2010 年 4 家；2011 年 20 家，2012 年 10 家。

2. 指标选取

华中科技大学国家治理研究院杨成林（2014）认为，国企承担了许多社会功能，因此要超越狭隘的经济效率维度来理解国企及国企改革。王今朝和龙斧（2014）也认为，国有企业在性质、目的、生产方式等方面与私有企业存在显著差异，对二者进行简单的效率效益比较没有可比性。笔者吸纳了上述学者的观点，不做单纯的微观效率比较，依据整体主义方法论，既考虑企业微观效率，也考虑企业对社会所做的贡献，即社会福利指标。为此微观效率指标选取净资产收益率和托宾 Q 值，社会福利指标选取综合税率和资产保值增值率（见表 3-1）。另外，我们还选取了政策性负担指标（见表 3-2）。

陈林和唐杨柳（2014 b）考察了产权改革对垄断性企业和竞争性企业政策性负担的影响，所以市场竞争程度也是一个重要变量。这是因为企业必须面对其他企业在争夺客户和市场份额方面的竞争，从而提供了促进企业效率提升的压力和动力，所以我们也选取了市场竞争指标，用 hhi 指数表示。按照美国司法部的标准，定义市场竞争程度低、中、高分别为 hhi≥1800、1000≤hhi<1800、hhi<

[①] 混合所有制企业包括国有企业 1100，集体企业 1210，国有机构 2100，其中中央混合所有制企业含国务院 2110，国资委 2111，财政部 2112，商务部 2113，交通部 2114，信息产业部 2115，教育部 2116，水利部 2117；地方混合所有制企业含省级地方政府 2120（国资局 2121，财政厅 2122，商务厅 2123，交通厅 2124，信息产业厅 2125，教育厅 2126，水利厅 2127）和市级政府 2130（国资局 2131，财政局 2122，商务局 2133，交通局 2134，信息产业局 2135，教育局 2136，水利局 2137）、县级政府 2140，县级以下政府 2150，开发园区 2200，事业单位 2300，自治组织 2500。删除实际控制人为港澳台资企业 1220（香港企业 1221，澳门企业 1222，台湾企业 1223），外国企业 1231，其他国家企业 1232，外国政府 2400，外国公民 3200，港澳台公民 3300，无国籍人士 3400，这样保留的就是混合所有制企业和民营企业。

表 3-1　选取的指标、符号和计算公式

	指标名称	符号	计算公式
结果变量	综合税率	tax	= (营业税金及附加 + 所得税费用)/营业总收入
	资本保值增值率	caprat	= (所有者权益) 期末值/(所有者权益) 期初值
	净资产收益率	roe	= 净利润/股东权益余额
	托宾 Q 值	tbq	= [人民币普通股×收盘价 + (总股数 - 人民币普通股)×所有者权益合计/实收资本期末合计 + 负债合计]/总资产
	政策性负担	polburd	= (员工人数 - 营业收入×行业人数/行业营业收入)×100%
匹配变量	市场竞争	hhi	= 分行业计算的企业营业收入/行业营业收入平方和×10000%
	股权制衡	h	= 前三大股东持股比例平方和
	独立董事比例	indeprat	= 独立董事人数/董事会人数×100%
	高管薪酬	top3	= 董事、监事及高管前三名薪酬总额的对数
	资本密集度	capitint	= 总资产/营业收入
	资本结构	debt	= 负债合计/资产合计×100%
	规模	asset	= 资产总计的对数
	企业经营年限	age	= 统计截止年份 - 公司成立年份
	净资产增长率	netrat	= (本期净资产 - 上期净资产)/上期净资产×100%
	应收账款周转率	recerat	= 营业收入/应收账款期末余额
	行业	hy	依据 2001 年中国证监会颁布的《上市公司行业分类指引》为标准，按照 2 分位法，最终收集了 25 个行业
	地区	area	分为东部 (area1) 和中西部 (area2)

表 3-2　配对前混合所有制企业与民营化企业的指标差异

指标名称	符号	全体样本		混合所有制企业		民营化企业		t 检验
		N	mean	N	mean	N	mean	MeanDiff
综合税率	tax	9924	0.04	8304	0.04	1620	0.04	0.001
资本保值增值率	caprat	9924	1.11	8304	1.11	1620	1.10	0.003
净资产收益率	roe	9924	0.05	8304	0.05	1620	0.03	0.021***
政策性负担	polburd	9924	811.77	8304	807.04	1620	836.04	−29.000**
托宾 Q 值	tbq	9924	1.49	8304	1.43	1620	1.81	−0.387***
市场竞争	hhi	9924	1047.76	8304	1214.82	1620	1015.17	199.642***
股权制衡	h	9924	0.20	8304	0.21	1620	0.14	0.064***
独立董事比例	indeprat	9924	35.52	8304	35.49	1620	35.69	−0.204
高管薪酬	top3	9924	436.23	8304	437.18	1620	431.36	5.822***
资本密集度	capitint	9924	2.46	8304	2.35	1620	3.06	−0.708***

指标名称	符号	全体样本		混合所有制企业		民营化企业		t 检验
		N	mean	N	mean	N	mean	MeanDiff
资本结构	debt	9924	0.53	8304	0.52	1620	0.56	−0.035***
规模	asset	9924	21.87	8304	22.01	1620	21.15	0.855***
企业经营年限	age	9924	18.99	8304	18.86	1620	19.62	−0.761***
净资产增长率	netrat	9924	−0.17	8304	−0.06	1620	−0.78	0.720*
应收账款周转率	recerat	9924	74.49	8304	70.28	1620	96.09	−25.816***

注：*** 表示 $p < 0.01$，** 表示 $p < 0.05$，* 表示 $p < 0.1$，下同。

1000。其他的常见指标见表 3–1，这些指标均来自 CSMAR4.0 数据库，其基本统计量见表 3–2。

为了控制极端值对实证的影响，我们采用 winsorization 方法，对极端值进行修正，对所有小于 1%分位数和大于 99%分位数的变量，令其值分别等于 1%分位数和 99%分位数。表 3–2 显示，匹配前混合所有制企业与民营化企业在综合税率和资产保值增值率上不存在差异，也即两类企业社会福利相同，对社会贡献大小相同。因为本部分样本均为上市公司，必须符合《证券法》规定的独立董事占董事会比例不少于 1/3 的规定，所以混合所有制企业与民营化企业的独立董事比例没有差异，都在 35%左右。但其他指标均存在明显差异，其中混合所有制企业的净资产收益率、股权制衡、高管薪酬、规模、净资产增长率比民营化企业高，但托宾 Q 值、政策性负担、市场竞争、资本密集度、资本结构、企业经营年限、应收账款周转率、预算约束比民营化企业低。这时如果直接对混合所有制企业与民营化企业比较，就会发现产权改革提高了民营化企业市场价值（托宾 Q 值）、降低了财务效率（净资产收益率），但对社会贡献不存在差异。很显然，社会福利和微观效率的差异不仅仅是由产权改革引起，还受其他可观测和不可观测的因素影响。因此只有在控制了规模相当、经营年限相近、政策性负担、企业文化、企业管理能力相同的情况下，混合所有制企业与民营化企业的差异才能表明是由产权改革引起，为此本书采用倾向评分匹配倍差法分析。

（二）倾向评分匹配倍差法的实证分析

1. 模型构建

本部分是研究混合所有制企业进行产权改革，也即混合所有制企业民营化后是否提高了公司效率或政策性负担，在方法上采用倾向评分匹配倍差法来分析产权改革对公司效率或政策性负担的平均处理效应。定义结果变量为 $Y_{i,t+s}$，表示企业 i 在 t + s 期公司效率和政策性负担；定义处理 D = {0, 1} 表示是否进行了民营化产权改革，其中 1 为进行了民营化产权改革，0 为未进行民营化产权改革。定义混合所有制企业进行民营化改革的企业 j 为处理组，未进行民营化改革的企业 k 为对照组。则混合所有制企业进行产权改革的平均处理效应用 ATT（Average Treatment Effect for the Treated，ATT）

$$ATT = E\{Y_{j,t+s}^1 | D = 1\} - E\{Y_{j,t+s}^0 | D = 1\} \tag{3-1}$$

式中，$E\{Y_{j,t+s}^1 | D = 1\}$ 表示处理组企业 j 在 t 期进行民营化改革的情况下 t + s 期的公司效率和政策性负担，$E\{Y_{j,t+s}^0 | D = 1\}$ 表示处理组企业 j 在 t 期没有进行产权改革的情况下 t + s 期的公司效率和政策性负担。很显然，$E\{Y_{j,t+s}^0 | D = 1\}$ 是一种不可观测的"反事实情形"，此时用对照组中可观测的 $E\{Y_{k,t+s}^0 | D = 0\}$ 代替不可观测的 $E\{Y_{j,t+s}^0 | D = 1\}$。但这种替代是有条件的，即不存在同时影响民营化改革和公司效率、政策性负担的因素，否则就会出现选择性偏误问题（曹献飞，2014）。因此需要采取匹配的方法选择合适的对照组企业。所谓匹配方法，就是在控制了对民营化改革和公司效率、政策性负担均有影响的协变量后，使得

$$E\{Y_{j,t+s}^0 | D = 1, x_{j,t-1}\} = E\{Y_{k,t+s}^0 | D = 0, x_{k,t-1}\} \tag{3-2}$$

式（3-2）的含义是：在协变量相同的情况下，处理组企业与对照组企业的公司效率、政策性负担均值相同。这表明在公司效率和政策性负担相同的情况下，有的企业进行了民营化的产权改革，有的企业没有进行民营化改革不受公司效率和政策性负担影响，是一个随机事件。这样经过匹配后的企业就将非随机样本变成了随机样本，从而解决了民营化产权改革的内生性问题。匹配方法要使处理组与对照组中的协变量内的所有变量尽量相同，显然在协变量较多的情况下很难满足。为此，Rubin（1974）、Rosenbaum 和 Rubin（1985）为处理这一问题提出了倾向评分匹配（Propensity Score Matching，PSM）方法（Rosenbau 和 Rubin，1985；Rubin，1974），其基本思想是通过一些方法将协变量 $x_{i,t-1}$（包括 $x_{j,t-1}$、$x_{k,t-1}$）内众多变量集合成一个指标——倾向评分值（Propensity Score，PS 值），然后根据 PS 值的相近度对处理组和参照组企业进行匹配，从而实现了协变量

的多元匹配。本书参考相关研究文献选取的结果变量和匹配变量（协变量），见表 3-2。

倾向评分匹配分两个步骤：首先根据选取的匹配变量计算各企业是否进行产权改革的 PS 值，即企业是否获得产权改革的条件概率：

$$p(x_{i,t-1}) = \text{Probility}(D_{i,t} = 1 \mid x_{i,t-1}) \tag{3-3}$$

其次根据企业的 PS 值按照不同的标准进行匹配（如最近邻匹配、半径匹配、核匹配等），这样通过计算匹配后就可以使得处理组和对照组企业的协变量尽可能相同，从而满足式（3-2）。在此基础上，即可以用式（3-1）来估计平均处理效应用 ATT。

倾向评分匹配法可以使企业可观测的协变量 $x_{i,t-1}$ 尽量相同，但是仍然无法控制诸如企业文化、企业家能力等企业中不可观测因素，导致产权改革前企业之间的企业效率和政策性负担可能存在较大差异。如果将倍差法（Difference-In-Difference，DID）融入倾向评分匹配估计就可以消除不随时间变动的企业个体效应对匹配估计的影响，从而显著减少非参数估计的偏差（Estimators et al.，2005）。因此在估计混合所有制企业产权改革对企业绩效和政策性负担的影响时，采用如下基于倾向评分匹配倍差法的估计方程：

$$\text{ATT}^{[\text{PD}]} = E\{Y^1_{j,t+s} - Y^1_{j,t-1} \mid D_{j,t} = 1，x_{j,t-1}\} - E\{Y^0_{j,t+s} - Y^0_{j,t-1} \mid D_{k,t} = 0，x_{k,t-1}\}$$

$$\tag{3-4}$$

式（3-4）ATT $^{[\text{PD}]}$ 衡量了混合所有制企业产权改革对企业社会福利、企业效率和政策性负担的影响。

2. 实证分析

由表 3-2 可知，混合所有制企业的净资产收益率比民营化企业高，而政策性负担比民营化企业低，表明国家为了减轻财政负担，倾向于对绩效差、负担重的企业进行产权改革，验证了绩效和政策性负担会影响产权改革。同时发现，混合所有制企业的股权制衡、高管薪酬、规模、净资产增长率比民营化企业高，说明容易进行产权改革的是股权制衡较弱、高管薪酬低、规模小、发展潜力差的企业，以上两点意味着混合所有制企业产权改革与企业效率和政策性负担之间不仅存在反向因果关系，还可能共同受第三方影响，因此产权改革是一个内生变量，如果直接用传统参数估计方法直接进行回归分析则估计结果必然是有偏且非一致的，从而再次表明采用倾向评分匹配倍差法估计的合理性。

由于每年混合所有制企业进行民营化的样本数很少，所以配对时，把上年已经民营化的企业也作为处理组，即处理组 2005 年 21 家，2006 年 66 家，2007 年 88 家，以此类推，以处理组前一年的对照组为匹配样本进行匹配。

（1）综合税率倾向评分匹配倍差法的实证分析。倾向评分匹配的有效性取决于共同支持假设和条件独立性假设是否被满足，前者保证了每个处理组企业都能通过倾向评分匹配找到与其匹配的参照组企业；后者要求处理组企业与参照组企业的匹配变量不存在显著差异，否则表明匹配变量的选取或匹配方法的选择不当，倾向评分匹配估计无效。因此，在报告倾向评分匹配倍差法估计结果之前，首先需要进行共同支持假设检验和匹配平衡性检验。

1）样本匹配效果检验。

a. 共同支撑假设检验。

图 3-1 中的（a）和（b）分别显示了处理组和对照组的 PS 值在 1∶5 的最近邻匹配前后的核密度函数。从图 3-1 中的（a）可以看出，匹配前，处理组与对照组的 PS 值的概率分布存在较大差异，因此如果直接比较这两组企业之间的综合税率差异，从中得到的统计推断结果必然是有偏的。但是匹配后，处理组与对照组 PS 的概率分布已经非常接近了，表明处理组企业均能找到与其匹配的对照组

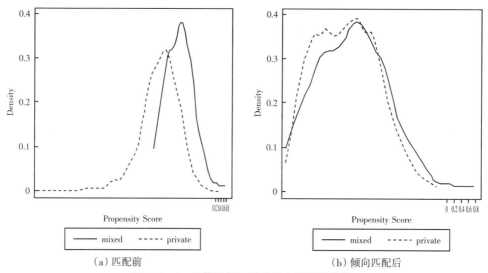

（a）匹配前　　　　　　　　　　　　　（b）倾向匹配后

图 3-1　1∶5 最近邻匹配共同支撑假设检验

企业，从而满足了匹配的共同支撑假设。

b. 匹配平衡性检验。

表 3-3　1∶5 最近邻匹配平衡检验结果

Variable	Unmatched Matched	Mean Treated	Control	bias	reduct bias	t-test t	p>t	V(T)/ V(C)
hhi	U	820.63	1003.8	−18.8		−1.31	0.190	0.58*
	M	829.03	806.75	2.3	87.8	0.18	0.861	2.30*
h	U	0.16983	0.25818	−69.4		−4.95	0.000	0.66
	M	0.17123	0.17446	−2.5	96.3	−0.16	0.871	1.13
indeprat	U	34.287	33.561	12.3		1.06	0.291	1.46
	M	34.149	34.04	1.8	85	0.11	0.915	1.69*
top3	U	405	404.71	0.6		0.04	0.964	1.13
	M	404.37	407.34	−5.7	−916.7	−0.33	0.743	1.35
capitint	U	3.2686	2.1561	40.9		4.91	0.000	4.34*
	M	3.1555	2.8179	12.4	69.7	0.62	0.538	1.59
debt	U	0.56168	0.48144	42		3.55	0.000	1.39
	M	0.55477	0.53229	11.8	72	0.63	0.529	1.04
asset	U	20.889	21.391	−59.8		−4.18	0.000	0.59*
	M	20.907	20.953	−5.6	90.7	−0.35	0.728	0.86
age	U	19.095	18.895	5.5		0.45	0.650	1.28
	M	19.048	19.051	−0.1	98.8	−0.00	0.997	1.34
netrat	U	−0.81253	−0.06478	−5.1		−0.42	0.672	1.29
	M	−0.86335	−0.09483	−5.3	−2.8	−0.26	0.799	0.77
recerat	U	8.8517	25.946	−16.9		−0.95	0.340	0.01*
	M	8.9896	9.2282	−0.2	98.6	−0.07	0.945	0.64

表 3-3 采取 1∶5 的最近邻匹配后，发现只有两个变量匹配后偏差超过 10%，且在 5% 的显著性水平上，这些指标的 t 值均不显著，因此企业综合税率的差异只能归因于产权改革，这样倾向评分匹配就有效解决了内生性问题。

2）基准估计结果。为使平均处理效应估计结果更加稳健，本部分采用多种匹配方法估计产权改革对企业综合税率的影响。表 3-4 的匹配结果发现，4 种匹配方法获得的结果大致相同，且在产权改革 10 年期间（2005~2014），产权改革对综合税率的影响为 0，即混合所有制产权改革对宏观税负的影响既没有增加也没有减少。

3）倾向评分匹配倍差法。陈强（2013）给出了倾向评分匹配倍差法（PSM）估计的 DIFF 命令，但他只能提供核匹配方法，结果见表 3-5。

表 3-5 是在控制匹配协变量的基础上，通过双重倍差法，再控制诸如企业文化、企业家能力等企业中不可观测因素后的结果，获得了与表 3-4 完全不同的结果，即混合所有制企业进行产权改革后，显著提高了综合税率，说明产权改革是成功和有效的。

为了节约篇幅，下面对其他指标的倾向评分匹配倍差法不再给出样本匹配效果检验结果，直接给出倾向评分匹配倍差法结果。

（2）资产保值增值率倾向评分匹配倍差法的实证分析。

1）基准估计结果见表 3-6。产权改革后第 1 年显著降低了资产保值增值率，但第 2 年、第 3 年虽仍然是降低，但不显著，而从第 4 年后，资产保值增值率慢慢转高，但第 4~7 年不显著，第 8~10 年才显著提升。但从表 3-7 的双重倍差法发现，从产权改革的第 1 年开始，就显著提高了资产保值增值率。

2）倾向评分匹配倍差法结果见表 3-7。

（3）净资产收益率倾向评分匹配倍差法的实证分析。

1）基准估计结果见表 3-8。产权改革后第 1 年、第 2 年显著降低了净资产收益率，但第 3 年降低不显著，第 4 年转为正，但不显著，从第 5 年开始，除了半径匹配和逐步线性回归在部分年份 t 值不显著外，其他匹配方法均支持净资产收益率提高了 1~3 个百分点。但从表 3-9 的双重倍差法发现，产权改革效果显著，第 1 年净资产收益率提高了 9 个百分点，第 2 年 8 个百分点，第 3 年 4 个百分点，随后几年一直在 1~4 个百分点之间波动，说明产权改革效应在逐渐降低。

2）倾向评分匹配倍差法结果见表 3-9。

（4）托宾 Q 值倾向评分匹配倍差法的实证分析。

1）基准估计结果见表 3-10。

2）倾向评分匹配倍差法结果见表 3-11。

表 3-4 混合所有制企业产权改革对综合税率 ATT 的估计结果

匹配方法	S = 1 (2005 年)			S = 2 (2006 年)			S = 3 (2007 年)			S = 4 (2008 年)			S = 5 (2009 年)		
	ATT	标准误	t 值	ATT	标准误	t 值	ATT	标准误	t 值	ATT	标准误	t 值	ATT	标准误	t 值
最近邻匹配	0.0	0.0	-0.9	0.0	0.0	-1.7	0.0	0.0	0.2	0.0	0.0	0.3	0.0	0.0	0.8
半径匹配	0.0	0.0	-0.9	0.0	0.0	-2.8	0.0	0.0	-0.6	0.0	0.0	-0.5	0.0	0.0	-0.2
核匹配	0.0	0.0	-1.1	0.0	0.0	-3.1	0.0	0.0	-0.2	0.0	0.0	0.0	0.0	0.0	0.6
局部回归	0.0	0.0	-0.8	0.0	0.0	-2.0	0.0	0.0	0.1	0.0	0.0	0.6	0.0	0.0	0.3

匹配方法	S = 6 (2010 年)			S = 7 (2011 年)			S = 8 (2012 年)			S = 9 (2013 年)			S = 10 (2014 年)		
	ATT	标准误	t 值	ATT	标准误	t 值	ATT	标准误	t 值	ATT	标准误	t 值	ATT	标准误	t 值
最近邻匹配	0.0	0.0	1.0	0.0	0.0	0.5	0.0	0.0	0.4	0.0	0.0	1.1	0.0	0.0	1.7
半径匹配	0.0	0.0	0.4	0.0	0.0	0.5	0.0	0.0	0.3	0.0	0.0	1.0	0.0	0.0	1.1
核匹配	0.0	0.0	0.6	0.0	0.0	0.6	0.0	0.0	0.4	0.0	0.0	1.3	0.0	0.0	1.4
局部回归	0.0	0.0	1.1	0.0	0.0	0.8	0.0	0.0	0.7	0.0	0.0	1.2	0.0	0.0	1.4

表 3-5 混合所有制企业产权改革对综合税率 ATT[20] 的估计结果

匹配方法	S = 1 (2005 年)			S = 2 (2006 年)			S = 3 (2007 年)			S = 4 (2008 年)			S = 5 (2009 年)		
	ATT	标准误	t 值	ATT	标准误	t 值	ATT	标准误	t 值	ATT	标准误	t 值	ATT	标准误	t 值
核匹配	0.02	0.00	5.50***	0.01	0.00	3.18***	0.01	0.00	3.84***	0.01	0.00	4.19***	0.01	0.00	5.32***

匹配方法	S = 6 (2010 年)			S = 7 (2011 年)			S = 8 (2012 年)			S = 9 (2013 年)			S = 10 (2014 年)		
	ATT	标准误	t 值	ATT	标准误	t 值	ATT	标准误	t 值	ATT	标准误	t 值	ATT	标准误	t 值
核匹配	0.01	0.00	3.80***	0.02	0.00	6.56***	0.02	0.00	6.56***	0.02	0.00	5.95***	0.02	0.00	6.66***

表 3-6 混合所有制企业产权改革对资产保值增值率 ATT 的估计结果

匹配方法	S=1 (2005年)			S=2 (2006年)			S=3 (2007年)			S=4 (2008年)			S=5 (2009年)		
	ATT	标准误	t值	ATT	标准误	t值	ATT	标准误	t值	ATT	标准误	t值	ATT	标准误	t值
最近邻匹配	-0.14	0.05	-2.95	-0.04	0.03	-1.31	-0.03	0.03	-1.06	0.01	0.02	0.50	0.02	0.02	0.84
半径匹配	-0.14	0.04	-3.50	-0.05	0.03	-1.72	-0.04	0.02	-1.92	-0.01	0.02	-0.37	0.00	0.02	0.20
核匹配	-0.14	0.04	-3.37	-0.05	0.03	-1.59	-0.04	0.02	-1.51	0.01	0.02	0.27	0.02	0.02	0.92
局部回归	-0.13	0.07	-2.02	-0.05	0.04	-1.19	-0.04	0.03	-1.27	0.02	0.03	0.74	0.02	0.03	0.61
匹配方法	S=6 (2010年)			S=7 (2011年)			S=8 (2012年)			S=9 (2013年)			S=10 (2014年)		
	ATT	标准误	t值	ATT	标准误	t值	ATT	标准误	t值	ATT	标准误	t值	ATT	标准误	t值
最近邻匹配	0.02	0.02	1.14	0.03	0.02	1.83	0.04	0.02	2.34	0.04	0.01	3.03	0.05	0.01	3.50
半径匹配	0.00	0.02	0.28	0.01	0.01	0.51	0.01	0.01	1.15	0.02	0.01	1.74	0.03	0.01	2.20
核匹配	0.02	0.02	1.22	0.02	0.01	1.58	0.03	0.01	2.35	0.04	0.01	3.05	0.04	0.01	3.56
局部回归	0.01	0.02	0.32	0.02	0.02	1.12	0.04	0.02	2.08	0.04	0.02	2.29	0.05	0.02	2.83

表 3-7 混合所有制企业产权改革对资产保值增值率 ATT [PD] 的估计结果

匹配方法	S=1 (2005年)			S=2 (2006年)			S=3 (2007年)			S=4 (2008年)			S=5 (2009年)		
	ATT	标准误	t值	ATT	标准误	t值	ATT	标准误	t值	ATT	标准误	t值	ATT	标准误	t值
核匹配	0.20	0.03	6.62***	0.16	0.02	7.57***	0.11	0.02	4.82***	0.12	0.02	5.56***	0.08	0.02	3.82***
匹配方法	S=6 (2010年)			S=7 (2011年)			S=8 (2012年)			S=9 (2013年)			S=10 (2014年)		
	ATT	标准误	t值	ATT	标准误	t值	ATT	标准误	t值	ATT	标准误	t值	ATT	标准误	t值
核匹配	0.09	0.02	4.31***	0.10	0.02	5.14***	0.10	0.02	4.46***	0.09	0.02	4.06***	0.11	0.02	4.87***

表 3-8　混合所有制企业产权改革对净资产收益率 ATT 的估计结果

匹配方法	S＝1 (2005 年)			S＝2 (2006 年)			S＝3 (2007 年)			S＝4 (2008 年)			S＝5 (2009 年)		
	ATT	标准误	t 值	ATT	标准误	t 值	ATT	标准误	t 值	ATT	标准误	t 值	ATT	标准误	t 值
最近邻匹配	-0.08	0.05	-1.62	-0.05	0.02	-2.02	0.00	0.02	-0.18	0.02	0.01	1.37	0.02	0.01	1.94
半径匹配	-0.09	0.05	-1.98	-0.06	0.02	-2.76	-0.03	0.01	-1.80	0.00	0.01	-0.11	0.00	0.01	0.27
核匹配	-0.07	0.05	-1.56	-0.04	0.02	-1.91	-0.01	0.02	-0.74	0.02	0.01	1.42	0.02	0.01	2.01
局部线性回归	-0.07	0.06	-1.18	-0.04	0.03	-1.48	-0.01	0.02	-0.69	0.00	0.02	0.24	0.03	0.02	1.78

匹配方法	S＝6 (2010 年)			S＝7 (2011 年)			S＝8 (2012 年)			S＝9 (2013 年)			S＝10 (2014 年)		
	ATT	标准误	t 值	ATT	标准误	t 值	ATT	标准误	t 值	ATT	标准误	t 值	ATT	标准误	t 值
最近邻匹配	0.02	0.01	2.13	0.02	0.01	2.23	0.02	0.01	2.31	0.02	0.01	1.95	0.03	0.01	3.42
半径匹配	0.01	0.01	0.82	0.01	0.01	0.65	0.01	0.01	1.13	0.01	0.01	1.38	0.01	0.01	1.65
核匹配	0.03	0.01	3.10	0.03	0.01	3.17	0.02	0.01	2.95	0.02	0.01	3.34	0.03	0.01	3.71
局部线性回归	0.02	0.01	1.39	0.02	0.01	1.87	0.02	0.01	1.61	0.02	0.01	2.18	0.02	0.01	2.39

表 3-9　混合所有制企业产权改革对净资产收益率 ATT[ID] 的估计结果

匹配方法	S＝1 (2005 年)			S＝2 (2006 年)			S＝3 (2007 年)			S＝4 (2008 年)			S＝5 (2009 年)		
	ATT	标准误	t 值	ATT	标准误	t 值	ATT	标准误	t 值	ATT	标准误	t 值	ATT	标准误	t 值
核匹配	0.1	0.0	5.19***	0.1	0.0	7.20***	0.0	0.0	3.46***	0.0	0.0	1.97**	0.0	0.0	1.2

匹配方法	S＝6 (2010 年)			S＝7 (2011 年)			S＝8 (2012 年)			S＝9 (2013 年)			S＝10 (2014 年)		
	ATT	标准误	t 值	ATT	标准误	t 值	ATT	标准误	t 值	ATT	标准误	t 值	ATT	标准误	t 值
核匹配	0.0	0.0	2.02**	0.0	0.0	2.24**	0.0	0.0	2.49**	0.0	0.0	2.51**	0.0	0.0	2.63***

表 3-10 混合所有制企业产权改革对托宾 Q 值 ATT 的估计结果

匹配方法	S = 1 (2005 年)			S = 2 (2006 年)			S = 3 (2007 年)			S = 4 (2008 年)			S = 5 (2009 年)		
	ATT	标准误	t 值	ATT	标准误	t 值	ATT	标准误	t 值	ATT	标准误	t 值	ATT	标准误	t 值
最近邻匹配	-0.16	0.11	-1.47	-0.03	0.07	-0.42	0.02	0.09	0.22	0.01	0.07	0.12	-0.03	0.07	-0.40
半径匹配	-0.07	0.10	-0.78	0.01	0.06	0.20	0.07	0.08	0.92	0.07	0.07	1.06	0.08	0.06	1.29
核匹配	-0.10	0.10	-1.05	-0.02	0.07	-0.29	0.01	0.08	0.08	0.02	0.07	0.28	-0.01	0.06	-0.19
局部线性回归	-0.11	0.15	-0.72	-0.03	0.09	-0.28	-0.01	0.10	-0.08	-0.01	0.09	-0.13	0.01	0.08	0.08

匹配方法	S = 6 (2010 年)			S = 7 (2011 年)			S = 8 (2012 年)			S = 9 (2013 年)			S = 10 (2014 年)		
	ATT	标准误	t 值	ATT	标准误	t 值	ATT	标准误	t 值	ATT	标准误	t 值	ATT	标准误	t 值
最近邻匹配	-0.01	0.07	-0.10	-0.01	0.06	-0.23	0.00	0.06	0.05	0.05	0.06	0.94	0.09	0.05	1.71
半径匹配	0.15	0.06	2.40	0.12	0.05	2.25	0.12	0.05	2.54	0.14	0.05	3.06	0.17	0.04	3.72
核匹配	0.04	0.07	0.55	0.02	0.06	0.38	0.04	0.05	0.76	0.05	0.05	1.11	0.08	0.05	1.68
局部线性回归	0.04	0.09	0.44	0.02	0.07	0.30	0.04	0.07	0.54	0.06	0.07	0.86	0.08	0.06	1.25

表 3-11 混合所有制企业产权改革对托宾 Q 值 ATT [PD] 的估计结果

匹配方法	S = 1 (2005 年)			S = 2 (2006 年)			S = 3 (2007 年)			S = 4 (2008 年)			S = 5 (2009 年)		
	ATT	标准误	t 值	ATT	标准误	t 值	ATT	标准误	t 值	ATT	标准误	t 值	ATT	标准误	t 值
核匹配	0.340	0.113	3.01***	0.342	0.088	3.90***	0.231	0.086	2.69***	0.715	0.084	8.52***	0.468	0.078	5.98***

匹配方法	S = 6 (2010 年)			S = 7 (2011 年)			S = 8 (2012 年)			S = 9 (2013 年)			S = 10 (2014 年)		
	ATT	标准误	t 值	ATT	标准误	t 值	ATT	标准误	t 值	ATT	标准误	t 值	ATT	标准误	t 值
核匹配	0.760	0.081	9.35***	0.936	0.076	12.35***	0.825	0.082	10.08***	0.757	0.085	8.91***	0.639	0.084	7.63***

表 3-10 发现，除了半径匹配方法外，产权改革对托宾 Q 值几乎没有影响。但表 3-11 的双重倍差法发现，产权改革显著提高了托宾 Q 值，但波动幅度非常大，这是因为我国股市波动巨大。

（5）政策性负担倾向评分匹配倍差法的实证分析。

基准估计结果见表 3-12，倾向评分匹配倍差法见表 3-13。

表 3-12 发现，除了第 1 年产权改革对政策性负担没有影响外，其他年份均表现为显著降低了民营化后企业的负担。但表 3-13 的倾向评分匹配倍差法发现，产权改革除了在第 8 年有显著性影响外，其他年份均没有影响。

（6）细分类别的倾向评分匹配倍差法。为深入分析产权改革对企业效率和政策性负担的影响，本部分再按照规模、行业、竞争性和地区等特征对样本进行分组，进一步比较不同类型企业中产权改革的差异性。考虑到实证内容的重复性，这里不再给出样本匹配效果检验和基准估计结果，直接给出倾向评分匹配倍差法实证结果。

其中，规模按照资产总计对数的中位数划分，大于中位数的归为大型，小于中位数的归为小型；行业按照资本密集度的中位数划分，大于中位数的归为资本密集型行业，小于中位数的归为劳动密集型行业；hhi 指数大于 1000 的定义为垄断企业，小于 1000 的定义为竞争企业；地区按照统计年鉴的标准划为东部和中西部两类。其实证结果见表 3-14。

表 3-14 表明，规模大的企业民营化产权改革效果对综合税率、净资产收益率和政策性负担的作用强度大于规模小的企业，但是，资产保值增值率和托宾 Q 值的产权改革效果大企业弱于小企业，也即小企业资产保值增值效果更好、市值（托宾 Q 值）提升更多。资金密集型行业的民营化产权改革效果对综合税率、资产保值增值率、净资产收益率、政策性负担的影响大于劳动密集型行业，但劳动密集型行业的托宾 Q 值产权改革效果好于资金密集型行业。垄断性企业产权改革的整体效果弱于竞争性企业，具体体现在资产保值增值率低、净资产收益率居然是负值、托宾 Q 值低、政策性负担承担的少，表明垄断企业不适合民营化，需要进行其他方式的国企改革。可能是因为东部地区市场化程度更高、制度更加完善，我们发现，东部地区企业民营化产权改革的整体效果弱于中西部地区。考虑到混合所有制企业中的公有资本与非公有资本必须充分发挥市场经济资源配置作

表 3-12 混合所有制企业产权改革对政策性负担 ATT 的估计结果

匹配方法	S=1 (2005年)			S=2 (2006年)			S=3 (2007年)			S=4 (2008年)			S=5 (2009年)		
	ATT	标准误	t值	ATT	标准误	t值	ATT	标准误	t值	ATT	标准误	t值	ATT	标准误	t值
最近邻匹配	-103.3	68.7	-1.5	-89.2	38.5	-2.3	-36.9	29.5	-1.3	-64.6	26.4	-2.5	-89.9	23.5	-3.8
半径匹配	-78.9	62.3	-1.3	-68.1	33.8	-2.0	-33.5	25.7	-1.3	-55.1	22.9	-2.4	-69.6	20.2	-3.5
核匹配	-92.1	63.3	-1.5	-87.6	35.4	-2.5	-54.5	27.4	-2.0	-67.2	24.6	-2.7	-94.1	21.8	-4.3
局部线性回归	-108.3	84.7	-1.3	-89.9	50.0	-1.8	-50.9	37.2	-1.4	-61.3	33.3	-1.8	-90.7	29.0	-3.1

匹配方法	S=6 (2010年)			S=7 (2011年)			S=8 (2012年)			S=9 (2013年)			S=10 (2014年)		
	ATT	标准误	t值	ATT	标准误	t值	ATT	标准误	t值	ATT	标准误	t值	ATT	标准误	t值
最近邻匹配	-104.9	21.8	-4.8	-88.4	18.9	-4.7	-69.7	18.6	-3.7	-67.2	17.6	-3.8	-74.8	17.0	-4.4
半径匹配	-71.8	18.7	-3.8	-48.5	16.4	-3.0	-40.2	15.2	-2.6	-43.5	14.5	-3.0	-42.2	13.9	-3.1
核匹配	-98.1	20.4	-4.8	-76.5	17.8	-4.3	-62.3	16.6	-3.8	-66.0	15.8	-4.2	-66.3	15.1	-4.4
局部线性回归	-100.4	26.3	-3.8	-74.0	23.1	-3.2	-59.4	22.1	-2.7	-68.0	21.0	-3.2	-68.0	19.9	-3.4

表 3-13 混合所有制企业产权改革对政策性负担 ATT [20] 的估计结果

匹配方法	S=1 (2005年)			S=2 (2006年)			S=3 (2007年)			S=4 (2008年)			S=5 (2009年)		
	ATT	标准误	t值	ATT	标准误	t值	ATT	标准误	t值	ATT	标准误	t值	ATT	标准误	t值
核匹配	26.73	39.11	0.68	19.01	27.81	0.68	-6.70	26.22	-0.26	27.29	25.54	1.07	-20.25	23.59	-0.86

匹配方法	S=6 (2010年)			S=7 (2011年)			S=8 (2012年)			S=9 (2013年)			S=10 (2014年)		
	ATT	标准误	t值	ATT	标准误	t值	ATT	标准误	t值	ATT	标准误	t值	ATT	标准误	t值
核匹配	-7.61	24.06	-0.32	-24.93	23.36	-1.07	-51.61	25.27	-2.04**	-34.39	25.47	-1.35	-27.41	24.90	-1.10

表3-14 不同类型混合所有制企业产权改革的倾向评分匹配倍差法结果

指标	规模						行业					
	大型			小型			资本密集型			劳动密集型		
	ATT	标准误	t值	ATT	标准误	t值	ATT	标准误	t值	ATT	标准误	t值
综合税率	0.03	0.00	6.56***	0.02	0.00	4.85***	0.02	0.00	4.35***	0.00	0.00	0.63
资产保值增值率	0.05	0.03	1.89*	0.11	0.03	3.26***	0.17	0.03	5.45***	-0.01	0.03	-0.28
净资产收益率	0.05	0.02	3.11***	0.02	0.02	0.73	0.05	0.02	2.61***	0.02	0.02	1.40
托宾Q值	0.20	0.06	3.47***	0.47	0.12	3.78***	0.50	0.11	4.41***	0.85	0.107	7.99***
政策性负担	-38.97	40.27	-0.97	-2.18	34.51	-0.06	-106.72	31.48	-3.39***	-33.00	36.54	-0.90

指标	竞争性						地区					
	垄断			竞争			东部			中西部		
	ATT	标准误	t值	ATT	标准误	t值	ATT	标准误	t值	ATT	标准误	t值
综合税率	0.02	0.00	4.05***	0.02	0.00	6.20***	0.01	0.00	2.90***	0.02	0.00	4.12***
资产保值增值率	0.07	0.04	1.86*	0.12	0.03	4.31***	0.11	0.03	3.73***	0.12	0.03	3.49***
净资产收益率	-0.01	0.02	-0.44	0.04	0.02	2.55***	0.05	0.02	2.53**	0.05	0.02	2.36**
托宾Q值	0.71	0.14	5.00***	0.87	0.11	8.10***	0.63	0.11	5.52***	0.81	0.13	6.18***
政策性负担	-113.80	41.93	-2.71***	-65.34	32.40	-2.02**	-152.38	36.72	-4.15***	-31.96	35.84	-0.89

用，尊重企业市场主体地位进行企业公司治理机制的完善，我们认为，在东部地区发展混合所有制企业更加合适。

我们还发现，大企业、资本密集型行业、中西部地区的民营化改革对综合税率作用更大；小型企业、资本密集型行业、竞争性企业、中西部地区的民营化改革对资产保值增值率的影响更大；大企业、资本密集型行业、竞争性行业的民营化改革对净资产收益率促进更多；小企业、劳动密集型行业、竞争性企业和中西部地区的民营化改革对托宾 Q 值提升更高；只有资本密集型行业、垄断企业和东部地区的民营化改革对政策性负担有显著负影响，也即这几种类型的企业进行民营化改革后承担的政策性负担下降得更多。陈林和唐杨柳（2014b）认为，产权改革可以通过降低政策性负担来提升企业的经营绩效。刘春和孙亮（2013）研究发现，国企部分民营化后的政策性负担显著增加，且国企所在地区扩大就业的需求越大，其政策性负担的增加就越显著。而本部分的实证结果是产权改革对政策性负担没有任何影响，相反，是产权改革直接促进了民营化企业社会福利和净资产收益率的提升，其实如果不考虑统计显著性，产权改革应该是降低了民营化企业的政策性负担。

托宾 Q 值的产权改革效果与其他几个指标不同的主要原因是我国资本市场经过 20 多年的发展，虽然总体规模已位居世界前列，但长期以来，以散户为主、机构投资者占比过低的投资格局，导致 A 股市场形成了交易频繁、换手率高、市场缺乏理性和长期投资理念等不成熟特征。据证监会网站披露，截至 2014 年 5 月末，基金、保险、社保、QFII（含 RQFII）持股市值分别为 1.13 万亿元、4404 亿元、2917 亿元、3149 亿元，占沪深两市总市值分别为 4.73%、1.85%、1.22%、1.32%。换而言之，上述四大类长期资金的现有持股市值在总市值中占比还不到一成。而境外成熟资本市场，机构投资者比例多在 70% 左右，美国机构投资者更是占到 90%，很少有美国人自己炒股，股市的参与主体主要为养老金、共同基金、对冲基金等。而中国以散户为主、机构投资者占比过低的特点决定了炒股以小企业（炒股所需资金少、STPT 公司）、竞争性企业（并购重组预期强）为主，从而表现为本书的实证结果。

表 3-15 各指标民营化产权改革的动态 ATT [PD] 效果

指标	s = 1	s = 2	s = 3	s = 4	s = 5	s = 6	s = 7	s = 8	s = 9	s = 10
综合税率	0.02	0.01	0.01	0.01	0.01	0.01	0.02	0.02	0.02	0.02
资产保值增值率	0.2	0.16	0.11	0.12	0.08	0.09	0.1	0.1	0.09	0.11
净资产收益率	0.092	0.085	0.043	0.026	0.014	0.026	0.028	0.033	0.033	0.035
托宾 Q 值	0.34	0.342	0.231	0.715	0.468	0.76	0.936	0.825	0.757	0.639
政策性负担	26.73	19.01	−6.7	27.29	−20.25	−7.61	−24.93	−51.61	−34.39	−27.41

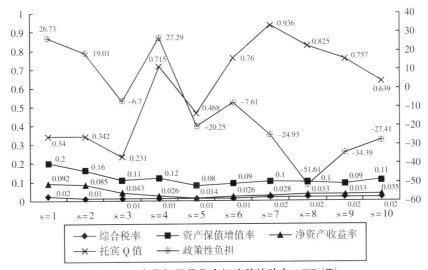

图 3-2 各指标民营化产权改革的动态 ATT [PD]

表 3-15 和图 3-2 显示，除了托宾 Q 值随着时间推移，民营化产权改革效果在波动中上升，政策性负担随着时间推移，在剧烈波动中下降外，其他指标都在第 3 期后渐趋平稳，这说明民营化产权效果主要作用于前 3 期，且改制效果具有一定的时间持续性。但表 3-15 和图 3-2 表明，各阶段的 ATT [PD] 值均大于 0，因此我们认为，产权改革显著提高了社会福利指标（综合税率、资产保值增值率）和净资产收益率。但由于托宾 Q 值和政策性负担没有通过 t 检验，所以我们认为民营化改革对托宾 Q 值和政策性负担没有任何影响。

总之，我们认为混合所有制企业的民营化改革对社会福利和微观效率提升效果显著，从而支持了以吴敬琏、张维迎和刘小玄等为代表的产权改革派。刘小玄和李利英（2005）对竞争性行业 451 家样本企业（1994~1999 年）数据的实证分析，发现国有产权对企业绩效具有显著的副作用，而非国有资本具有积极的绩效效应。宋立刚和姚洋（2005）对 1995~2001 年 683 家国有企业的调查分析，发现国有企业改制对企业的利润率有显著的正影响，但是对单位成本和劳动生产率的影响较弱或不显著，且具有中等长度改制历史的企业以及在 1997~1999 年实施改制的企业最为稳定。白重恩、路江涌和陶志刚（2006）通过对 1998~2003 年全部国有企业和规模以上非国有企业的数据进行分析，发现改制后企业经济效益显著提高，并且主要来自于代理成本的降低，表现为管理费用率的下降；改制带来了一定的社会成本，但和国际经验相比程度不是很大；国有控股改制社会效益较好，而非国有控股改制经济效益较好；改制效果在一定期间内持续。这些文献再次证明国企产权改革的有效性，说明本书具有一定的可信度。

但是，这存在一个严重的问题，既然混合所有制企业民营化的产权改革是有效的，为何中共十八届三中全会《决定》把混合所有制改革作为深化国企改革的基本方向，而不是继续进行私有化改革？表 3-14 给出了答案。表 3-14 表明，垄断性企业和东部地区不适合民营化的产权改革，企业规模和行业特征对产权改革的效果显著不同，这直接证明了国有企业改革应该分类推进，既不能全部私有化，也不能全部发展混合所有制，应该综合考虑各种因素进行混合所有制分类改革。但如果这样，又提出了一个严肃问题，即混合所有制企业如何分类推进，我国 20 多年的混合所有制经济发展提供了怎样的经验借鉴？更直白地说，哪些行业更适合发展混合所有制经济？其具体行业是如何分布的？下面对这些问题进行进一步分析。分析方法如下：我们认为本部分没有匹配上的混合所有制企业更适合发展混合所有制经济，已经匹配上的混合所有制企业更适合进行民营化改革，[①]为此我们详细分析未匹配上的混合所有制企业的行业特点，它提供了混合所有制企业分类改革的直接证据。

---

① 因为已经匹配上的混合所有制企业通过倾向评分匹配倍差法已经发现其社会福利和微观效率比民营化企业效率更低。

第二节　发展混合所有制经济的原因研究

一、未匹配上的混合所有制企业与民营化公司比较分析

表 3-16　未配上企业与民营化公司比较（中位数比较）

年份	变量	未配对企业	Median1	民营化企业	Median2	Chi2
2005	tax	7272	0.02	252	0.024	2.365
	caprat	7272	1.056	252	1.074	3.695*
	roe	7272	0.066	252	0.071	5.929**
	tbq	7272	1.056	252	1.139	0.805
	hhi	7272	700	252	500	41.182***
2006	tax	6444	0.02	648	0.026	13.757***
	caprat	6444	1.058	648	1.051	2.201
	roe	6444	0.068	648	0.061	5.713**
	tbq	6444	1.017	648	1.288	29.593***
	hhi	6444	600	648	600	3.557*
2007	tax	6084	0.02	936	0.025	7.890***
	caprat	6084	1.058	936	1.045	9.985***
	roe	6084	0.069	936	0.052	24.857***
	tbq	6084	1.015	936	1.322	57.515***
	hhi	6084	700	936	600	5.791**
2008	tax	6624	0.019	948	0.023	6.603**
	caprat	6624	1.055	948	1.046	4.341**
	roe	6624	0.065	948	0.055	6.965***
	tbq	6624	1.026	948	1.271	47.273***
	hhi	6624	700	948	600	1.085
2009	tax	6288	0.019	1116	0.023	7.445***
	caprat	6288	1.058	1116	1.046	10.487***
	roe	6288	0.068	1116	0.053	23.740***

续表

年份	变量	未配对企业	Median1	民营化企业	Median2	Chi2
2009	tbq	6288	0.987	1116	1.234	43.052***
	hhi	6288	600	1116	600	1.962
2010	tax	1800	0.026	1236	0.022	7.074***
	caprat	1800	1.067	1236	1.045	25.240***
	roe	1800	0.084	1236	0.053	76.004***
	tbq	1800	0.883	1236	1.271	88.040***
	hhi	1800	700	1236	600	11.019***
2011	tax	1488	0.03	1476	0.02	45.690***
	caprat	1488	1.065	1476	1.043	27.984***
	roe	1488	0.082	1476	0.049	91.230***
	tbq	1488	0.859	1476	1.243	94.058***
	hhi	1488	800	1476	600	11.259***
2012	tax	6156	0.019	1440	0.02	0.579
	caprat	6156	1.057	1440	1.044	14.397***
	roe	6156	0.067	1440	0.048	45.329***
	tbq	6156	1.037	1440	1.2	25.943***
	hhi	6156	669.858	1440	600	4.776**

表 3-16 按年度对未匹配上的混合所有制企业与民营化企业的社会福利、微观效率和市场竞争程度指标进行比较，我们可以获得如下结论：

第一，未匹配上的混合所有制企业效率更高。整体而言，未匹配上的混合所有制企业效率更高，这说明这些企业不适合民营化，应该维持混合所有状态。

第二，垄断行业更适合发展混合所有制。未匹配上的混合所有制企业 hhi 指数更高（见表 3-16），说明垄断程度高的企业更适合发展混合所有制。但未匹配上的混合所有制企业的 hhi 指数仅在 600~700，远远低于美国所定义的垄断行业标准 1000，说明我国上市公司中，混合所有制企业仍广泛存在于竞争性行业，垄断性行业还较少有混合所有制企业。这是因为我国资源条件无法竞争或不适宜竞争形成的电力、煤气、电信、铁路、航空等自然垄断行业，以及出于保障国家政治经济安全、提升国家综合国力需要，对军火、军工、烟草、盐业等特殊行政垄断行业，还未进行混合所有制改革。它们正是国有企业改革的深水区，也是我国深化国有企业改革的主要领域。当然，对垄断行业的改革势必受到既得利益集团的阻挠和反抗，因而是"难啃"的骨头，更是中共十八届三中全会《决定》提出需要深化改革的重点领域。

为进一步分析适宜发展混合所有制经济的行业，下面对未匹配上的混合所有制企业的行业分布状况进行考察。

二、未匹配上的混合所有制企业行业分布情况

为节约篇幅，仅考虑 2012 年未匹配上的混合所有制企业行业分布情况，见表 3-17。

表 3-17 2012 年未匹配上混合所有制企业的行业分布情况

代码	行业	未匹配上的上市公司名称	样本数	百分比
F2	仓储业	中储股份	12	0.19
C9	其他制造业	安泰科技、第一铅笔、金瑞科技、天津磁卡	48	0.78
H0	食品、饮料、烟草和家庭用品批发业、药品及医疗器械批发业、能源、材料和机械电子设备批发业	广聚能源、国药股份、鲁石化A、南方建材、农产品、浙江震元	72	1.17
K0	公共设施服务业	巴士股份、渤海化工、桂冠电力、南京中北、浦东强生、首创股份	72	1.17
L	传播与文化产业	电广实业、歌华有线、国脉实业、琼港澳A、四川电器、中视股份	72	1.17
C3	造纸及纸制品业、文教体育用品制造业	晨鸣纸业、江西纸业、金城股份、美利纸业、青山纸业、石岘纸业、宜宾纸业、漯河银鸽	96	1.56
F0	铁路运输业、公路运输业、水上运输业、沿海运输业、航空运输业	白云机场、东方航空、海盛船务、江西长运、南方航空、铁龙股份、外运发展、五洲交通、中海发展、中信海直	132	2.14
C5	电子元器件制造业、日用电子器具制造业、其他电子设备制造业	宝石A、法拉电子、海信电器、华工科技、京东方A、科大创新、深康佳A、深天马A、四川长虹、四川湖山、特发信息、真空电子	144	2.34
K3	餐饮业、住宿业、旅游业	华侨城A、华天酒店、黄山旅游、首旅股份、穗东方A、西安旅游、新锦江、新亚股份、中成股份、中国泛旅、中国国贸、中青旅	144	2.34
A0	农业、林业、畜牧业、渔业、农林牧渔服务业	北大荒、丰乐种业、冠农股份、吉林森工、秦丰农业、顺鑫农业、新疆天业、新农开发、新赛股份、新中基、亚盛集团、中农资源、中水渔业	156	2.53

代码	行业	未匹配上的上市公司名称	样本数	百分比
B0	煤炭采选业、石油和天然气开采业、黑色金属矿采选业、有色金属矿采选业	甘长风 A、国阳新能、海油工程、金牛能源、兰花股份、山东黄金、上海能源、神火股份、神州股份、西山煤电、郑州煤电、中金黄金、中石化、兖州煤业	168	2.73
E0	土木工程建筑业	安徽水利、北满特钢、葛洲坝、金帝建设、上海建工、深天健、深圳西林、四川路桥、隧道股份、西藏天路、中国武夷、中国建设、中铁二局、中油化建	168	2.73
M	综合类	长江投资、东方明珠、工大高新、吉林亚泰、南洋实业、燃气股份、申华实业、深华宝 A、深南光 A、深特力 A、铜城集团、厦门信达、张江高科、中山火炬	168	2.73
H2	商业经纪与代理业	东方创业、江苏工艺、江苏舜天、兰生股份、辽宁成大、南纺股份、五矿发展、物贸中心、厦门国贸、厦门建发、新天国际、浙江东方、中大股份、中化国际、中技贸易	180	2.92
C1	纺织业、服装及其他纤维制品制造业	常山股份、春晖股份、德臣股份、华茂股份、华源发展、嘉丰股份、辽宁时代、龙头股份、上海三毛、申达股份、深纺织 A、丝绸股份、四川锦华、天山纺织、益鑫泰、浙江中汇	192	3.12
H1	零售业	第一食品、广州友谊、汉商集团、合肥百货、津百股份、津劝业、深国商、王府井、武汉石油、武汉中百、武汉中商、西单商场、小商品城、益民百货、友谊华侨、中兴商业、重庆百货	204	3.31
C8	医药制造业、生物制品业	东北药、广东星湖、广州药业、哈天鹅、哈医药、河北华药、交大昂立、金陵药业、南京医药、三九医药、深益力 A、双鹤药业、太极集团、天药股份、同仁堂、新华制药、云白药 A、中新药业、重庆中药	228	3.7
J0	房地产开发与经营业	倍特高新、东华实业、广州珠江、沪昌特钢、陆家嘴、南京高科、浦东金桥、栖霞建设、深长城 A、深深房 A、深万科 A、深招港 A、深振业 A、苏州高新、天房发展、天鸿宝业、外高桥、渝开发 A、中华企业	228	3.7
C0	食品加工业、食品制造业、饮料制造业	川老窖 A、春都 A、丰原生化、古越龙山、贵州茅台、海南椰岛、皇台酒业、惠泉啤酒、吉发股份、莲花味精、南宁糖业、青岛啤酒、三元股份、上海梅林、双汇实业、四川制药、五粮液、燕京啤酒、裕丰股份、正虹饲料、中牧股份、沱牌股份	264	4.29

代码	行业	未匹配上的上市公司名称	样本数	百分比
G8	通信及相关设备制造业、通信设备制造业、计算机及相关设备制造业、通信服务业、计算机应用服务业	北京天桥、长城电脑、长江通信、东大阿派、东方电工、东方电子、东方通信、烽火通信、金陵股份、南京熊猫、南天信息、清华同方、清华紫光、深科技A、湘计算机、欣网视讯、延中实业、邮通设备、浙江天然、中国联通、中软股份、中信国安	264	4.29
F1	交通运输辅助业、公路管理及养护业、港口业、其他交通运输业	北海新力、北京巴士、福建高速、福建双菱、赣粤高速、广东福地、海南高速、虹桥机场、湖南高速、华北高速、津港储运、美纶股份、宁沪高速、上港集箱、深赤湾A、深高速、深圳机场、皖通高速、厦门机场、厦门路桥、盐田港A、营口港、粤高速A、中原高速、重庆港九	300	4.87
D	电力、蒸汽、热水的生产和供应业、煤气生产和供应业、自来水的生产和供应业	长江电力、长源电力、大连热电、东北热电、赣能股份、广东韶能、广发电力、桂东电力、国际大厦、哈岁宝、河南豫能、湖北兴化、华能国际、华银电力、惠天热电、吉电股份、京能热电、九龙电力、凌桥股份、龙电股份、闽东电力、南海发展、内蒙华电、三峡水利、山东电缆、上海电力、申能股份、深能源A、天富热电、通宝能源、皖皖能A、原水股份、粤电力A、漳泽电力	408	6.63
C4	石油加工及炼焦业、化学原料及化学制品制造业、化学纤维制造业、橡胶制造业、轮胎制造业、塑料制造业	保定天鹅、宝硕股份、沧州大化、赤天化、川化股份、大庆华科、大元股份、佛塑股份、国风塑业、河南神马、黑化股份、红星宜纸、湖北双环、湖北宜化、华鲁恒升、吉林化纤、江山股份、江苏索普、蓝星清洗、兰太实业、乐凯胶片、辽通化工、凌云股份、柳化股份、氯碱化工、轮胎橡胶、民丰农化、民族化工、南风化工、南化股份、南京化纤、宁天龙A、黔轮胎A、青岛碱业、三星石化、三友化工、沙隆达A、山东海化、山东海龙、山西三维、上海石化、沈阳化工、升华拜克、时代新材、四川美丰、穗浪奇、太化股份、太极实业、天科股份、皖维股份、武凤凰A、新乡化纤、亚星化学、烟台万华、盐湖钾肥、扬农化工、仪征化纤、岳阳兴长、云维股份、中国化建	720	11.7

代码	行业	未匹配上的上市公司名称	样本数	百分比
C6	非金属矿物制品业、黑色金属冶炼及压延加工业、有色金属冶炼及压延加工业、金属制品业、铸铁管制造业	鞍钢新轧、安徽马钢、安阳钢铁、八一钢铁、宝钢股份、北新建材、本钢板材、大同水泥、大西洋、大冶特钢、东方钽业、福建水泥、抚顺特钢、钢管股份、钢联股份、高淳陶瓷、广钢股份、贵研铂业、海螺水泥、杭钢股份、湖北川绳、华光陶瓷、华菱管线、吉恩镍业、吉林炭素、冀东水泥、江西水泥、江西铜业、酒钢宏兴、凌钢股份、洛阳玻璃、攀钢板材、浦东不锈、祁连山、青松建化、山川股份、山东药玻、韶钢松山、深南坡A、首钢股份、四川峨铁、四川双马、四砂股份、太钢不锈、唐钢股份、唐山陶瓷、天水股份、武钢股份、西宁特钢、厦门钨业、锌业股份、新华股份、新华光、新兴铸管、耀华玻璃、耀皮玻璃、有色中金、豫白鸽A、云铝股份、云南马龙、云南铜业、中国七砂、中科三环、中孚实业	768	12.48
C7	机械、设备、仪表、普通机械制造业、专用设备制造业、交通运输设备制造业、汽车制造业、摩托车制造业、电器机械及器材制造业、输配电及控制设备制造业、仪器仪表及文化、办公用机械制造业	安徽合力、北方天鸟、北旅汽车、北人股份、标准股份、昌河股份、常林股份、长安汽车、长城电工、成发科技、春兰股份、东安动力、东方电机、二纺机、菲达环保、飞亚达A、福田股份、钢运股份、格力电器、工缝股份、广州广船、贵航股份、国电南自、哈飞股份、航天动力、航天机电、河北宣工、洪都航空、沪东重机、华意压缩、济南轻骑、江汽股份、江钻股份、经纬纺机、昆明机床、力源液压、林海股份、南方汇通、平高电气、汽油机、钱江摩托、秦川发展、青岛海尔、青海华鼎、全柴动力、蓉动力A、三环股份、山推股份、陕长岭A、上柴股份、上海凤凰、上海汽车、上菱电器、深中华A、沈阳机床、沈阳金杯、石劝业、石油济柴、苏常柴A、苏威孚A、苏物贸A、太原重工、特精股份、天地科技、天津汽车、天威保变、万东医疗、西飞国际、厦门汽车、厦门厦工、徐工股份、许继电气、一汽轿车、一汽四环、云内动力、中发展、中核苏阀、中通客车、自仪股份	948	15.4
未匹配上样本合计			6156	100
样本合计			9924	

如表 3-17 所示，未匹配上的样本主要集中在 C7、C6、C4、D 行业，主要包括制造业、冶炼及压延加工、石油加工及炼焦业、电力煤气自来水的生产和供应业等自然垄断行业，而仓储业、其他制造业和食品饮料等竞争性行业匹配上的样本很少，说明未来适合发展混合所有制经济行业是在自然垄断领域；同时也表

明，在一些竞争性行业，也有一部分发展比较好的混合所有制企业。另外，在一些垄断性行业也有未匹配上的样本，所以我们不能绝对地断定垄断行业只能发展混合所有制经济，竞争性行业国有企业只能全面退出，应该根据每个企业的实际情况，因企制宜。

第三节　本章小结

我们采用倾向评分倍差法对混合所有制企业产权改革效果的实证分析发现，我国民营化产权改革对社会福利和微观效率提升非常显著，中共十八届三中全会之所以不再继续进行民营化，是因为进一步分析发现，产权改革效果还受市场竞争性、规模、行业、地区等因素交互影响，且未匹配上的混合所有制企业的社会福利和微观效率均比民营化的企业高，所以对未匹配上的企业应该积极发展混合所有制经济，而不是民营化。我们还发现，未匹配上的混合所有制企业垄断程度比匹配上的混合所有制企业高，因此垄断程度高的行业适合发展混合所有制经济。但竞争性行业也有一部分发展比较好的混合所有制企业，所以国有企业改革也不能绝对地断定垄断行业只能发展混合所有制经济，竞争性行业国有企业要全面退出，应该根据每个企业的实际情况，因企制宜。

实际上，自 20 世纪 80 年代以来，全世界范围内就掀起了一股自然垄断产业民营化改革的浪潮，运用市场力量提供自然垄断产业服务已经成为大多数国家新的制度安排，也为我国自然垄断产业民营化改革提供了经验借鉴。例如，欧盟对铁路实施了"网运分离"改革，其中英国 1992 年采取的是国有民营方式，即国有财产仍然在政府手中，只是将铁路经营权委托给了铁路监督办、全国性线路公司、特许经营权客运公司、货运公司、机车租赁公司、铁路相关产品供应商 6 个私营公司经营。私营公司天然追逐利润的最大化，导致一些冷门线路私企投资热情不足，既影响了人们出行，也不能满足当地经济发展需要，为此 2002 年英国政府收回了原网路公司的控制权，增加了公益性线路的规划和建设。法国直到1997 年才开始铁路改革，但法国采取的是国有经营方式，只是把法国国铁拆分成法国铁路网公司和法国国营铁路公司。这种不以盈利为目的的改革导致铁路公司负债十分严重，国家财政负担沉重。为此，2001年法国政府将法国铁路网公司设为独立经营公司，将国营铁路公司设为铁路网公司的股东，由中央和地方共同承担铁路运转费用和新线路建设资金，并引入民营企业阿尔斯通，共同开发了法国高速铁路系统，成为中国高铁走向国际的强大竞争对手。1988年，瑞典将国有铁路管理机构分为瑞典国有铁路和瑞典国家铁路管理局，其中瑞典国有铁路负责"运输"，由预算管理制转为利润目标管理制，是营利性的国有企业；瑞典国家铁路负责"网路"的维护和建设。1990年，瑞典开始开放铁路运输市场，引入了一些私营运营商增加运输市场的活跃度和竞争性，同时对国家铁路公司的基础设施建设加强了定价监管。

我国自然垄断行业的改革也借鉴了国外自然垄断产业"网运分离"的经验。如2002年我国将国家电力公司拆分成两大电网公司和五大发电集团，以实现"厂网分开、竞价上网、打破垄断、引入竞争"。2014年安徽、江苏等十多个省实现"直购电"试点，打破了两大电网公司输电的垄断。再如电信行业，1999年2月，信息产业部将原中国电信拆分成7家电信运营商，包括新中国电信、中国移动、中国卫星通信公司、联通公司、网通公司、吉通公司和铁通公司，初步形成电信市场分层竞争格局。1987年我国民航开启了以"政企分开""机场与航空公司分设"的改革，成立了六个地区管理局、六家骨干航空公司和六大机场。2002年我国航空行业开启了以"政资分开""机场属地化"的改革。我国公用事业单位在1992~2001年，引入外资和民间资本介入企业经营和管理。2001年至今，市政设施业市场化改革全面实施。

进入21世纪，政府对垄断行业改革的力度进一步加大，并把放宽市场准入、引入竞争机制作为改革的重点。2005年2月，国务院出台《关于鼓励支持和引导个体私营等非公有制经济发展的若干意见》（以下简称"老36条"），文件明确提出"允许非公有资本进入垄断行业和领域"。2010年5月，国务院颁布的《关于鼓励和引导民间投资健康发展的若干意见》（以下简称"新36条"）进一步提出，要鼓励和引导民间资本进入基础产业和基础设施、市政公用事业和政策性住房建设、社会事业、金融服务、商贸流通、国防科技工业六大领域。为了贯彻落实"新36条"，国务院有关部委制定颁布了22个实施细则。这些政策措施的出台，必将对垄断行业改革产生深远的影响。中共十八届三中全会《决定》提出"推进水、石油、天然气、电力、交通、电信等领域价格改革，放开竞争性环节价格"。2015年3月13日，国务院颁布《关于深化体制机制改革加快实施创新驱动发展战略的若干意见》，提出加快推进垄断性行业改革，放开自然垄断行业竞争性业务，建立鼓励创新的统一透明、有序规范的市场环境。这表明我国垄断性行业改革正在有条不紊地推进，发展混合所有制经济是其中一种方式，但必须分类推进。

目前垄断企业的改革效果如何呢？张春虎（2014）以广东省自来水产业为例，发现自来水产业的民营化改革并没有撼动经营企业的垄断地位，且非国有企业的静态效率高于国有企业，采用C-D生产函数后发现民营化改革对整个产业经济效率的改善效果并不明显。陈思融和章贵桥（2013）针对在我国公交民营化改革中的逆民营化现象，即公交事业由民营重新收归国营，提出具有公益性、民生必需性、自然垄断性等特点的公共基础设施，必须在民营化过程中革新政府规制，明确政府责任。王俊豪和蒋晓青（2011）认为，我国城市公用事业民营化在促进城市公用事业效率，增强城市公用产品的供给能力等方面取得了初步的成效，但在民营化中也出现国有资产流失、价格过快上涨、普遍服务难以保障、政府承诺缺失和政府高价回购等负面效应。2013年11月3日，德国柏林公民以51%的支持率要求将电网收归国有，并驱逐外资股份。这是因为瑞典电力公司Vattenfall主要用高污染的褐煤发电，并没有使用绿色能源发电，同时德国人还承受着欧美最高的税后电价（杨思远，2014）。这些都说明在公用事业、自然垄断部门私有化并不是灵丹妙药，进行简单民营化是不可取的，发展混合所有制是一种可行的办法。

总之，混合所有制企业的民营化改革是卓有成效的，产权改革既提高了社会福利、企业微观效率，也降低了企业政策性负担。未来国有企业改革方向之所以发展混合所有制经济，而不是继续民营化、外资化和私人化，是因为我们进一步分析发现，倾向评分匹配倍差法未匹配上的混合所有制企业主要在垄断行业，且未匹配上的混合所有制企业的社会福利、企业微观效率均比民营化后的企业高，政策性负担低，因此垄断行业适合发展混合所有制经济，这与国际国内垄断企业曲折的改革选择是一致的。

但有两点必须要注意：第一，未来主要改革领域是在垄断行业和公用事业部门，对应于国务院《关于国有企业发展混合所有制经济的意见》（国发〔2015〕54 号）所界定的主业关系国家安全、国民经济命脉的重要行业和关键领域、主要承担重大专项任务的商业类国有企业，以及自然垄断行业。第二，垄断性行业和竞争性行业都有上市公司未匹配上，说明垄断行业不是绝对的一定要发展混合所有制经济，竞争性行业国有企业也不是绝对地要实施民营化，实施全面退出政策，混合所有制改革千万不能采取"一刀切"的办法，对适宜继续推进混合所有制改革的国有企业，要充分发挥市场机制作用，不设时间表，一企一策，成熟一个推进一个，确保改革规范有序进行。同时，还要尊重基层创新实践，形成一批可复制、可推广的成功做法。

第四章　混合所有制经济发展现状分析

本章首先对改革开放以来我国混合所有制经济的发展历程进行回顾，其次从宏观整体和微观企业两个角度，对我国混合所有制企业的发展现状进行考察，最后构建数理模型和收集数据，全面比较混合所有制企业微观效率和社会福利情况，以分析目前混合所有制经济存在的问题。

第一节　混合所有制经济发展历程分析

混合所有制经济并不是新生事物，其实追根溯源，从晚清时期的官督商办模式，到国民政府的"节制私人资本、发达国家资本"；从解放初期的"新民主主义经济"，到"保护民族工商业"，再转向"一大二公"的模式，都留有混合所有制经济的深深烙印（程志强，2015；大成企业研究院课题组，2015），但是时代不同，混合所有制经济赋予的内涵也不一样，本书只考虑改革开放后混合所有制经济的发展历程和现状。改革开放后，我国混合所有制经济在"摸着石头过河"的国企改革中萌芽、发展、壮大，只不过在过去相当长的时期内，混合所有制经济仅仅是作为我国股份制经济形态的有限补充，并没有上升到基本经济制度重要实现形式的高度。

总体而言，中共十八届三中全会《决定》提出"积极发展混合所有制经济"，既是国有企业渐进式产权改革的结果，也是探索国有企业与市场经济相融合的实践结果（赵春雨，2015）。20世纪70年代世界经济发生严重"滞胀"危机，凯恩斯主义政府干预理论失去了现实支撑，新自由主义重新占据了经济舞台，很多西方国家都对国有企业进行了私有化。同期，拉美爆发债务危机，国内恶性通货膨胀难以控制，1989年国际货币基金组织、世界银行、美国政府和拉美国家代表在华盛顿共同商讨制定并发布了《华盛顿共识》。由于转轨国家经济发展的需要，以及接受《华盛顿共识》被作为国际组织经济援助的前提条件，拉美国家、东欧和东亚许多国家被迫选取了激进的"休克疗法"。但"休克疗法"给这些国家带来不可逆转的金融危机、经济危机，甚至政治危机。面对拉美、东欧等转轨国家改革酿出的苦果，我国国有企业改革没有采取激进的方式，而是采取了渐进式的产权改革方式，在建立市场经济和发展股份制经济的过程中，混合所有制经济也随之萌芽、发展和壮大。

首先是基层企业自发地出现了一些大量公有财产和农户私有财产共同使用、共同收益的合作经济，包括农户与农户联办，全民所有制企业与农户联办，集体与农户联办，集体与集体联办，国家、集体和个人联办五种形式（宋文阁、刘福东，2014），其中全民所有制企业与农户联办，集体与农户联办，国家、集体和个人联办三种形式，是极具原始性和典型性的混合所有制经济，它是公有资本与非公有资本的产权融合，它可以看成是混合所有制企业的萌芽。

其次是国有企业渐进性式的产权改革，尤其是把股份制作为公有制主要形式后，为实践中混合所有制经济的发展壮大提供了沃土。早期的国有企业改革，在放权让利时期（1978~1984年），还局限于控制权改革，并没有触及所有权改革。随着控制权改革的失败，国家提出发展有计划的商品经济，在承包经营阶段（1984~1992年），国有企业把利润分成作为主要改革内容。但承包制并未改变国有企业政企不分的现象，内部控制人的短视行为严重，"杀鸡取卵""涸泽而渔"和"鞭打快牛"的现象屡见不鲜，以及由于国有企业软预算约束的存在，导致国有企业亏损时无人负责，最后出现政府兜底的情况。在这样的机制下，国有资产发生巨额亏损也是意料之中，承包制随之宣告失败。而实践中，1984年7月26日，诞生了首家正式注册的商业股份制企业和首家由国有企业转制成的股份制企业——北京天桥百货股份公司。学术界由此开始探讨国有企业改革是不是应该转变思路，不应从经营权和使用权入手，而应从所有权着手改革。一些学者甚至提出国有企业改革可以试点股份制形式，厉以宁（1988）因为主张采用股份制这种现代财产组织形式来实现国有企业的产权改造而被称为"厉股份"。政府也注意到了现实中出现的各类股份公司，以及相关的学术观点。1986 年，国家体改委童大林在《人民日报》撰文，他认为 1978 年以来，有些城市实行的股份制试点是有成效的，值得重视。1987 年，中共十三大也肯定了股份制的做法，认为股份制是社会主义企业财产的一种组织形式，可以继续试行。1992 年邓小平南方谈话，再次肯定了股份制的做法，他认为股份制是适应社会化大生产和市场经济发展需要而产生的一种财产组合的企业形式，它是对资本主义的一种扬弃，既可以为资本主义所用，也可以为社会主义所用，这才突破了股份制是姓"资"还是姓"社"的意识枷锁，国有企业产权改革也因此放开了手脚，不仅引入了国有企业员工发展股份经济，也开始吸纳私人或境外非国有投资者成为股东，为孕育混合所有制企业提供了制度土壤。

1992 年，中共十四大确立了经济体制改革的目标是建立社会主义市场经济体制，国有企业改革也进入了第三阶段，即建立现代企业制度阶段（1992~2003年）。中共十四大对实践中的股份合作制给予了充分肯定，并把股份制明确规定为公有制经济的实现形式之一。1993 年，中共十四届三中全会提出"对国有大中型企业，尤其是优势企业，宜于实行股份制的要改为股份制企业"，"随着产权流动和重组，财产混合所有的单位愈来愈多"。1997 年，中共十五大明确规定股份制为公有制经济的实现形式之一，认为混合所有制经济中的国有成分和集体成分也具有公有制性质。1999 年的中共十五届四中全会提出，"对国有大中型企业，尤其是优势企业，宜于实行股份制的要改为股份制企业，发展混合所有制经济"，并对国有企业改革提出了"抓大放小"的策略。随后，国有企业产权改革改制面急剧扩大，并在 2003 年左右形成高潮。各地在中央政府和有关部委政策意见的指导下，把一大批小型企业通过改组、联合、兼并和出售等多种形式直接推向了市场，甚至一些大中型企业也被转让，产权改革在一些地区被简单地理解为"一卖了之"。当然，对于大部分大型国有企业，特别是国家划出的 1000 家重点企业，产权改革的主要形式还是发展股份制经济，混合所有制企业由此取得了长足发展。

但是，"抓大放小"的国企改革带来的负面效应也不容忽视。一是大量工人下岗，引起了职工极大抵触，甚至危及到了社会稳定；二是国有企业改革过程中，腐败问题和利益输送问题层出不穷，巨额国有资产通过各种或明或暗的途径被转移到了个人腰包，特别是管理层手中，引发了全社会的愤懑。2004年爆发了著名的"郎顾之争"，将国企改制中国有资产流失的问题暴露在聚光灯下，点燃了全社会的怒火，顾雏军也因此身陷囹圄，国务院随后叫停了管理层收购（MBO），国有企业私有化产权改革步伐显著放慢，股份制再次受到重视。2003年国资委成立后，将股份制改造作为国有企业改革的主要形式，2003年，中共十六届三中全会提出"股份制成为公有制的主要实现形式"。实现股份制的好处有三点：第一，可以通过直接上市融资解决国有企业资金短缺问题；第二，通过完善的企业内部治理机制实现国有企业经营方式的灵活转变；第三，国有企业的控制权还牢牢掌握在国资委手中，工人身份得以保留，社会得以和谐，民营企业通过参股也得到了发展，混合所有制经济在这段时间不知不觉得到了发展壮大。这一阶段，国有企业经营状况和财务状况迅速好转，这种产权改革模式也得到了实践检验和政府肯定。为此，2007年中共十七大提出，以现代产权制度为基础，发展混合所有制经济。混合所有制经济由此在实践中得到了更大发展（见表4-1）。

表4-1　党中央重大政策文件对发展混合所有制经济的表述

年份	会议	表述	意义
1993	中共十四届三中全会	随着产权的流动和重组，财产混合所有的经济单位越来越多，将会形成新的财产所有结构	首次提出混合所有制经济是财产混合形式
1997	中共十五大	公有制经济不仅包括国有经济和集体经济，还包括混合所有制经济中的国有成分和集体成分	把混合所有制经济中的国有成分和集体成分界定为公有性质
1999	中共十五届四中全会	国有大中型企业尤其是优势企业，宜于实行股份制的，要通过规范上市、中外合资和企业互相参股等形式，改为股份制企业，发展混合所有制经济，重要的企业由国家控股	通过股份制发展混合所有制经济
2002	中共十六大	国有企业是我国国民经济的支柱。要深化国有企业改革，进一步探索公有制特别是国有制的多种有效实现形式，大力推进企业的体制、技术和管理创新。除极少数必须由国家独资经营的企业外，积极推行股份制，发展混合所有制经济	再次提出通过股份制发展混合所有制经济
2003	中共十六届三中全会	要适应经济市场化不断发展的趋势，进一步增强公有制经济的活力，大力发展国有资本、集体资本和非公有资本等参股的混合所有制经济，实现投资主体多元化，使股份制成为公有制的主要实现形式	股份制的混合所有制经济是公有制的主要实现形式

年份	会议	表述	意义
2007	中共十七大	以现代产权制度为基础，发展混合所有制经济。加快形成统一开放竞争有序的现代市场体系，发展各类生产要素市场，完善反映市场供求关系、资源稀缺程度、环境损害成本的生产要素和资源价格形成机制，规范发展行业协会和市场中介组织，健全社会信用体系	提出以产权改革促进混合所有制发展
2013	中共十八届三中全会	积极发展混合所有制经济。国有资本、集体资本、非公有资本等交叉持股、相互融合的混合所有制经济，是基本经济制度的重要实现形式……允许更多国有经济和其他所有制经济发展成为混合所有制经济……鼓励非公有制企业参与国有企业改革，鼓励发展非公有资本控股的混合所有制企业，鼓励有条件的私营企业建立现代企业制度	混合所有制经济是基本经济制度的重要实现形式

资料来源：根据历年党中央重大政策文件整理而来。

　　2008 年金融危机爆发后，随着我国 4 万亿元政策的推出，国有企业利用强大的政治背景和政府资源，获得了巨额资金，在各个行业、各大领域进行了大规模战线扩张和增资扩产，国有企业兼并和收购民营企业的事件也时有发生，民营企业切身感受到了生存空间被挤压。特别是发生了辽宁"通钢事件"后，国有企业兼并、收购、重组民营企业步伐进一步加快。2009 年 7 月，国有企业通钢老总被不满进行民营化的工人打死，直接导致民营企业建龙集团入股通钢的重组计划流产。各地政府吸取了教训，不再提国有企业民营化，而是加快了再国有化进程，发生了诸如"山西煤矿重组""山钢并购日钢""东星事件""中粮入股蒙牛"等事件，为此，媒体惊呼"国进民退"是市场经济的倒退。但 GDP 增长率 2009~2015 年依次为 9.21%、10.45%、7.65%、7.67%、7.4%、6.9%，除了 2010 年增速达到两位数后，随后急剧下降到 7% 左右，2015 首次低于 7%。GDP 增长率快速下降的原因，除了受国际金融危机影响外，相关刺激性政策带来的重复投资也难辞其咎。因为 2016 年供给侧改革的主要任务就是清理"僵尸企业"，去除"钢铁、煤炭、水泥、平板玻璃、电解铝、船舶"六大行业的过剩产能。不可否认的是，2008 年的 4 万亿元投资虽然主要投于基础设施产业，但也连带钢铁、水泥等这些行业的飞速扩张，导致现在这些产业产能的严重过剩。这说明，"国退民进"或者"国进民退"都不能取得预期改革效果，"国民共进"才是未来国企改革方向。这是因为国企和民企已融合为一个有机整体，唇齿相依，所以中国特色的国企改革方向应该是"积极发展混合所有制经济"。通过发展混合所有制经济，可以把国有资本和民营资本有机地融合起来，形成"你中有我、我中有你"的局面，有利于相互取长补短、促进共同发展，这是对既往国有企业改革的纠偏反思，也是应对西方国家 TTP 和 TTIP 围剿中国，以及不承认中国市场经济地位的破解之策。

第二节 混合所有制经济发展现状分析

目前统计部门还没有专门口径来统计混合所有制企业的各项指标，本书首先对《中国统计年鉴》相关数据进行整合，对广义的混合所有制企业总体现状进行描述；其次引用相关文献调查数据，对狭义的混合所有制企业总体现状进行描述；最后收集数据，全面考察混合所有制企业的微观效率和社会福利，以为发展混合所有制政策制定和落实提供初步数据支撑。

一、广义的混合所有制企业总体现状分析

徐善长（2006）对浙江混合所有制经济发展进行了调查，发现截至 2005 年 3 月底，全省等级在册混合所有制企业 31.36 万家，占企业总数的 61%，其中公司制、股份合作制、联营企业分别为 28.04 万家、3.2 万家和 1204 家，注册资本达 8405 亿元，户均注册资本 268 万元。我们根据陈东和董也琳（2015）广义混合所有制企业的口径，以及 2014 年、2015 年的《中国统计年鉴》整理数据见表 4-2。

从表 4-2 看，我国广义的混合所有制企业已经占据绝对优势，2014 年企业个数、资产和利润分别占比 84.17%、73.35% 和 79.17%；2013 年企业个数、资产、主营业务和利润分别占比 76.59%、66.95%、70.07%、73.03%，因此从广义口径而言，积极发展混合所有制经济似乎显得有些不合时宜，因为再发展几乎都是混合所有制企业了，这间接说明把混合所有制企业界定为公有资本与非公有资本混合的合理性。

表 4-2 按所有制类型分类的规模以上工业企业主要指标

所有制类型[①]	企业个数（个）				资产总计（亿元）			
	2014 年	百分比	2013 年	百分比	2014 年	百分比	2013 年	百分比
总计	377888	100	352546	100	956777	100	850626	100
国有独资企业	9586	2.54	13126	3.72	149049	15.58	170409	20.03
民营独资企业	16262	4.30	35002	9.93	8565	0.90	20402	2.40
外商独资企业	33954	8.99	34407	9.76	97375	10.18	90342	10.62
混合所有制企业	318086	84.17	270011	76.59	701788	73.35	569473	66.95

所有制类型	主营业务（亿元）				利润总额（亿元）			
	2014 年	百分比	2013 年	百分比	2014 年	百分比	2013 年	百分比
总计	1107033	100	1029150	100	68155	100	62831	100
国有独资企业	105842	9.56	127969	12.43	4905	7.20	6297	10.02
民营独资企业	22472	2.03	54775	5.32	1694	2.49	4200	6.68
外商独资企业	—	—	125258	12.17	7600	11.15	6452	10.27
混合所有制企业	—	—	721148	70.07	53956	79.17	45883	73.03

二、狭义的混合所有制企业总体现状分析

国务院发展研究中心企业研究所办公厅肖庆文（2016）以国家工商行政管理总局企业主体数据库为基础，对混合所有制企业数量、类型和行业分布做了详细准确的描述。其混合所有制企业是指国有非全资企业，也即国有资本和非国有资本混合的企业，并获得了以下几点结论：

第一，混合所有制企业数量虽然占全部企业比重较小，但占国有投资企业接近一半。截至 2014 年底，国有非全资企业有 17.14 万家，占全部企业（1818.28 万家）的 0.94%，占国有投资企业（37.17 万家）的 46.11%。从注册资本看，国有非全资企业占全部企业的 18.69%，占国有投资企业的 50.15%，因此国有投资企业和国有非全资企业虽然数量很少，但规模很大。尤其是国有非全资企业，其数量和规模几乎达到国有投资企业的一半左右，也即未来还有一半的国有投资企业还需进行混合所有制改革。

---

① 国有独资企业包含国有企业、集体企业、国有独资企业；民营独资企业指私营独资企业；外商独资企业包括港澳台独资经营企业和外资企业，剩下的全部归为混合所有制企业。

第二，纵向看，混合所有制企业占全部企业比例趋势在下降，但占国有投资企业比例在上升。

2000 年混合所有制企业有 7.21 万家（见图 4-1），占全部企业（737.21 万家）的 0.98%，占国有投资企业（30.97 万家）的 23.28%；与 2014 年相比，混合所有制企业占全部企业比例减少了 0.04%，占国有投资企业比例提高了 22.83%。2000~2014 年全部企业、国有投资企业、混合所有制企业分别增长 2.47 倍、1.20 倍、2.38 倍，因此纵向看，混合所有制企业占全部企业趋势在减少，占国有投资企业趋势在上升。

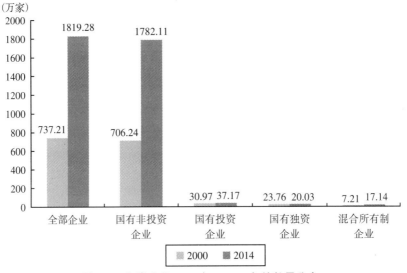

图 4-1　各类企业 2000 年、2014 年的数量分布

从注册资本看，全部企业、国有投资企业、国有独资企业、混合所有制企业分别增长 10.27 倍、4.45 倍、3.27 倍和 6.96 倍，因此非国有投资企业增长最快，混合所有制企业次之，国有独资企业最慢。从注册资本看，混合所有制企业占全部企业的比重由 2000 年的 27.60% 下降到 2014 年的 18.69%，因此这段时间国有独资企业数量在急剧减少，非国有投资企业得到快速发展，且占据了绝对主体地位。这是因为我国采取了"抓大放小"和股份制的国企改革，一方面，整个国有企业数量、规模在急剧减少；另一方面，国有企业的股份经济得到了充分发展。

第三，不同行业混合所有制企业分布密度不同。肖庆文（2016）根据国有投资注册资本占整个混合所有制企业注册资本的比例，将混合所有制企业划分为三组：①国有投资密度低的行业（11.08%~33.29%），包括农、林、牧、渔业，批发和零售业，房地产业，住宿和餐饮业，居民服务、修理和其他服务业，制造业，科学研究和技术服务业，文化、体育和娱乐业以及建筑业。②国有投资密度高的行业（46.16%~84.17%），包括电力、热力、燃气及水的生产和供应业，采矿业，交通运输、仓储和邮政业，金融业，水利、环境和公共设施管理业，租赁和商务服务业，信息传输、软件和信息技术服务业。③公用事业行业，包括教育、卫生和社会工作两个行业，国有投资密度分别为 14.98% 和 17.55%。肖庆文认为，国有投资密度低的行业里，公有资本所占比例应由市场竞争决定；在国有投资密度高的行业，公有资本所持比例应区别对待，对主业处于关系国家安全、国民经济命脉的重要行业和关键领域、主要承担重大专项任务的商业类国有企业，要保持国有资本控股地位，支持非国有资本参股。

三、混合所有制企业效率分析

肖庆文（2016）仅对狭义的混合所有制企业数量、注册资本和行业分布进行了调查，尚未研究其效率的高低。第二章的文献梳理也发现，国内外评价狭义混合所有制企业的效率文献非常少。当前把发展混合所有制经济作为未来国有企业改革的主要方向，有必要对其效率做个全面扫描，比较其与其他类型企业的优劣势，为发展混合所有制政策制定和落实提供初步数据支撑。

目前学者主要是构造国有企业和私营企业的微观效率和社会福利比较模型，直接评价混合所有者企业效率的文献较少，本书利用 1998~2007 年的《中国工业企业数据库》318835 家企业数据，全面比较混合所有制企业与国有独资、民营独资和外商独资企业微观效率和社会福利的差异，探究发展混合所有制经济的现实依据，发现其现实支撑是混合所有制企业的各项指标具有很强的增长潜力，尤其创新能力较强。仔细分析发现，垄断程度、地区、规模对微观效率和社会福利存在交互影响，因此提出了相应政策建议。

（一）数据处理和指标说明

1. 数据选取

本节数据没有特殊说明时，均来自 1998~2007 年的《中国工业企业数据库》。

该数据库的优点是有详细的实收资本①资料，可以精确确定混合所有制企业的各种类型，缺点是数据更新慢，但以史为鉴还是具有一定的参考价值。为消除异常值影响，参考聂辉华等（2012）提出的注意事项，删除全部职工人数<8人、实收资本≠国家资本+集体资本+法人资本+个人资本+港澳台资本+外商资本；剔除法人资本、个人资本、港澳台资本和外商资本相互混合的公司；删除相关指标为负和缺失的企业，剔除不符合基本逻辑关系（如累计折旧<当期折旧等）的企业，然后对主要指标进行1%的缩尾处理，最终保留了318835家公司，这样大的样本应该能真实反映1998~2007年我国各类企业微观效率和社会福利的基本情况。

记：国有比例=（国家资本金和集体资本金）/实收资本×100%，民营比例=（法人资本金和个人资本金）/实收资本×100%，外资比例=（港澳台资本金和外商资本金）/实收资本×100%。当国有比例=100%、民营比例=100%、外资比例=100%、0%<国有比例<100%时，分别表示国有独资企业、民营独资企业、外商独资企业和混合所有制企业，其样本分布见表4-3。

表4-3　1998~2007年样本分布

年份	样本个数（家）					样本比例（%）				
	国独	民独	外独	混合	总计	国独	民独	外独	混合	总计
1998	16080	5525	770	695	23070	69.7	23.9	3.3	3.0	7.2
1999	14830	7291	994	949	24064	61.6	30.3	4.1	3.9	7.5
2000	12746	9907	1081	935	24669	51.7	40.2	4.4	3.8	7.7
2001	10001	12558	1199	742	24500	40.8	51.3	4.9	3.0	7.7
2002	8254	14090	1485	607	24436	33.8	57.7	6.1	2.5	7.7
2003	11515	50275	8914	841	71545	16.1	70.3	12.5	1.2	22.4
2004	5287	23538	2793	313	31931	16.6	73.7	8.7	1.0	10.0
2005	4151	26068	2640	337	33196	12.5	78.5	8.0	1.0	10.4
2006	3378	24875	2770	294	31317	10.8	79.4	8.8	0.9	9.8
2007	2900	24364	2596	247	30107	9.6	80.9	8.6	0.8	9.4
Total	89142	198491	25242	5960	318835	28.0	62.3	7.9	1.9	100.0

---

① 实收资本是指投资者按照企业章程或合同、协议的约定，实际投入企业的资本，它是企业注册登记的法定资本总额的来源，它表明所有者对企业的基本产权关系。我国实收资本分为国有资本、集体资本、法人资本、私人资本、港澳台资本和外商资本6种成分，因此用它们之间的比例定义企业所有制类型非常精确和科学。

表 4-3 表明，1998~2007 年分别有 23070 家、24064 家、24669 家、24500 家、24436 家、71545 家、31931 家、33196 家、31317 家、30107 家样本，除了 2003 年样本较多外，其他年份分布比较均匀，大致在 7%~10%。按照企业类型划分，民营独资企业最多（62.3%），国有独资企业其次（28.0%），外资独资企业次之（7.9%），混合所有制企业最少（1.9%），这与 2007 年的《中国统计年鉴》数据：私营企业 52.58%、国有企业和集体企业 6.82%、港澳台和外商投资企业 13.79%、国有混合所有企业 2.04% 基本一致，[①] 与肖庆文（2016）调研数据基本吻合，因此本书样本代表性较强。研究发现，无论是国有、民营，还是外资企业，都喜欢独资模式，这是因为 100% 的股权不仅没有委托代理问题，还能有效防范接管和恶意兼并，因而独资模式受到广泛追捧。但我国国有独资企业存在股权"虚位"的特殊情况，容易发生"内部人控制"问题，本书对此不展开讨论。

从表 4-3 来看，还有以下两点结论：

（1）国有独资企业的比重在逐年下降，民营独资企业比例在逐年上升。国有独资企业从 1998 年的 69.7% 急剧下降到 2007 年的 9.6%，10 年期间减少了 60%，这与我国进行的国有企业改革有关。事实上，我国从 20 世纪 80 年代开始就进行国有企业改革了，从最初的放权让利到承包制，再到建立现代企业制度，国有企业的战线一直在缩小。特别是 1999 年我国实施的国有企业"抓大放小"政策，以及 2006 年国资委发布的《关于推进国有资本调整和国有企业重组指导意见》（以下简称《意见》），提出国有资本向关系国家安全和国民经济命脉的重要行业和关键领域集中，并规定到 2010 年中央企业要调整和重组至 80~100 家；同时规定短期亏损国企要限期扭亏，不重要行业和关键领域长期亏损的国企要进行转让和重组。这些政策的贯彻和实施，导致我国国有企业数量和比重大幅降低；与此相对应，民营企业比重从 1998 年的 23.9% 上升到 2007 年的 80.9%，在数量上占据了绝对优势。

（2）混合所有制经济比例在逐年下降，这是由于"非公即私"观念导致的结果。在国有企业大幅缩小的过程中，混合所有制经济并未随之放大，这是因为我

国主要实行的是产权清晰、责任明确的现代企业制度改革。产权学派认为，国有企业效率天然低下，不如直接将其民营化或私有化以提高效率，潜意识里排除了国有资本和非国有资本混合形式的企业。其实，我国早在中共十五大就阐释了公有制和混合经济的关系，中共十五届四中全会也提出"大力发展股份制和混合经济"，中共十六大明确指出"积极发展混合所有制经济"，2006 年中共十六届三中全会也明确提出，大力发展国有资本、集体资本和非公有资本等参股的混合所有制经济，实现投资主体多元化，使股份制成为公有制的主要实现形式等。由此可见，在国有企业改革过程中，国家鼓励国有企业进入非公有制企业的，或非公有制企业加入国有企业实行混合经营的。但事实上，混合所有制经济比重从 1998 年的 3.0% 下降到 2007 的 0.8%，呈现逐年下降趋势，这是由于非此即彼、非公即私的观念阻碍了混合所有制经济的发展，如著名的"冰棍理论"和"靓女先嫁论"等，不再赘述。

2. 微观效率和社会福利指标的选取

（1）微观效率指标。目前文献一般采用财务指标和技术效率指标来衡量企业微观效率，本节也秉承这种做法。由于 2004 年工业增加值数据缺失，参照刘小玄和李双杰（2008）和李平等（2012）的做法，令工业增加值=销售收入+期末存货–期初存货–中间投入+增值税，资本存量采用刘志成和刘斌（2014）的永续盘存法计算，且增加值和中间投入用 1998 年为基期的工业出厂价格指数、资本存量用 1998 年为基期的固定资产投资价格指数平减，并使用 Stata12.0 的 LP 方法计算全要素生产率。考虑到数据的可比性和可获得性，本书选取的微观效率指标有总资产报酬率、销售利润率、全要素生产率、应收账款周转率、存货周转率，基本统计量见表 4–4。

表 4–4　1998~2007 年《中国工业企业数据库》相关指标的基本统计量

单位：万元/年

指标	计算公式	符号	平均值	中位数	标准差	偏度	峰度
总资产报酬率	（利润总额+利息支出）/资产总额×100%	X1	37.8	12.5	648.4	261.7	90294
销售利润率	利润/销售收入×100%	X2	1.4	2.3	27.7	−68.9	12992
全要素生产率	LP 方法	tfp	159.3	43.0	652	36.7	2932
应收账款周转率	销售收入/应收账款净额	Y1	94.5	8.0	8734.9	554.5	319933

指标	计算公式	符号	平均值	中位数	标准差	偏度	峰度
存货周转率	销售成本/存货额	Y2	4.09	6	973.2	207.6	55460
企业福利	(利润总额+本年应付工资和本年应付福利费+本年应缴增值税+本年应缴所得税)/全部职工数	fl	10.69	4.42	1027.4	154.6	32513
职工福利	(本年应付工资和本年应付福利费)/全部职工数	zgfl	1.3	1.05	13.4	46.9	9564

（2）社会福利指标。经济学认为，社会福利=消费者福利（消费者剩余）+企业福利（生产者剩余）=总消费效用-企业生产成本。由于本书以《中国工业企业数据库》为基础，没有消费者资料，所以只能考虑企业福利了，但这对仅考虑微观效率指标已是一大进步了。百度百科对企业福利的解释是，企业给员工提供的用以改善其本人和家庭生活质量的，以非货币工资或延期支付形式为主的各种补充性报酬和服务。按照这个解释，本书选择了企业福利和职工福利两个指标，其具体计算办法见表4-4。

从中位数看，总资产报酬率为12.5%，销售利润率是2.3%，全要素生产率增长43.0%；从平均值看，总资产报酬率为37.8%，销售利润率是1.4%，全要素生产率增长159.3%，与同期一年期定期存款利率3.195%相比，工业企业总资产报酬率较高，技术创新能力较强，但销售利润率较低。

由于规模以上工业企业效益相对较好，所以企业福利和社会福利较高，其中企业福利平均值为10.69万元/年，中位数为4.42万元/年；职工福利平均值为1.3万元/年，中位数为1.05万元/年，高于1998~2006年的城镇人均可支配收入，接近于2007年城镇人均可支配收入1.37万元/年。

应收账款周转率平均值为94.5次，中位数为8次；存货每年平均周转40.9次，中位数周转6次，说明我国工业企业周转较快，账龄较短，企业流动性和变现能力较强，因此管理能力较好。

（二）混合所有制企业微观效率和社会福利的比较分析

1. 微观效率和社会福利的比较——3年滚动窗口的单因素方差检验

对1998~2007年整个时间序列进行比较只能反映出混合所有制企业与国有独

资、民营独资、外商独资企业微观效率和社会福利的一般关系,不能描述它们随时间变化的动态情况。为了克服这一困难,我们采用滚动窗口检验法,以准确反映它们的时变特征,给出全景式的结论。具体的检验过程为,当样本的长度是 2 年时,先检验 1998~1999 年,再检验 1999~2000 年,依次类推。滚动窗口检验的关键是窗口长度的选取,本书依次采用 2 年、3 年、4 年、5 年、6 年、7 年的长度进行滚动检验,发现 3 年窗口结论更具稳健性,因此取 3 年。表 4-5 有一个有趣的现象,除了销售利润率外,其他效率和社会福利指标的中位数都比平均值低,说明有很多极大值抬高了平均值。结合偏度和峰度指标,我们认为这些指标都不服从正态分布,为此我们使用中位数的非参数检验法,即 Kruskal–Wallis 法,结果见表 4–5。

表 4–5 3 年滚动窗口 Kruskal–Wallis 统计量结果

指标	1998~2000	1999~2001	2000~2002	2001~2003	2002~2004	2003~2005	2004~2006	2005~2007
总资产报酬率	8.28***	13.1***	8.71***	3.59**	4.59**	9.44***	7.9***	5.99***
销售利润率	233.49***	297.79***	178.23***	277***	220.66***	223.26***	138.31***	93.23***
全要素生产率	357.59***	106.23***	46.2***	149.28***	185.18***	334.85***	223.42***	234.35***
应收账款周转率	7.63***	12.46***	5.95**	2.3	1.29	0.9	0.23	0.16
存货周转率	1.04	0.59	1.44	1.48	2.58	1.61	0.96	1.17
企业福利	8.68**	11.7***	6.46**	11.2***	6.81***	3.95*	6.34**	4.54*
职工福利	1333***	962.28***	1005***	936.76***	1129***	1108.6***	1520***	1299***

注:*** 表示 $p<0.01$,** 表示 $p<0.05$,* 表示 $p<0.1$。

根据表 4–5,总资产报酬率、销售利润率、全要素生产率、企业福利和职工福利在 3 年滚动检验中均存在显著差异,应收账款周转率是在最初的几年有差别,随着时间推移,差异逐渐消失,但存货周转率没有差异,因此我们认为国有独资、民营独资、外商独资和混合所有制企业的盈利能力、技术创新能力和社会福利指标一直有显著差别,而随着改革推进,管理能力已经不分伯仲。为进一步评判混合所有制企业效率的高低,我们考察了混合所有制企业的盈利能力、技术创新能力和社会福利指标的变动趋势,以及它排名的变动趋势,见图 4-2 和图 4-3。

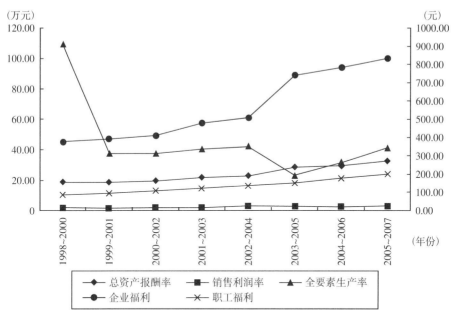

图 4-2 混合所有制企业 3 年滚动的平均值趋势图

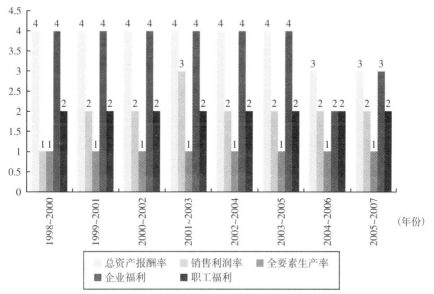

图 4-3 混合所有制企业 3 年滚动窗口排序趋势图

图 4-2 显示，除了全要素生产率指标在 1998~2007 年是先下降后缓慢上升的趋势外，其他指标均处于上升通道，其中企业福利指标上升幅度最大，其次是总资产报酬率，再次是职工福利，销售利润率上升幅度最为平缓。鉴于全要素生产

率数值很高（最低的 2003~2005 年也有 195%），我们认为混合所有制企业的盈利能力、技术创新能力和社会福利指标都处于优化和改进状况，因此混合所有制这种企业形式具有很强的生命力，未来增长前景较好。

图 4-3 表明，混合所有制企业的全要素生产率一直排第一，因此其创新能力非常强。销售利润率几乎居于前两名，但考虑到销售利润率的值很低（1998~2000 年为 1.88%，2005~2007 年为 2.64%），再结合总资产报酬率排名第四或第三，因此总体而言，与其他类型企业相比，混合所有制企业的盈利能力不高。职工福利一直位居第二，但企业福利排名第四，说明企业内部职工福利较好，从整体视角看，社会福利并不好，混合所有制企业对社会贡献不高。另外，虽然方差分析发现应收账款周转率和存货周转率不存在显著差异（见表 4-5），但这两个指标值在四种类型企业中徘徊在第三或第四名，说明混合所有制企业的管理能力相对弱一些。

综上，我们认为混合所有制企业全要素生产率虽然在下降，但稳居第一名，所以混合所有制企业的创新能力很强。从职工福利看，混合所有制企业还存在一定的优势，但企业福利却居于下游，说明我国混合所有制企业主要追逐的是企业内部福利，并未着眼于整个社会的福利。混合所有制企业的盈利能力稍弱，管理能力也稍逊，考虑到 2002 年以后混合所有制企业的盈利能力和管理能力指标在好转，因此进行现代企业制度改革后，混合所有制企业的治理结构也在完善。结合图 4-2，考虑到各指标一直处于上升通道，我们认为混合所有制企业这种财产组织形式是一种极具发展潜力的企业类型，具有其他独资企业不可比拟的优势，但也有有待完善的地方。我们将在第四节做进一步解读。

2. 微观效率和社会福利的比较——双因素方差检验

上文仅从企业类型角度比较了混合所有制企业的微观效率和社会福利大小，很显然，影响企业微观效率和社会福利的因素是复杂的，许多学者从不同角度进行了研究，但至今也没有统一认识。周黎安和罗凯（2005）研究了企业规模与技术创新的关系。夏业良和程磊（2010）发现，各地区的市场发育成熟度、资源禀赋、资源配置和产业结构并不一样，将会直接影响到各地区企业效率和社会福利的大小。魏志华等（2009）认为，股权结构与公司绩效的关系受行业市场势力（即 HHI 指数）的影响。姚洋和章奇（2001）研究了不同行业技术效率的外溢性。结合他们的研究，本书也考察了企业规模、地区、市场势力和行业等定性指标对不同类型企业微观效率和社会福利的影响，以探寻影响企业效率和社会福利背后隐藏的规律。为此，我们采用双因素方差分析模型，考虑到3年滚动窗口结果呈现的复杂性，可能会增加规律探寻的难度，因此在此不进行3年窗口滚动检验。其中，企业规模按照2003年国家统计局的划分标准，定义大、中、小型企业分别为员工数不低于2000人、300~2000人，300人以下。地区按照传统的东部、中部和西部划分。市场势力用hhi指数衡量，删除了四分类行业内少于10家的行业后，按行业的销售收入比率平方和加总求和得到hhi，最后定义高、中、低的市场势力分别为hhi≥1800、1000≤hhi<1800、hhi<1000。行业采用《中国工业企业数据库》的二位行业分类代码，最终选取了39个行业。GLM方法的双因素方差分析结果见表4-6。

依据表4-6，可以获得的结论有：

（1）管理能力指标不仅和企业类型无关（见表4-5），还与企业规模、地区、行业、市场势力无关（见表4-6），且各类企业管理能力较好，不分伯仲。这是因为自从1999年进行现代企业制度改革后，初步理顺了企业之间的产权关系，建立了经营者的约束与激励机制，明确了企业所有者、经营者和劳动者各自的权利和责任，实现了政府行政管理职能、行业管理职能与企业经营职能分开，为企业的科学管理奠定了基础。虽然中国是一个多种所有制经济并存的国家，不同类型企业的监督约束机制、激励机制都存在着很大差异，但都构建了完善的现代企业制度，因此各类企业的组织效率和制度效率大致相同，因而管理能力也平分秋色，且都得到了有力改善。

（2）盈利能力、技术创新能力和社会福利指标不仅受企业类型影响（见表4-5），还与企业规模、地区、行业、市场力量大小相关，且还存在交互影响（见表4-6）。其中，规模大的混合所有制企业，销售利润率、全要素生产率和职工福利高，但总资产报酬率和企业福利在规模小的时候更占优势。这是因为规模大的企业，技术和资金实力雄厚，而规模小的企业虽然技术创新能力较弱，但反应灵活，善于捕捉市场机会，因此规模大小各有劣势，所以结论并未统一。

研究还发现，地区企业间的微观效率和社会福利差距在扩大（见表4-6），其中东部地区混合所有制企业各指标显著好于其他地区，但西部和中部地区的微

表4-6 企业类型和其他属性指标的双因素方差分析结果

变量		规模			地区			市场势力			行业		
		类型	规模	类型×规模	类型	地区	类型×地区	类型	市场势力	类型×市场势力	类型	行业	类型×行业
X1	F值	4.1***	6.7***	0.2	13.1***	1.8	0.5	38.8***	14.1***	19***	1715***	1133***	569***
X1	平均值	混合, 规模大=18.19 混合, 规模中=19.78 混合, 规模小=30.32 最大: 外独, 规模大=52.42 最小: 国独, 规模大=7.22			混合, 东=23.33 混合, 中=17.40 混合, 西=17.10 最大: 民独, 东=46.44 最小: 国独, 西=13.90			混合, 高=25.94 混合, 中=21.90 混合, 低=21.80 最大: 外独, 高=220.16 最小: 混合, 低=21.80			混合最大=115, 铁矿 混合最小=0.41, 木材加工 整体最大=144, 铁矿 整体最小=-2.38, 铜矿		
X2	F值	487.5***	13.5***	48***	1333***	13.8***	61.4***	415.8***	7.8***	6.7***	100.2***	6.3***	7.6***
X2	平均值	混合, 规模大=4.54 混合, 规模中=2.18 混合, 规模小=0.37 最大: 外独, 规模大=5.05 最小: 国独, 规模中=-5.11			混合, 东=3.56 混合, 西=2.57 混合, 中=-0.26 最大: 民独, 中=4.13 最小: 国独, 西=-7.30			混合, 高=4.17 混合, 中=1.60 混合, 低=2.21 最大: 混合, 高=4.17 最小: 国独, 中=-4.82			混合最大=29, 石油 混合最小=-1.81, 胶合板 整体最大=29, 石油 整体最小=-7.72, 工业气体		
TFP	F值	619.5***	3944***	74.5***	947***	5.9***	20.1***	886.8***	291.9***	42.6***	59.2***	74.4***	22.2***
TFP	平均值	混合, 规模大=1215 混合, 规模中=504 混合, 规模小=220 最大: 混合, 规模大=1215 最小: 民独, 规模小=76			混合, 东=635 混合, 中=589 混合, 西=589 最大: 混合, 中=635 最小: 民独, 中=107			混合, 高=1010 混合, 中=820 混合, 低=535 最大: 混合, 高=1010 最小: 民独, 低=106			混合最大=740, 铁矿 混合最小=29, 卷烟 整体最大=740, 铁矿 整体最小=23, 黄金		

续表

变量	规模			地区			市场势力			行业		
	类型	规模	类型×规模	类型	地区	类型×地区	类型	市场势力	类型×市场势力	类型	行业	类型×行业
Y1 F值	1.4	0.1	0.9	1	0	0.1	1.3	0.5	0.8	0.1	0.1	0.2
Y2 F值	1	2.3	0.7	0.9	0.8	1.9	3.2***	2	2.9***	0.3	0.9	2***
FL F值	11.6***	10.9***	0.9	30.3***	4.4***	0.1	32.3***	4.7***	8.4***	772.6***	505***	254.4***
FL 平均值	混合, 规模大=41.95 混合, 规模中=50.05 混合, 规模小=88.78 最大: 民独, 规模大=129.94 最小: 国独, 规模小=30.85			混合, 东=62.14 混合, 中=44.46 混合, 西=37.81 最大: 民独, 东=131.16 最小: 混合, 西=37.81			混合, 高=55.10 混合, 中=52.20 混合, 低=58.92 最大: 外独, 高=297.73 最小: 混合, 中=52.20			混合最大=193, 铁矿 混合最小=11, 自来水 整体最大=365, 铁矿 整体最小=3.64, 黄金		
ZGFL F值	1384.9***	216.3***	101.1***	971.1***	344.9***	21.7***	1561***	270.1***	19.3***	243.7***	81.8***	33.3***
ZGFL 平均值	混合, 规模大=16.71 混合, 规模中=13.21 混合, 规模小=14.35 最大: 外独, 规模大=21.11 最小: 国独, 规模大=10.01			混合, 东=15.09 混合, 西=14.70 混合, 中=11.49 最大: 外独, 东=21.20 最小: 国独, 中=8.61			混合, 高=18.06 混合, 中=15.96 混合, 低=13.79 最大: 外独, 高=25.53 最小: 国独, 低=10.10			混合最大=38, 石油 混合最小=7.7, 工艺品 整体最大=38, 石油 整体最小=4.4, 铜矿		

观效率和社会福利差异并不明显，这是因为我国经济发展实施的是非均衡区域发展战略和区域倾斜政策，这导致了各种生产要素向东部地区聚集，东部城市优先获得发展，并向中西部梯度扩散，因而东部地区混合所有制企业微观效率和福利指标都具有优势。

市场势力越大，表明外部竞争程度越低。一方面，表明支配市场能力较强，能获得超额利润，因而盈利能力较好；另一方面，垄断企业较易获得政府资金支持和其他稀缺资源，因而更具资源竞争优势。因此除市场势力弱时，混合所有制企业福利较高外，其余指标都与市场势力正相关（见表4-6），所以市场势力越强企业盈利能力、技术创新能力和职工福利越高。

（3）由于不同行业劳动力、资本密集程度和行业技术不同，面临的行业竞争程度、产业保护政策和经营自由度不同，导致不同行业的企业微观效率和社会福利指标均存在明显差异，且对企业类型产生交互影响。表4-6显示，采矿业呈现两极分化的状态，一方面石油和铁矿企业的微观效率和社会福利指标较好，但黄金和铜矿企业的微观效率和社会福利指标却较差；另一方面初级加工业的木材、胶合板、卷烟、工艺品和自来水行业的微观效率及社会福利也较差，说明我国低端制造业盈利能力较低，回报社会的能力也不强。

第三节　本章小结

混合所有制经济是在中国渐进式的国有企业改革过程中逐步萌芽、发展、壮大的。对广义和狭义口径的混合所有制经济基本情况进行描述后，我们对混合所有制企业的微观效率和宏观效率进行了全方位评价，以了解我国混合所有制企业的优势和存在的问题。对30多万家工业企业数据的实证研究发现，混合所有制企业虽然在技术创新上存在优势，但盈利能力和社会福利水平较低，管理能力也稍逊，且其微观效率和社会福利还受企业规模、地理位置、市场势力和行业等因素交互影响，呈现出错综复杂的特点，孰优孰劣并无定论。因此，发展混合所有制经济是国企改革的有效良方，但不是唯一良方，要不要发展混合所有制，需要依据每个企业的具体情况具体分析，并无普适标准。实证还发现，混合所有制企业技术创新能力一直遥遥领先，管理能力与其他类型企业也平分秋色，且微观效率和社会福利指标一直处于上升状态，因而它是一种极具发展潜力的企业类型，这正是发展混合所有制经济的现实依据。

据上，混合所有制企业应该逐步发展壮大，但表 4-3 显示其比例在逐年萎缩，这是什么原因引起的呢？除了前文分析的非此即彼、非公即私的观念外，也有国家层面和混合所有制企业自身的原因。自中共十五大以来，党和政府从未停止探索如何发展混合所有制经济，从 2005 年的"老 36 条"，到 2010 年的"新 36 条"，国家也出台了一系列促进民营经济发展的政策，但不完善的资本市场、不配套的政策，使得民营经济与公有经济混合遭遇了"玻璃门""弹簧门"和"旋转门"的尴尬，导致民间资本参与混合所有制的积极性降低。

发展混合所有制经济，有利于各种所有制资本取长补短、相互促进、共同发展。但企业层面的实证显示，混合所有制企业盈利能力并不占优势，且内部职工福利高、社会福利低，并没有体现出生产要素的优势互补和融合发展，这由多种原因导致：

第一，"混合"对象的选择没有考虑行业匹配性和融合性。现实中，"产业+产业"的混合模式一般都取得了成功，如中国建材重组了千家同类业务的民企；而"产业+资本"的混合模式经常出现各种摩擦，如国企上海家化与私企平安信托混合，导致管理层"内斗"不止，这是因为双方经营理念不一致，一个要做大做强，一个要在资本市场卖个好价钱。中国银河证券首席总裁顾问左小蕾（2014）一针见血地指出，在国有企业资金雄厚、技术创新能力良好的情况下，混合所有制改革应避免纯粹的资本运作。

第二，所有制壁垒歧视远未消失。新中国成立初期视私有制为洪水猛兽的情况，即使是改革开放之后，社会担心发展混合所有制经济会成为国有资产流失通道，会削弱公有制主体地位，因此强调国有资本控制或主导企业发展。没有了控制权，民营企业家担心参与国企改革是"羊入虎口"，本书数据显示，在 5960 家混合企业中，国有绝对控股比例达到 37.37%，相对控股比例为 9.26%，因此国有企业在混合所有制企业拥有控制权的比例几乎占据半壁江山，可见一斑。

第三，混合所有制企业内部治理机制不畅。公有资本与私有资本目标的不一致、大股东与小股东存在发展战略的冲突，控制权、管理权和经营权存在争夺的问题，导致混合所有制内部治理矛盾更加尖锐，这将直接影响混合所有制企业微观效率和社会福利，也削弱了混合所有制经济对民营企业的吸引力。

第四，民众对混合所有制持怀疑态度。民众本来对银行、石油、电信等国有垄断企业拥有巨额利润、却上缴国家很少红利多有诟病，对国有垄断企业高工资、高福利比较艳羡和愤懑不平，而混合所有制企业也是内部福利高、社会福利低，使得民众认为其是一种变形的"新国企"，因而对发展混合所有制经济也持有怀疑态度。诸此种种原因，均导致混合所有制企业的比例在逐年下降。

自中共十八届三中全会《决定》再次提出"积极发展混合所有制经济"之后，得到了社会各界热烈响应，这是值得肯定的，但我们要警惕一些地方政府的激进做法，提出了一些硬性指标，采取了"一刀切"的方案，设置了时间表。在可行性细则制定不明确以及缺乏必要试点周期的情况下，这种过于激进的混合所有制改革，容易导致国资流失等种种乱象。现实中已经发生这种案例，2014 年 8 月 5日，国安集团四家民企耗资仅 56.6 亿元，借助"混改"平台，轻松获得净资产高达 155 亿元的国安集团 80% 的股权。这种情况如果不及时制止，将会掀起中国第二轮国企私有化浪潮，这将违背中央进行混合所有制改革的初衷。2014 年 3月 9 日，习近平参加安徽代表团审议时说："发展混合所有制经济，基本政策已明确，关键是细则，成败也在细则。要吸取过去国企改革经验和教训，不能在一片改革声浪中把国有资产变成谋取暴利的机会。"因此在国有企业与民营企业效率不相上下的情况下，发展混合所有制经济，绝不是简单地出卖国企产权，退出阵地，收缩规模，搞什么"国退民进"或"中退外进"，而是必须毫不动摇巩固和发展公有制经济，坚持公有制主体地位，发挥国有经济主导作用，实现"国民共进"。在政府层面，在严禁各种"拉郎配"的同时，还要做好各种政策配套工作，打破所有制的身份界限，消除它们之间孤立并存、相互封闭、区别对待的不合理体制机制和政策导向，实现资源优化配置和公平的竞争环境，才能形成不同所有制企业寻求联合、混合的内在要求。在混合所有制企业层面，只有完善内部治理结构和产权机制，淡化所有制色彩，才能发挥国有企业实力和民营企业活力的优势，实现"1+1>2"的效能，从而提升企业效率，更多地回报社会，使得改革成果惠及全体人民。

第五章　混合所有制企业股权结构作用机理研究

本章首先讨论为什么研究混合所有制企业的股权结构问题，其次从大股东资金侵占视角研究股权结构的作用机理，最后收集 2003~2014 年上市公司数据对混合所有制企业的股权结构、资金侵占和公司业绩的相互作用进行系统实证研究，并提炼出混合所有制企业股权结构的作用机理。

第一节　混合所有制企业股权结构作用机理的理论分析

一、问题的提出

自中共十八届三中全会《决定》提出"积极发展混合所有制经济"，强调"国有资本、集体资本、非公有资本等交叉持股、相互融合的混合所有制经济是基本经济制度的重要实现形式"以来，引发了全民大探讨，尤其对不同资本怎样融合表达了不同看法。

企业层面。全国工商联副主席庄聪生（2014）称，民企入股国企，除了进行财务投资外，一定要有话语权，"说了算数"才能解决目前的后顾之忧。[1]复星集

---

[1]《民营企业要求在混合所有制中有话语权》，财新网，http://companies.caixin.com/2014-03-02/100645379.html，2014 年 3 月 2 日。

团董事长郭广昌（2014）建议"应逐步形成以民企为主导的混合所有制模式"。[①]
王健林（2014）甚至直白地说"如果要混合，一定是私营企业控股，至少是相对
控股。否则，国企控股，不等于我拿钱帮国企吗？"[②] 宗庆后（2014）再次发声
"民营资本没有那么傻，以高昂的价格与代价获取国企少量的股本，进入后既没
有话语权、决策权，也改变不了国有企业的机制。"民营企业这么理直气壮地要
求控制权，是因为产权理论认为私有产权比公有产权更具效率。我国 30 多年的
国企改革，进行的也是明晰产权的现代企业制度改革，政府也屡次发布减持国有
股的相关法律法规，因而国务院国资委副主任黄淑和提出"国资 30% 能控股，就
不搞 40%"[③] 也在意料之中。

　　学者层面。很多学者担心在我国上一轮国有企业改革中，抓大放小的产权改
革导致国企数量已经大大减少，公有制的主体地位勉强体现出来。这次混合所有
制改革，针对的主要是垄断行业，如果垄断行业的国有企业再失去控制权，不仅
造成国有资产的再次流失，而且会失去公有制的主体地位，还会造成公用事业价
格上涨、社会整体福利下滑、贫富差距继续拉大等问题。为此发改委研究员夏小
林（2014a，2014b，2014c）撰写系列文章，抨击其他学者妖魔化国有企业"一
股独大"的现象，他认为"一股独大"是世界范围内公司的普遍现象，并没有证
据表明它必然导致效率低下，相反，民企闭口不谈自身"一股独大"问题，却大
肆宣扬国有企业"一股独大"的弊端，以要求民营企业"一股独大"的控制权，
这种双重标准可谓司马昭之心路人皆知。其实，早在 2003 年聂长海等就发现国
有"一股独大"与企业绩效正相关，于金（2007）和王勇（2007）也证实国有
"一股独大"的企业绩效并不差。何况民营企业的"一股独大"也同样存在大股
东侵占小股东利益，以及效率不佳的问题，如近年来全国私营经济"标杆"的温
州私人企业也同样连年不景气，并发生多次企业家跑路事件，因此民企以国企
"一股独大"的弊端要求私企"一股独大"的绝对控制权是没有理论依据的。可

---

　　① 《混合所有制民企：有没有话语权》，会计师网，http://www.gaodun.com/new/58692.html，2014 年 6
月 17 日。
　　② 《王健林谈混合所有制：国企控股？不等于我拿钱帮国企吗？》，http://www.guancha.cn/economy/
2014_08_20_258597.shtml，2014 年 8 月 20 日。
　　③ 黄淑和：《混合所有制改革国资 30% 能控股就不搞 40%》，《解放日报》，http://lianghui.people.com.cn/
2014cppcc/n/2014/0309/c376104-24578436.html，2014 年 3 月 9 日。

以说，夏小林一针见血地指出了当前争论的核心所在，并指出发展混合所有制的方向必须是加强国有企业的主体地位，而不是为了多创造几个亿万富翁。

政府层面。地方政府积极响应中央号召，迅速拿出了混合所有制经济改革方案，提出了一些硬性指标，上海、北京、天津、江西、甘肃、江苏、重庆、四川、青海等省市提出 80% 以上的国有资本集中到提供公共服务等领域。另外，资本证券化也是国资改革的重要方向。湖北力争将全省国有资本证券化率提高到 50%，重庆宣布 80% 以上的竞争类国有企业国有资本实现证券化，北京提出国有资本证券化率达到 50% 以上，广东计划省属企业资产证券化率由现在的 20% 上升到 60%。由此可见，国有资产资本化、证券化将是混合所有制经济未来的改革方向。2014 年 3 月底，国务院常务会议部署了进一步促进资本市场健康发展的六条措施，为混合所有制经济国有资产资本化、证券化创造了制度载体。

据统计，截至 2016 年 1 月，上海、吉林、浙江、山东、江西、湖南、广东、福建、宁夏、新疆、河北、河南、江苏等十余省市区在政府工作报告中部署了 2016 年的国企改革主要工作，在加速重组调结构、清退落后产能、资产证券化、股权多元化以及投资运营公司等方面提出诸多新要求。地方两会勾勒出国企改革的三大路径，一是加速重组整合，二是混改与证券化，三是去产能调结构。其中，重组整合、混改与证券化都离不开国有企业股权结构如何选择的问题。

因此，在混合所有制经济政策已经明确的前提下，如何借助资本平台防范国有资产流失、破除民营企业和国有企业踟蹰不前的顾虑，是困扰当今改革的重大难题。很明显，这些担忧都与控制权和控制力有关。国务院国有重点大型企业监事会主席季晓南（2014）在国企改革方法论论坛上明确指出，混合所有制改革的关键问题是控股权之争。[①]卫兴华和何召鹏（2015）也指出，发展混合所有制经济，不仅是切蛋糕的问题，更是做蛋糕的问题，其中控股是关键问题。这是因为不同的股权结构导致不同的控制权配置，特别是在混合所有制企业，公有资本追求社会福利最大化，非公有资本追求利润最大化，不同的股权结构、不同的追求目标将直接影响公司战略目标安排，直接影响企业内部治理模式和经营管理架构

---

① 国务院国有重点大型企业监事会主席季晓南在国企改革方法论论坛上表示，对于混合所有制改革，控股权之争是关键。http://money.163.com/14/1216/10/ADJ3Q7MC002554JD.html，2016 年 10 月 3 日。

的设置，从而影响公司治理效率和企业绩效。

事实上，我国早在 1993 年中共十四届三中全会就提出混合所有制经济的思想，20 多年过去了，我国经济发生了翻天覆地的变化，国有企业改革也进入深水区，混合所有制经济也取得了长足发展，但对混合所有制经济的研究却稍显滞后，尤其对混合所有制企业股权结构选择问题关注不够。所以本书首先在第五章探析混合所有制企业股权结构的作用机理，也即研究混合所有制企业大股东如何侵占中小股东利益，以及如何作用于公司业绩的问题，其次在第六章研究混合所有制企业股权结构选择的一般规律问题，在第七章对混合所有制企业股权结构选择的个案特征进行总结。

二、资金侵占视角下的混合所有制企业股权结构作用机理

现代公司治理的逻辑起点是委托代理问题。最初基于分散的股权结构，多数是研究股东与高管之间的"第一类代理问题"。随着研究的深入，学者发现股权集中是现代公司的主要特征，因而大股东与中小股东之间的利益冲突成为"第二类"代理问题。近年来，大股东通过资金侵占、关联交易、过度投资、股利分配等手段掏空上市公司资产的行为得到了广泛验证。受篇幅限制，本书只考察混合所有制企业的国有大股东是如何通过资金侵占损害中小股东利益的，两权分离在什么区间对企业绩效损害更大，最终控制人是中央政府、地方政府、社会法人（民营）的企业掏空行为有何不同。正因为如此，股权结构如何优化配置显得非常重要，它也构成了混合所有制企业股权结构的作用机理。

在这里，我们首先厘清金字塔式股权结构的控制权、现金流权、两权分离、资金侵占和企业绩效之间的关系，其逻辑见图 5-1，其次提出本书资金侵占视角下的混合所有制企业股权结构作用机理。

图 5-1 表明，金字塔式股权结构分离了控制权和现金流权，实现了用少量现金流权获取更大控制权的目的，激励了终极控制股东实行资金侵占的掏空行为；资金侵占行为不但损害了中小股东投资收益，也损害了公司业绩；同时，终极控制股东的控制权、现金流权和两权分离度对公司业绩产生叠加影响；反过来，由于股权结构的内生性，公司业绩的优劣又影响着金字塔式股权结构的选择，也影响着各大股东的持股比例，这就是股权结构的作用机理，也是混合所有制企业股

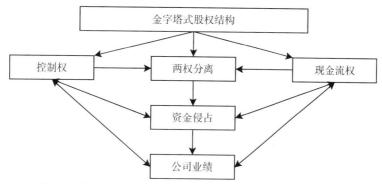

图 5-1　资金侵占视角下的混合所有制企业股权结构作用机理

权结构的作用机理。因此金字塔式股权结构、资金侵占和公司业绩构成一个循环系统，三者不能相互割裂。但是，事实上，当前文献并没有系统考察三者关系，而是割裂开来两两分析，具体分为三个方面：第一，研究金字塔式股权结构对资金侵占行为的影响；第二，研究资金侵占对公司业绩的影响；第三，研究金字塔式股权结构对公司业绩的影响。

（一）金字塔式股权结构分离了控制权和现金流权，激励了终极控股股东实施了资金侵占行为

大股东资金侵占是上市公司治理的顽疾之一，大股东直接对上市公司的资金侵占一般以"暂借款"的名义包括在其中，表现在资产负债表上有大量的其他应收款，其经济后果是资金短缺容易让企业陷入财务危机、错失良好的投资机会、降低了资本市场配置效率，损害了中小股东的投资利益。最初学者是直接研究大股东对中小股东的利益侵占问题（Shleifer and Vishny，1988，等），但 La Porta 等（1999）、Bennedsen 和 Wolfenzon（2000）、Almeida（2006）等通过对大股东控制链条的层层追溯，发现大部分上市公司拥有唯一的终极控制股东。终极控制股东通过金字塔式股权结构导致了控制权和现金流权的分离，实现了用少量现金流权获得最大控制权的目的，为终极控制股东实施利益侵占行为打开了方便之门。我国上市公司金字塔式股权结构也比较普遍。自 2001 年开始、2004 年全部公布上市公司最终控股股东资料以来，对最终控制权的研究逐渐展开。刘芍佳等（2003）最先研究了我国上市公司终极产权情况，发现我国上市公司终极产权是政府控制和非政府控制的各占 84% 和 16%，即使我国资本市场在完善、股权分置上的改革已经完成，我国 90% 的上市公司仍然存在终极控制权现象（凌翅，2012）。不仅是国有企业，即使在民营企业，金字塔式股权结构也被广泛采用。苏启林等（2003）、苏启林和朱文（2003）研究发现，与其他国家相似，我国民营企业也广泛采用金字塔式股权结构，并促使了终极控制股东两权分离以及对中小股东的利益侵占。

La Porta 等（2000）首次将控股股东获取控制权收益的行为定义为"隧道效应"（Tunneling），指控股股东以隐蔽的方式掏空公司。Dyck 和 Zingales（2004）通过全球 39 个国家的控制权转让溢价的实证分析，发现大股东的掏空行为具有普遍性。Bertrand 等（2002）发现东南亚问题更加突出，他对印度上市公司考察后发现，第一大股东通过金字塔式股权结构强化了上市公司控制权，上市公司资源被大肆转移，激化了大股东与中小股东的矛盾。

对于我国上市公司而言，由于证券市场不完善，大股东资金侵占问题更加严重。据统计，2002~2004 年，57.53%、55.9%、70% 的上市公司存在控股股东及其关联方"资金侵占问题"，金额分别为 966.69 亿元、2097.76 亿元、2185 亿元（宋宝萍、强力，2005），即使监管部门一再发文禁止各类资金侵占，但问题尚未得到有效遏制。唐宗明和蒋位（2002）以 1999~2001 年大宗国有股和法人股转让为样本，发现我国上市公司的股权转让价格比净资产高 27.9%，高于英美等国家。[1] 现实中，大股东侵占资金给上市公司带来灭顶之灾的案例也层出不穷，如"猴王案""三九案""轻骑案""莲花味精""ST 幸福""ST 长控"等。

多数实证研究表明，资金侵占与终极控制股东控制权成正比，与现金流权成反比，与两权分离度成正比，这表明当控制权远超过现金流权时，终极控制股东倾向于掏空公司谋取私利。Johnson 和 Mitton（2003）认为，当终极控制权超过现金流权时，会诱发终极控制股东对中小股东利益的侵害。周颖等（2013）以 2007~2009 年民营上市公司为样本，发现终极控制股东的控制权与利益侵占正相关，现金流权与利益侵占负相关，两权分离与利益侵占正相关，这种观点再次获得了佐证。

---

[1] Bradley（1980）发现美国控制权交易要约价格高于市场价格 13%；Barclay 和 Holderness（1989）发现溢价 20%；Lease、MoConnell 和 Mikkelson（1984）发现溢价 5%。

中国证券市场，最初被赋予国企改制脱困的目的，形成了上市公司终极控制股东绝大部分是国家控股、少数是社会法人控股的特色股权结构，为此有学者研究了不同性质的控制权对资金侵占的影响。马曙光等（2005）实证发现，社会法人控股股东、国有股股东、国有法人股股东对上市公司资金的占用依次递减。黎来芳等（2008）研究发现，私人终极控制的上市公司比国家终极控制的上市公司资金侵占规模高；集团控制的上市公司比非集团控制的上市公司资金侵占规模高；控股股东持股比例越高，其他大股东持股比例越高，上市公司中资金侵占规模越小。李增泉等（2004）实证发现，国有控股股东比非国有股东占用资金高，集团控制的上市公司比控股公司控制的上市公司资金侵占高，占用资金与第一大股东持股比例是先上升后下降的非线性关系，与其他股东持股比例负相关。唐清泉等（2005）发现，当企业集团成为第一大股东时，上市公司中资金侵占规模更高。梅波（2013）研究结果表明，与非国有企业相比，国有企业控制权比例和现金流权比例更高，两权分离度更小。但是，徐光伟和刘星（2014）以2003~2009年民营上市公司为样本，发现终极控制股东控制权和现金流权与股票发行溢价不相关，即两权分离并没有侵占中小股东收益。

（二）终极控制股东进行资金侵占，损害了公司绩效

国内外大部分研究均表明大股东资金侵占对公司绩效是有害的。Johnson 等（2000）甚至发现，控股股东猖狂的"掏空"行为是导致1997~1999年亚洲金融危机发生的主要诱因。Bertrand 等（2002）、周中胜和陈俊（2006）、朱雅琴等（2011）认为大股东侵占资金不仅会降低公司业绩，而且还会对财务报告进行盈余管理，降低了会计信息质量，增加了整个经济的不透明度。雷光勇和刘慧龙（2007）、高雷和张杰（2009）实证发现，为了达到长期占用资金，掩盖资金侵占对上市公司的负面影响，控股股东会对上市公司盈余进行管理，因而盈余管理水平与资金侵占正相关。Morck 等（2000）和 Wurgler（2000）研究发现，如果证券市场对中小投资者保护不足，大股东的"隧道挖掘"行为会降低股票价格的信息含量，扭曲了资本市场的资源配置效率，而且在新兴市场，这种掏空行为更加严重（La Porta et al., 1997, 1999; Bebchuk et al., 2000）。林秀清和赵振宗（2008）的研究结果表明，大股东资金侵占不仅对上市公司的经营绩效和盈利能力造成不利影响，而且还会损害其他小股东的利益以及公司长远发展的后劲。姜国华和岳衡（2005）研究表明，上市公司未来盈利能力与大股东资金侵占显著负相关。林润辉等（2015）发现，大股东资金侵占与企业绩效负相关，且内部控制起到了完全中介的作用。周颖等（2013）发现，控制人的资金侵占效应降低了中小股东的收益水平。王敬党（2008）以2004~2007年上海市上市公司为样本，发现控股股东的资金侵占给上市公司及其他利益相关者造成了极大的经济危害。

（三）控制权与现金流权的两权分离度对公司业绩的影响

现有的研究证据表明，在金字塔式股权结构下，终极控制股东对上市公司利益并不完全表现为"攫取之手"的"壕堑防御效应"，有时也会施以"援助之手"，表现为"利益趋同效应"（Morck, Shleifer and Vishny, 1988），因而有三种学术观点：

第一种观点：控制权与现金流权的两权分离度存在"壕堑防御效应"。

部分学者实证研究发现，控制权与现金流权的两权分离损害了企业价值，存在"壕堑防御效应"，这种观点强调两权分离增强了终极控制股东对中小股东利益进行侵占的动机和能力，增加了代理成本，损害了公司价值。Claessens等（2002）、Marchia等（2005）、Yeh（2005）分别以东亚、英国、中国台湾上市公司为研究对象，均发现终极控制股东的控制权与现金流权的两权分离度降低了公司价值。邹小和陈雪洁（2003）则从理论上探讨了控制权和所有权分离情况下，终极控股股东如何通过投资项目选择、企业规模决策和控制权转让决策损害其他股东的利益。冉茂盛等（2009）以我国2004~2006年上市公司为样本，发现控制权与现金流权的两权分离程度与企业R&D投资显著负相关。李善民等（2006）以2004年上海市上市公司为样本，研究发现，上市公司终极控制股东的控制权和现金流权的分离程度越高，财务绩效越差，且家族控制企业比国有控制企业"掏空"情况更严重。邹平和付莹（2007）以2001~2005年66家上市公司为样本，发现最终控制人的控制权、两权分离度与企业价值负相关，体现出"壕堑防御效应"。

针对中国特有的股权性质，有学者研究了家族控制上市公司和国有控制上市公司两权分离度对企业价值的影响，以下学者实证发现家族控制的上市公司"壕堑防御效应"尤其明显。谷祺等（2006）对2002年家族上市公司的实证研究发现，控股股东通过"掠夺性分红"，造成现金流权与公司价值显著负相关。李慧媛（2011）以 2006~2009 年民营上市公司为样本，发现终极控股股东的控制权、现金流权、两权分离度均与公司价值负相关。刘锦红（2009）对我国 2004~2007年的 147 家民营上市公司的实证分析，获得李慧媛（2011）相同的结论，即存在"壕堑防御效应"。程仲鸣（2010）以我国 2002~2006 年上市公司为样本，发现民营企业比国有企业终极控制股东的"壕堑防御效应"更加严重，加剧了投资不足问题。

第二种观点：控制权与现金流权的两权分离度存在"利益趋同效应"。

有部分学者的研究发现，控制权与现金流权的两权分离度提高了企业价值，具有"利益趋同效应"，具有这种观点的学者认为终极控股股东因为拥有绝对控制权，具备监督经理人的动力，缓解了"第一类代理问题"，有助于公司价值的提升。Shleifer A.等（1986）研究发现，在终极控股股东掌握较大控制权的时候，提高现金流权能增强其对管理层实施监督的动机，从而降低代理成本，促进公司价值的提升。Barontini R.等（2006）对欧洲 11 国的 675 个样本进行研究，结果发现，家族控制性公司两权分离程度与公司价值显著正相关。

可能是我国资本市场的不成熟和公司治理结构的不完善，两权分离程度与公司价值的"利益趋同效应"并没有得到充分证明，但有少数学者从 IPO 定价和定向增发角度，证实了"利益趋同效应"的存在。彭文平和刘健强（2014）研究发现，2005 年 IPO 实施询价配售制度后，"定价效率观"能更好地解释中国 IPO 抑价率的变化。陈耿和杜烽（2012）以 2006~2009 年我国定向增发上市公司为样本，发现增发价格随大股东持股比例的提高而升高，产生"利益协同效应"。

第三种观点：终极控制股东控制权与现金流权的两权分离度对公司业绩影响具有双重性。

还有一些学者认为终极控制股东控制权与现金流权的两权分离度对企业价值的影响具有双重性，即同时存在"壕堑防御效应"和"利益趋同效应"。Claessens 等（2000）的实证研究证实了这种双重性，他认为，当终极控制股东的现金流权水平很高时，终极控制股东会减少谋取私有收益，与上市公司之间存在"利益趋同效应"；当终极控制股东的现金流权水平很低时，终极控制股东倾向于转移上公司资源谋取私有收益，与上市公司之间存在"壕堑防御效应"。Friedmana 等（2003）的研究结论为，在金字塔式股权结构中，终极控制股东在成员公司内进行资源转移时既存在利益抽回也存在利益输送，但利益输送是为了将来更好地实现利益抽回。Riyantoa 和 Toolsemab（2008）则认为，为了持续获得中小股东的信赖和资金支持，当上市公司出现危机时，终极控制股东会施以援助之手，帮助上市公司走出困境，因此终极控制股东会依据客观环境变化权衡选择进行利益抽取或利益输送的时机。

朱松等（2010）研究了双向资金侵占与资本投资的关系，发现关联方应收项目会抑制上市公司的资本投资规模，降低了投资——现金流敏感度，表现为"堑壕防御效应"；关联方的应付项目促进了上市公司的资本投资规模，提高了投资——现金流敏感度，表现为"利益趋同效应"。郑志刚（2005）则构建模型从理论上阐述了"转移效应"和"增长效应"。刘星等（2010）研究发现，两权分离度与企业资本配置效率和企业价值负相关，但现金流权能抑制这种"掏空行为"，它能提高企业资本配置效率和企业价值。与刘星等（2010）结论类似，游家兴和罗胜强（2007）以我国 2002~2003 年的 959 家上市公司为样本、彭文伟等（2009）对我国 2005~2007 年的 215 家上市公司为样本，均发现两权分离度加剧了控股股东的掏空行为，形成了"堑壕防御效应"，但现金流量权削弱了其攫取私利的动机，形成了"利益协同效应"。

但是，也有学者研究发现，两权分离程度与公司价值并不是线性关系，而是曲线关系，因而存在最优的控制权。邹怿等（2009）以我国 2003~2007 年制造业 496 家上市公司为样本，发现终极控制权与公司全要素生产率呈倒 U 型关系，最优控制权的左边存在"产出增长效应"，最优控制权的右边存在"产出替代效应"，但两权分离程度与公司全要素生产率负相关。孟祥霞（2008）以我国 2001~2005 上市公司为样本，发现大股东持股和公司价值呈倒 U 型关系，且倒 U 型关系在国有控股公司显著，在民营控股公司不显著，这说明国有控股公司存在最优的控制权，其"壕堑防御效应"和"利益趋同效应"同时存在。马忠和陈彦（2008）构建的理论模型和经验分析均发现，最终控制股东会权衡私有收益和监督成本，依据控制权的不同区间选择"利益侵占"和"利益输送"的时机。

与国外类似，我国学者发现家族控制公司也同时存在"壕堑防御效应"和"利益趋同效应"。苏坤和杨淑娥（2008）以 2002~2006 年民营上市公司为研究对象，发现上市公司终极控制股东存在超额控制现象，现金流权与公司经营绩效正相关，表现为"利益趋同效应"，但超额控制权与公司经营绩效负向关，具有"堑壕防御效应"。李途波（2012）实证结果表明，终极控制股东控制权与现金流权的分离度与家族控股上市公司投资不足显著正相关，表现为"壕堑防御效应"；但高现金流权可以抑制投资不足，产生"利益趋同效应"。梁光红（2011）以2007~2009年民营上市公司为样本，发现控制权和现金流权的两权分离度加剧了投资不足，与过度投资弱正相关。许永斌和彭白颖（2007）以2004年民营上市公司为样本，发现现金流权与公司业绩正相关，两权偏离度与公司业绩负相关。郑晨曦（2013）以2008~2010年571家上市公司为样本，实证发现终极控股股东的现金流权、控制权与公司业绩正相关，但两权偏离度与公司业绩负相关。陆茵茵（2012）以2009~2010年我国民营上市公司为样本，发现终极控制股东的现金流权和控制权与公司绩效正相关，但两权分离度对公司绩效无影响。彭白颖（2011）以2004~2008年我国民营上市公司为样本，实证结果表明，最终控制股东的现金流权与公司价值显著正相关，控制权与现金流权的偏离与公司价值显著负相关。

同样，国有控制公司也同时存在"壕堑防御效应"和"利益趋同效应"。张东宁和马昭（2011）以2005~2008年我国国有控股上市公司为样本，研究结果表明国有控股上市公司财务绩效与控制权、现金流权显著正相关，但与两权偏离度负相关。邹怿等（2009）发现，当终极控制权从产出增长效应向产出替代效应转化时，临界值按照政府控制、其他类型、自然人或家族依次递减，但政府控制股东与公司全要素生产率负相关。

通过上述文献的综合分析，我们发现当前学术研究存在一个很大缺陷，就是没有把金字塔式股权结构、资金侵占、公司业绩纳入同一个系统进行分析，掩盖了股权结构选择复杂的作用机理。因此本书采用联立方程模型，在考虑股权结构内生性问题的基础上，系统分析金字塔式股权结构、资金侵占、公司业绩三者之间的关系，以提炼出混合所有制企业股权结构的作用机理。另外，从研究样本看，虽然国内外都是以上市公司作为研究对象，但专门以混合所有制企业作为研究对象的文献还较少，因此本书对象具有新颖性。结合上文文献综述，本书提出以下假设：

假设5.1a：终极控制股东的控制权与资金侵占正相关。

假设 5.1b：终极控制股东的现金流权与资金侵占负相关。

假设 5.1c：终极控制股东的控制权和现金流权的两权分离度与资金侵占正相关。

假设 5.2：资金侵占与公司业绩负相关。

假设 5.3a：终极控制股东的控制权与公司业绩负相关。

假设 5.3b：终极控制股东的现金流权与公司业绩正相关。

假设 5.3c1：终极控制股东的控制权和现金流权的两权分离度与公司业绩负相关。

假设 5.3c2：终极控制股东的控制权和现金流权的两权分离度与公司业绩曲线相关。

假设 5.4：终极控制股东是社会法人（民营企业）的资金侵占问题更严重。

第二节　混合所有制企业股权结构作用机理的实证分析

一、数据处理、指标选择和描述性统计分析

（一）数据处理和指标选择

1. 数据来源

此处数据与本书第三章第二节收集数据的方法相同，同样是依据最终控制人选取了 2003~2014 年 692 家混合所有制企业。为剔除产权改革影响，在民营企业数据库里剔除了 2003~2014 年发生了不同性质产权转化的国有民营化企业、民营国有化企业和外资民营化企业，最后收集了没有发生产权变化的民营企业 222 家上市公司，一共收集了 2003~2014 年 914 家上市公司 10968 个平衡面板的观测值。[①] 数据

———

① 有个别混合所有制企业其终极控制人在中央和地方政府之间做了产权转移，本研究没有剔除，所以中央政府和地方政府的上市公司数量在不同年份有所变化。

来源与第三章第二节数据来源相同，均来自于国泰安 CSMAR4.0 数据库。

2. 指标选取

本书的核心指标包括终极控制股东的现金流量权、控制权和两权分离度，该指标直接取自 CSMAR4.0 的中国上市公司股东研究数据库——上市公司控制人文件，其计算公式参考了 LLSV（1999）、Claessens 等（2000）文献。国内学者孟祥展等（2015）、徐光伟和刘星（2014）、薛有志和刘鑫（2014）、刘锦红（2009）等，也采用的是该计算方法，见表 5-1。

表 5-1　选取的指标、符号和计算公式

变量	指标名称	符号	计算公式
核心变量	综合税率	tax	=（营业税金及附加 + 所得税费用）/营业总收入
	资本保值增值率	caprat	=（所有者权益）期末值/（所有者权益）期初值
	净资产收益率	roe	=净利润/股东权益余额
	托宾 Q 值	tbq	=［人民币普通股×收盘价 +（总股数 – 人民币普通股）×所有者权益合计/实收资本期末合计 + 负债合计］/总资产
	资金侵占	occ	=其他应收款年末余额/年末总资产×100%
	现金流权	cash	=实际控制人与上市公司不同股权关系链各层级持股比例相乘之和
	控制权	vote	=实际控制人与上市公司不同股权关系链中各层级最小持股比例之和
	两权分离度	sep	=控制权 – 现金流权
控制变量	市场竞争	hhi	=分行业计算的企业营业收入/行业营业收入平方的和×10000%
	股权制衡	h	=前三大股东持股比例平方和
	股权制衡	Z	=第一大股东持股比例/第二大股东持股比例
	独立董事比例	indeprat	=独立董事人数/董事会人数×100%
	资本结构	debt	=负债合计/资产合计×100%
	规模	asset	=资产总计的对数
	企业经营年限	age	=统计截止年份 – 公司成立年份
	净资产增长率	netrat	=（本期净资产 – 上期净资产）/上期净资产×100%
	应收账款周转率	recerat	=营业收入/应收账款期末余额
虚拟变量	行业	hy	依据 2001 年中国证监会颁布的《上市公司行业分类指引》为标准，按照 2 分位法，最终收集了 25 个行业
	地区	area	分为东部（area1）和中西部（area2）
	年份	year	2003~2014 年有 14 个年份虚拟变量

　　由于大股东侵占中小股东利益带有极强的隐蔽性，很难区分哪些资金用于公司正常经营、哪些是为了获取终极控制股东私利，所以国内外学者都使用间接刻画法，其中用"其他应收款年末余额/年末总资产"衡量大股东对中小股东资金侵占的做法比较普遍（姜国华和岳衡，2005；林润辉等，2015；郑国坚等，2014；邓建平等，2007；等等）。虽然李增泉等（2004）、周晓苏等（2008）、邓建平等（2007）采用的是应收款项与应付款项刻画大股东的资金侵占，但本书采用了普遍的做法。公司业绩指标与第三章第二节指标选择相同，包括微观效率和社会福利指标。

　　参考以往学者的文献，控制变量考虑了市场竞争程度、股权制衡、独立董事比例、资本结构、公司规模、企业经营年限、净资产增长率和应收账款周转率，同时还控制了地区、行业、年份的影响。所有指标、符号和计算公式请见表 5-1。

　　为剔除极端值影响，用 winsorize 对表 5-1 所选核心变量和控制变量全部进行了 1%分位及 99%分位的缩尾处理。

　　（二）统计描述

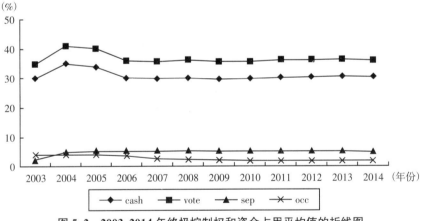

图 5-2　2003~2014 年终极控制权和资金占用平均值的折线图

　　从图 5-2 来看，终极控制股东的控制权、现金流权、两权分离度和资金侵占在 2003~2014 年变动比较平缓，波动幅度不大，其平均值分别为 36.67%、30.76%、4.75%和 2.51%，中位数分别为 36.13%、29.61%、0%和 1.34%。

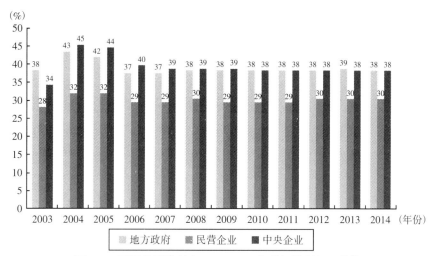

图 5-3 不同类型控制人 2003~2014 年终极控制权平均值

图 5-3 表明终极控制股东是中央政府控制的混合所有制企业控制权最高，其次是地方政府控制的混合所有制企业，最小的是民营企业，其平均值分别为 39.1%、38.8%、29.8%，中位数分别为 42%、39.03%、26.95%。

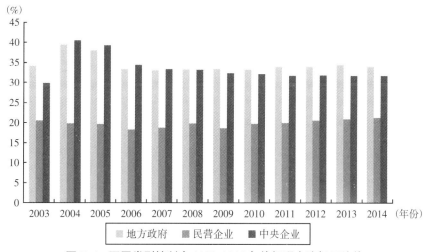

图 5-4 不同类型控制人 2003~2014 年终极现金流权平均值

图 5-4 直观显示终极控制股东是地方政府的混合所有制企业现金流权最高，其次是中央政府的混合所有制企业，最小的是民营企业，其平均值分别为 34.6%、33.6%、19.8%，其中位数依次为 34.43%、3416%、17.26%。

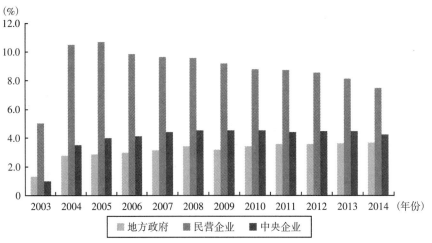

图 5-5　不同类型控制人 2003~2014 年两权分离度平均值

图 5-5 显示终极控制股东是民营企业的两权分离度最高，其次是中央政府控制的混合所有制企业，最小的是地方政府控制的混合所有制企业，其平均值分别为 8.86%、4.04%、3.15%，[①] 中位数为 8.43%、0%、0%。

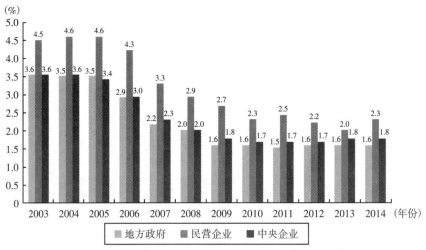

图 5-6　不同类型控制人 2003~2014 年资金侵占平均值

---

① 张东宁和马昭（2011）发现，国有终极控制公司的控制权、现金流权和两权分离系数分为 39.55%、34.75%、4.584%，谷祺等（2006）发现，民营终极控制上市公司的控制权、现金流权分为 34.43%、22.24%，其两权分离程度在东亚为最高，与本书结果相近。

图 5-6 显示终极控制股东是民营企业的资金侵占程度最高，其次是中央政府控制的混合所有制企业，最小的是地方政府控制的混合所有制企业，其平均值分别为 3.2%、2.4%、2.3%，中位数分别为 2.01%、1.26% 和 1.15%。

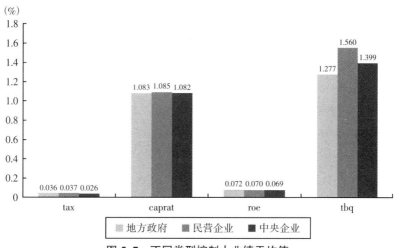

图 5-7　不同类型控制人业绩平均值

图 5-7 发现，除了 tbq 值按照民营企业、中央政府终极控制的混合所有制企业和地方政府终极控制的混合所有制企业依次递减外，但其他三种业绩指标比较接近，这也说明终极控制股东不同可能对业绩没有影响。

二、实证分析

（一）模型设定和方法选取

1. 模型设定

为了避免终极控制股东的控制权、现金流权和两权分离度发生多重共线性问题，[①] 本书设立了两组联立方程，第一组联立方程只包括终极控制股东的控制权（vote）、现金流权（cash），包括模型（1）~（3）。第二组联立方程包含终极控制股东控制权和现金流权的两权分离度（sep），及其平方项（sep2），包含模型（4）~（6）。

---

① 经过多次试算，模型（1）~（6）中其他变量之间不存在多重共线性问题。

$$occ = \alpha_0 + \alpha_1 vote + \alpha_2 cash + \alpha_3 h + \alpha_4 z + \alpha_5 indeprat + \alpha_6 debt + \alpha_7 asset +$$

$$\alpha_8 age + \alpha_9 netrat + \alpha_9 areal + \sum_{i=1}^{24} hy_i + \sum_{i=2}^{12} year_i \cdots （1）$$

$$tax(roe) = \beta_0 + \beta_1 occ + \beta_2 h + \beta_3 z + \beta_4 indeprat + \beta_5 debt + \beta_6 asset +$$

$$\beta_7 age + \beta_8 netrat + \beta_9 areal + \sum_{i=1}^{24} hy_i + \sum_{i=2}^{12} year_i \cdots （2）$$

$$tax(roe) = \gamma_0 + \gamma_1 vote + \gamma_2 cash + \gamma_3 cash + \gamma_4 h + \gamma_5 z + \gamma_6 hhi + \gamma_7 debt + \gamma_8 asset +$$

$$\gamma_9 age + \gamma_{10} netrat + \gamma_{11} areal + \sum_{i=1}^{24} hy_i + \sum_{i=2}^{12} year_i \cdots （3）$$

$$occ = \alpha_0 + \alpha_1 sep + \alpha_2 sep2 + \alpha_3 h + \alpha_4 z + \alpha_5 indeprat + \alpha_6 debt + \alpha_7 asset +$$

$$\alpha_8 age + \alpha_9 netrat + \alpha_9 areal + \sum_{i=1}^{24} hy_i + \sum_{i=2}^{12} year_i \cdots （4）$$

$$tax(roe) = \beta_0 + \beta_1 occ + \beta_2 h + \beta_3 z + \beta_4 indeprat + \beta_5 debt + \beta_6 asset +$$

$$\beta_7 age + \beta_8 netrat + \beta_9 areal + \sum_{i=1}^{24} hy_i + \sum_{i=2}^{12} year_i \cdots （5）$$

$$tax(roe) = \gamma_0 + \gamma_1 occ + \gamma_2 sep + \gamma_3 sep2 + \gamma_4 h + \gamma_5 z + \gamma_6 hhi + \gamma_7 debt + \gamma_8 asset +$$

$$\gamma_9 age + \gamma_{10} netrat + \gamma_{11} areal + \sum_{i=1}^{24} hy_i + \sum_{i=2}^{12} year_i \cdots （6）$$

其中模型（1）检验的是假设 5.1a 和 5.1b，重点关注 α_1 的系数是否为正，α_2 的系数是否为负，模型（4）检验的是假设 5.1c，重点考察 α_1 的系数是否为正，α_2 的系数是否显著。

模型（2）和模型（5）检验的是假设 5.2，重点关注 β_1 的系数是否为负。

模型（3）检验的是假设 5.3a 和 5.3b，注意 γ_1 是否为负，γ_2 是否为正。

模型（6）检验的是假设 5.3c1 和 5.3c2，关注 γ_1 是否为负，γ_2 是否显著。

2. 方法选取

单一方程的特点是考察一个变量与多个变量之间的因果关系。但是经济系统中，多个变量之间存在错综复杂的关系，只有多个方程才能揭示它们相互作用的内在机理，特别是当多个变量之间存在双向因果关系时，可以通过构建联立方程模型来表述这种复杂的关系。这里终极控制股东、资金侵占和公司业绩也构成一个复杂的因果关系系统，为此我们设立联立方程模型以体现这种复杂的因果关系。联立方程模型的另一个优点是，很好地区分了内生变量和前定变量（包括外生变量和滞后内生变量），较好地解决了计量经济学中难以处理的内生性问题。本书建立的两组联立方程模型均满足秩条件和阶条件，是可以识别和估计的。

虽然联立方程模型的估计有多种方法，有单一方程估计法（如 OLS 和 2SLS 等）和多个方程估计法（3SLS）。在残差满足同方差、不相关假定等基础上，虽然二阶段最小二乘法（2SLS）是最有效率的单一方程估计方法，但它忽略了不同方程的残差之间可能存在的相关性，此时用三阶段最小二乘法（3SLS）对整个联立方程系统同时进行估计是最有效率的，故本研究采用 3SLS 方法估计。

由于 3SLS 方法是同时估计的，所以一组联立方程模型只有一个拟合优度（r2）检验值，但为了本书表格呈现和结果分析的方便，本书将实证结果拆成了 3个表格分开汇报。

（二）联立方程模型的实证结果

1. 终极控制股东的控制权、现金流权和两权分离度与资金侵占的实证分析

表 5-2　金字塔式股权结构与资金侵占的实证结果

变量	（1）occ	（2）occ	（3）occ	（4）occ	（5）occ	（6）occ	（7）occ	（8）occ
	模型（1）				模型（4）			
vote	0.0115**	0.0094*	0.0065*	0.0147***				
	(0.004)	(0.004)	(0.003)	(0.004)				
cash	−0.0117***	−0.0099***	−0.0024	−0.0188***				
	(0.003)	(0.003)	(0.003)	(0.003)				
sep					0.0064*	0.0129***	0.0146***	0.0046
					(0.003)	(0.003)	(0.003)	(0.003)
h	−2.6973***	−2.6453***	−3.0736***	−2.3501***	−2.6472***	−2.6851***	−2.6949***	−2.6364***
	(0.343)	(0.359)	(0.294)	(0.349)	(0.262)	(0.262)	(0.262)	(0.262)
z	0.0044***	0.0043***	0.0041**	0.0047***	0.0043***	0.0044***	0.0044***	0.0042**
	(0.001)	(0.001)	(0.001)	(0.001)	(0.001)	(0.001)	(0.001)	(0.001)
indeprat	0.0206**	0.0203**	0.0197**	0.0079	0.0200**	0.0206**	0.0208**	0.0198**
	(0.006)	(0.006)	(0.006)	(0.006)	(0.006)	(0.006)	(0.006)	(0.006)

续表

变量	（1）	（2）	（3）	（4）	（5）	（6）	（7）	（8）
	occ	occ	occ	occ	occ	occ	occ	occ
	模型（1）				模型（4）			
debt	3.5057***	3.5079***	3.5238***	3.4847***	3.5163***	3.5097***	3.5080***	3.5182***
	(0.144)	(0.144)	(0.144)	(0.144)	(0.144)	(0.144)	(0.144)	(0.144)
asset	−0.5990***	−0.5991***	−0.6012***	−0.5913***	−0.5997***	−0.5993***	−0.5992***	−0.5998***
	(0.027)	(0.027)	(0.027)	(0.027)	(0.027)	(0.027)	(0.027)	(0.027)
age	0.0481***	0.0480***	0.0475***	0.0491***	0.0475***	0.0476***	0.0476***	0.0475***
	(0.007)	(0.007)	(0.007)	(0.007)	(0.007)	(0.007)	(0.007)	(0.007)
hhi	−0.0100**	−0.0120**	−0.0100**	−0.0110**	−0.0100**	−0.0120**	−0.0100**	−0.0110**
	(0.003)	(0.003)	(0.003)	(0.003)	(0.003)	(0.003)	(0.003)	(0.003)
行业	控制	控制	控制	控制	控制	控制	控制	控制
地区	控制	控制	控制	控制	控制	控制	控制	控制
年份	控制	控制	控制	控制	控制	控制	控制	控制
_cons	14.4418***	14.4622***	14.5298***	14.7022***	14.5252***	14.4819***	14.4707***	14.5376***
	(0.621)	(0.621)	(0.621)	(0.601)	(0.621)	(0.621)	(0.621)	(0.621)
N	10968	10968	10968	10968	10968	10968	10968	10968
r2	0.2765	0.2765	0.2756	0.2755	0.2766	0.2768	0.2768	0.2764
p	0.0000	0.0000	0.0000	0.0000	0.0000	0.0000	0.0000	0.0000

注：* 表示 $p < 0.1$，** 表示 $p < 0.05$，*** 表示 $p < 0.01$；括号里是标准误差，表5-3 至表5-11 与此相同。

表 5-2 结果表明终极控制股东的控制权越大，资金侵占情况越严重，假设 5.1a 得到验证，表现为"壕堑防御效应"；现金流权越高，越能缓解终极控股股东的资金侵占问题，符合假设 5.1b，表现为"利益趋同效应"；两权分离度与资金侵占正相关，与假设 5.1c 一致，表现为"壕堑防御效应"。这些都说明终极控制股东通过金字塔结构，分离了控制权和现金流权，为"掏空"上市公司提供了条件和创造了动力，终极控制股东通过资金侵占行为获得了控制权私利。同时，h 指数、z 指数分别与资金侵占显著负相关和正相关，说明有效的股权制衡有利于抑制终极控制股东的资金侵占行为。hhi 指数与资金侵占显著负相关，说明垄断的增强，能有效缓解终极控制股东的掏空行为。

2. 资金侵占与公司业绩的实证分析结果

表 5-3　资金侵占与公司业绩的实证结果

变量	（1）tax	（2）caprat	（3）roe	（4）tbq	（5）tax	（6）caprat	（7）roe	（8）tbq
	模型（2）				模型（5）			
occ	−0.0059	−0.0053	−0.0006***	0.6390***	−0.0087***	−0.0090	−0.0085*	−0.2936***
	(0.004)	(0.014)	(0.000)	(0.011)	(0.002)	(0.007)	(0.004)	(0.038)
h	0.0145	0.0587	−0.0005***	2.5963***	0.0525***	0.0684**	0.1069***	1.7099***
	(0.010)	(0.039)	(0.000)	(0.081)	(0.005)	(0.023)	(0.011)	(0.126)
z	−0.0001**	−0.0008***	0.0214	−0.0073***	−0.0001***	−0.0008***	−0.0005***	−0.0058***
	(0.000)	(0.000)	(0.024)	(0.000)	(0.000)	(0.000)	(0.000)	(0.000)
indeprat	0.0004***	−0.0004	−0.0004***	−0.0032*	0.0001	−0.0004	−0.0005**	−0.0025
	(0.000)	(0.000)	(0.000)	(0.001)	(0.000)	(0.000)	(0.000)	(0.002)
debt	−0.0114	−0.1187*	0.0242	−3.9332***	−0.0628***	−0.1318***	−0.0637***	−2.7059***
	(0.013)	(0.050)	(0.031)	(0.052)	(0.006)	(0.026)	(0.013)	(0.141)
asset	−0.0006	0.0362***	0.0051	0.0255***	0.0081***	0.0384***	0.0202***	−0.1941***
	(0.002)	(0.009)	(0.005)	(0.003)	(0.001)	(0.005)	(0.002)	(0.024)
age	0.0007***	−0.0003	0.0011*	−0.0217***	0.0000	−0.0005	−0.0001	−0.0063*
	(0.000)	(0.001)	(0.000)	(0.002)	(0.000)	(0.000)	(0.000)	(0.003)
hhi	0.0100**	0.0110**	0.0104**	0.0102***	0.0103**	0.0120	0.0100**	0.0140*
	(0.002)	(0.002)	(0.002)	(0.002)	(0.002)	(0.002)	(0.002)	(0.002)
_cons	0.0636	0.3795	−1.3238***	0.0000	−0.1490***	0.3252**	−0.3632***	5.5206***
	(0.053)	(0.209)	(0.174)	(.)	(0.026)	(0.109)	(0.054)	(0.583)
行业	控制	控制	控制	控制	控制	控制	控制	控制
地区	控制	控制	控制	控制	控制	控制	控制	控制
年份	控制	控制	控制	控制	控制	控制	控制	控制
N	10968	10968	10968	10968	10968	10968	10968	10968
r2	0.28	0.28	0.28	0.28	0.28	0.28	0.28	0.28
p	0	0	0	0	0	0	0	0

整体而言（见表 5-3），资金侵占对公司业绩具有损害作用，假设 5.2 得到验证。且 h 与公司业绩显著正相关，z 与公司业绩显著负相关，再次说明相互制衡

的股权结构有利于提升公司业绩，一股独大不利于提高公司业绩。hhi 指数与公司业绩显著正相关，但系数比较小，说明垄断程度提高，虽有助于提升公司业绩，但影响不大。

3. 终极控制股东的控制权、现金流权、两权分离度、资金侵占与公司业绩的实证分析结果

表 5-4　金字塔式股权结构、资金侵占与公司业绩的实证结果

变量	（1）	（2）	（3）	（4）	（5）	（6）	（7）	（8）
	tax	caprat	roe	tbq	tax	caprat	roe	tbq
	模型（3）				模型（6）			
occ	−0.0149*	−0.0131	−0.0167	−0.6350***	−0.0158*	−0.0131	−0.0182	−0.1615
	(0.006)	(0.016)	(0.009)	(0.011)	(0.007)	(0.017)	(0.010)	(0.098)
vote	−0.0002**	−0.0002	−0.0006***	−0.0018				
	(0.000)	(0.000)	(0.000)	(0.001)				
cash	0.0002**	0.0002	0.0005***	0.0023***				
	(0.000)	(0.000)	(0.000)	(0.001)				
sep					0.0003	0.0007	0.0008	0.0106
					(0.001)	(0.002)	(0.001)	(0.010)
sep2					−0.0000**	−0.0000**	−0.0000***	−0.0005***
					(0.000)	(0.000)	(0.000)	(0.000)
h	0.0707***	0.0103	0.0214	2.5543***	0.0722***	0.0104	0.0363	1.3845***
	(0.016)	(0.043)	(0.024)	(0.103)	(0.017)	(0.045)	(0.025)	(0.252)
z	−0.0001***	−0.0007***	−0.0004***	−0.0073***	−0.0001*	−0.0007***	−0.0004***	−0.0052***
	(0.000)	(0.000)	(0.000)	(0.000)	(0.000)	(0.000)	(0.000)	(0.001)
debt	−0.0844***	−0.0540	0.0242	−3.9150***	−0.0880***	−0.0543	0.0298	−2.2463***
	(0.021)	(0.057)	(0.031)	(0.053)	(0.023)	(0.061)	(0.034)	(0.344)
asset	0.0118**	0.0251*	0.0051	0.0212***	0.0124**	0.0252*	0.0043	−0.2726***
	(0.004)	(0.010)	(0.005)	(0.003)	(0.004)	(0.010)	(0.006)	(0.059)
age	−0.0003	0.0006	0.0011*	−0.0218***	−0.0003	0.0006	0.0012*	0.0000
	(0.000)	(0.001)	(0.000)	(0.002)	(0.000)	(0.001)	(0.001)	(0.005)
netrat	0.0000	0.0000	0.0004**	0.0026***	0.0000	0.0001	0.0001	0.0013
	(0.000)	(0.000)	(0.000)	(0.000)	(0.000)	(0.000)	(0.000)	(0.001)

续表

变量	（1）	（2）	（3）	（4）	（5）	（6）	（7）	（8）
	tax	caprat	roe	tbq	tax	caprat	roe	tbq
	模型（3）				模型（6）			
hhi	0.0100**	0.0010**	0.0120	0.0102***	0.0110	0.0180**	0.0110**	0.0019**
	(0.002)	(0.001)	(0.003)	(0.003)	(0.003)	(0.003)	(0.003)	(0.001)
_cons	−0.2371**	0.6460**	−0.0021	0.0000	−0.2532*	0.6450*	0.0227	7.4194***
	(0.092)	(0.247)	(0.136)	(.)	(0.099)	(0.264)	(0.146)	(1.487)
行业	控制	控制	控制	控制	控制	控制	控制	控制
地区	控制	控制	控制	控制	控制	控制	控制	控制
年份	控制	控制	控制	控制	控制	控制	控制	控制
N	10968	10968	10968	10968	10968	10968	10968	10968
r2	0.28	0.28	0.28	0.28	0.28	0.28	0.28	0.28
p	0	0	0	0	0	0	0	0

表 5-4 综合考虑了终极控制股东的控制权、现金流权、两权分离度、资金侵占和公司业绩之间的关系，我们大致可以获得以下结论：

第一，资金侵占不利于提升公司业绩，与假设 5.2 一致，这是因为资金侵占效应降低了中小股东投资收益，也错失了公司发展的良好时机，甚至让公司陷入财政支付危机。

第二，终极控制股东的控制权越低、现金流权越高，越有利于提高公司业绩，符合假设 5.1a 和 5.1b，说明终极控制股东的控制权有"壕堑防御效应"，现金流权有"利益趋同效应"。两权分离度与公司业绩呈倒 U 型关系，存在区间效应，即存在最优的分离系数，与假设 5.3c2 一致。倒 U 型关系亦表明在阈值左侧，随着两权分离度的提高，公司业绩在提升，产生了"利益趋同效应"；但当两权分离度超过阈值后，随着两权分离度的进一步提高，终极控制股东可用少量的现金流权获取更大的控制权，提高了终极控制股东获取控制权私利的意向，发生了"壕堑防御效应"。但终极控制股东的控制权、现金流权和两权分离的系数都非常小，而资金侵占系数较大，说明资金侵占对公司业绩损害效应更加严重，金字塔式股权结构对公司业绩影响较小。且模型（6）的 tbq 计算的最优两权分离度为 10.6%，而我国上市公司两权分离度平均值为 4.75%，说明我国金字塔式股权结构的两权分离主要产生的还是"利益趋同效应"。

第三，因 h 与公司业绩显著正相关，z 与公司业绩显著负相关，所以相互制衡的股权结构有利于提升公司业绩，一股独大的股权结构不利于提高公司业绩。

第四，市场垄断程度的提高，有利于增强公司业绩，但影响力度较小。

（三）按照最终控制股东分类的实证分析结果

我们将终极控制股东分为中央政府控制的混合所有制企业、地方政府控制的混合所有制企业和社会法人控制的民营企业（以下分别简称为中央企业、地方企业、民营企业），再进行联立方程模型分析，为了节约篇幅，仅汇报模型（3）和模型（6）的结果。

表 5-5 中央企业金字塔式股权结构、资金侵占与公司业绩的实证结果

变量	（1）tax	（2）caprat	（3）roe	（4）tbq	（5）tax	（6）caprat	（7）roe	（8）tbq
	模型（3）				模型（6）			
occ	−0.0020	−0.0174	−0.0077	−0.0357	0.0021	−0.0171	−0.0072	−0.0549
	(0.003)	(0.015)	(0.007)	(0.072)	(0.003)	(0.015)	(0.007)	(0.075)
vote	0.0000	0.0005	0.0005**	0.0001				
	(0.000)	(0.000)	(0.000)	(0.001)				
cash	−0.0000	−0.0002	−0.0004*	−0.0001				
	(0.000)	(0.000)	(0.000)	(0.001)				
sep					−0.0004	−0.0029	−0.0042	−0.0047
					(0.000)	(0.002)	(0.001)	(0.010)
sep2					0.0000***	0.0002***	0.0003***	0.0004
					(0.000)	(0.000)	(0.000)	(0.001)
h	0.0032	0.0884**	0.0303	0.7105***	0.0041	0.0701*	0.0414**	0.7258***
	(0.006)	(0.034)	(0.018)	(0.160)	(0.006)	(0.033)	(0.016)	(0.161)
z	−0.0000	−0.0006***	−0.0003***	−0.0041***	−0.0000	−0.0006***	−0.0003***	−0.0042***
	(0.000)	(0.000)	(0.000)	(0.001)	(0.000)	(0.000)	(0.000)	(0.001)
debt	−0.0307***	−0.0396	−0.0135	−1.8189***	−0.0311***	−0.0408	−0.0158	−1.7679***
	(0.007)	(0.038)	(0.019)	(0.187)	(0.007)	(0.040)	(0.019)	(0.195)
asset	0.0041***	0.0258***	0.0104**	−0.3426***	0.0042***	0.0263***	0.0111***	−0.3507***
	(0.001)	(0.007)	(0.003)	(0.032)	(0.001)	(0.007)	(0.003)	(0.034)

续表

变量	（1）	（2）	（3）	（4）	（5）	（6）	（7）	（8）
	tax	caprat	roe	tbq	tax	caprat	roe	tbq
	模型（3）				模型（6）			
age	−0.0006***	−0.0017	−0.0003	0.0111*	−0.0006***	−0.0016	−0.0002	0.0113*
	(0.000)	(0.001)	(0.000)	(0.004)	(0.000)	(0.001)	(0.000)	(0.004)
netrat	0.0003	0.0010	0.0025***	0.0018	0.0001	0.0008	0.0012***	−0.0018
	(0.000)	(0.001)	(0.001)	(0.005)	(0.000)	(0.001)	(0.000)	(0.003)
hhi	0.0100**	0.0105**	0.0110**	0.0101**	0.0120**	0.0120**	0.0120**	0.0111**
	(0.003)	(0.003)	(0.002)	(0.003)	(0.003)	(0.003)	(0.003)	(0.003)
_cons	−0.0211	0.7155***	−0.1056	9.6457***	−0.0234	0.7072***	−0.1190	9.8879***
	(0.034)	(0.193)	(0.094)	(0.940)	(0.035)	(0.200)	(0.097)	(0.985)
行业	控制	控制	控制	控制	控制	控制	控制	控制
地区	控制	控制	控制	控制	控制	控制	控制	控制
年份	控制	控制	控制	控制	控制	控制	控制	控制
N	2670	2670	2670	2670	2670	2670	2670	2670
r2	0.3043	0.3051	0.3050	0.3053	0.3050	0.3052	0.3051	0.3047
p	0.0000	0.0000	0.0000	0.0000	0.0000	0.0000	0.0000	0.0000

　　表 5-5 表明：①中央企业资金侵占与公司业绩负相关，但不显著，假设 5.2 没有获得支持。②虽然终极控制股东的控制权与公司业绩正相关，现金流权与公司业绩负相关，但都没有通过 t 检验，说明终极控制股东是中央政府的控制权和现金流权如何安排对公司业绩并没有显著影响。但两权分离度与公司业绩呈 U 型关系，即存在"底部价值陷阱"，且模型（6）对应的 caprat、roe、tbq 底部阈值分别为 7.25%、7%、5.875%，而 2003~2014 年中央企业的两权分离度平均值为 4.04%，远远低于底部阈值，所以中央企业两权分离度主要产生的是"壕堑防御效应"。这些实证结果与我们的假设并不一致，这是由中国特色的市场经济体制和证券市场导致。中国证券市场最初的设立，功能定位于国有企业的脱贫解困，因而大量国有企业获准上市发行股票，政府机构或国有资产经营公司作为终极股东控制着资本市场大多数公司。无论是中央政府终极控制、地方政府终极控制，还是社会法人终极控制，我国上市公司都普遍存在着金字塔式股权结构，但不同

产权性质的企业，有着不同的设立动机。对于中央企业而言，一般是拥有优质资源的垄断企业，政府设立金字塔式股权结构是为了减少政府干预，通过多层股权链条，在政府和企业之间形成一个隔离带。但终究割断不了与政府千丝万缕的联系，政府同时扮演着"攫取之手"和"支持之手"的双重角色：一方面政府将就业、税收和社会稳定等公共治理目标强加给中央企业目标，发挥着"攫取之手"功能；另一方面中央政府给予中央企业各种税率优惠、财政补贴、市场准入、市场管制和政府担保等优惠政策，起着"支持之手"的作用。① 尤其在融资上，有中央政府背景的背书，中央企业轻而易举地获得了大量的低息长期贷款，中央企业融资方便、资金实力雄厚是不争的事实，因此中央企业并不需要依靠两权分离度来获取控制权私有收益。相反，中央企业以做大做强为目标，以进入世界前500强为目标，所以具有扩大投资的冲动。中央企业若单纯追求资本保值增值率，不考虑投资效益，则可以通过两权分离度的便利，为投资项目的批准建设提供方便，这样就容易掉入"底部价值陷阱"。③ 相互制衡的股权结构和一定程度的垄断，有利于提高中央企业的公司业绩，但由于它们系数很小，所以影响业绩程度较小。

表 5-6　地方企业金字塔式股权结构、资金侵占与公司业绩的实证结果

变量	（1）	（2）	（3）	（4）	（5）	（6）	（7）	（8）
	tax	caprat	roe	tbq	tax	caprat	roe	tbq
	模型（3）				模型（6）			
occ	−0.0031	−0.0358	−0.0250	−0.5778	−0.0025	−0.0323	−0.0200	0.5938**
	(0.008)	(0.041)	(0.051)	(0.518)	(0.003)	(0.017)	(0.021)	(0.199)
vote	−0.0009**	−0.0025*	−0.0102***	−0.0050*				
	(0.000)	(0.004)	(0.002)	(0.054)				
cash	0.0010***	0.0007**	0.0042**	0.0032**				
	(0.000)	(0.003)	(0.001)	(0.041)				

① 人民财经网，2015 年年报披露 1792 家公司获政府输血，其中中石化获 50 亿元成补贴王，中石油获 48 亿元、中国远洋、中国铝业、中国中车分别获 43 亿元、18 亿元、16 亿元，此外中国国航、中海发展、中国神华、招商轮船、中煤能源等央企也获得了较高的政府补贴，2016 年 4 月 21 日。

续表

变量	（1）tax	（2）caprat	（3）roe	（4）tbq	（5）tax	（6）caprat	（7）roe	（8）tbq
	模型（3）				模型（6）			
sep					0.0014***	0.0169***	0.0190***	0.1572***
					(0.000)	(0.002)	(0.002)	(0.018)
sep2					−0.0001***	−0.0010***	−0.0010***	−0.0091***
					(0.000)	(0.000)	(0.000)	(0.001)
h	0.0367	0.3483	0.6481	2.7960	0.0410*	0.1201	0.0161	2.8715*
	(0.058)	(0.363)	(0.377)	(4.869)	(0.018)	(0.117)	(0.146)	(1.398)
z	−0.0001	−0.0010	−0.0003	−0.0081	−0.0001	−0.0010*	−0.0003	−0.0080
	(0.000)	(0.001)	(0.002)	(0.016)	(0.000)	(0.001)	(0.001)	(0.006)
debt	−0.0398	−0.2152	0.0360	−3.7144	−0.0393***	−0.2048**	0.0164	−3.7346***
	(0.034)	(0.184)	(0.232)	(2.343)	(0.012)	(0.075)	(0.094)	(0.900)
asset	0.0029	0.0496***	0.0035	0.0341	0.0029***	0.0501***	0.0059	0.0252
	(0.002)	(0.010)	(0.013)	(0.130)	(0.001)	(0.004)	(0.005)	(0.050)
age	0.0007	−0.0011	0.0014	−0.0207	0.0005	−0.0014	0.0017	−0.0203
	(0.002)	(0.008)	(0.010)	(0.103)	(0.001)	(0.003)	(0.004)	(0.040)
netrat	0.0019***	−0.0095***	−0.0093***	0.1073***	0.0005***	−0.0042***	−0.0045***	0.0397***
	(0.000)	(0.001)	(0.001)	(0.007)	(0.000)	(0.000)	(0.000)	(0.003)
hhi	−0.0010**	−0.0022**	−0.0015**	−0.0011**	−0.0016**	−0.0010**	−0.0012**	−0.0011**
	(0.003)	(0.003)	(0.003)	(0.001)	(0.003)	(0.003)	(0.003)	(0.002)
_cons	0.0000	0.0000	0.0000	0.0000	0.0000	0.0000	0.0000	0.0000
	(.)	(.)	(.)	(.)	(.)	(.)	(.)	(.)
行业	控制	控制	控制	控制	控制	控制	控制	控制
地区	控制	控制	控制	控制	控制	控制	控制	控制
年份	控制	控制	控制	控制	控制	控制	控制	控制
N	5634	5634	5634	5634	5634	5634	5634	5634
r2	0.2806	0.2811	0.2806	0.2812	0.2805	0.2812	0.2812	0.2812
p	0.0000	0.0000	0.0000	0.0000	0.0000	0.0000	0.0000	0.0000

终极控制股东是地方政府的上市公司可以获得以下几点结论（见表5-6）：

第一，资金侵占除了与 tbq 指标显著正相关外，与公司其他业绩负相关，且不显著。由于中国股市为非有效市场，所以 tbq 的结论不带普适性，所以我们认为资金侵占不利于提高公司业绩。

第二，地方企业的控制权与公司业绩显著负相关，现金流权与公司业绩显著正相关，两权分离度与公司业绩显著倒 U 型相关，且公司业绩为 tax、caprat、roe、tbq 时的两权分离度的最优阈值分别为 7%、8.45%、9.5% 和 8.64%，远高于地方企业两权分离度的平均值 3.1%，说明地方企业的两权分离度更多体现的是"利益趋同效应"。这是因为在中央与地方财政分权的背景下，与中央政府控制的优质上市公司和中央税收多渠道来源不同，地方政府控制的一般是一些竞争性的上市公司，且其税收来源单一，地方企业至少是地方政府的税收大户，甚至是地方政府税收的主要来源，所以地方政府会不遗余力地对其施以"援助之手"，以扶持当地上市公司发展，促进本地经济和就业。数据显示地方企业的控制权、现金流权平均值分别为 38.8% 和 33.6%，但两权分离度和资金侵占在三类企业里是最低的，只有 3.1% 和 2.3%，这足以证明地方政府的扶持力度和资金侵占意向不强，当然，目前各地存在的大量"僵尸企业"也是另一个"支持之手"的充分证据。由此可知，地方政府设立金字塔式股权结构是为了增加中间公司的经营权、掩盖政府对企业的直接干预，同时也是对国有股权转让受到限制时的一种变通做法。

第三，有效的股权制衡和一定程度竞争有利于提高地方政府控制的上市公司业绩，但系数也很小，所以影响微不足道。

表 5-7　民营企业金字塔式股权结构、资金侵占与公司业绩的实证结果

变量	（1）	（2）	（3）	（4）	（5）	（6）	（7）	（8）
	tax	caprat	roe	tbq	tax	caprat	roe	tbq
	模型（3）				模型（6）			
occ	−0.0297***	−0.0284***	−0.0305***	−0.2257***	−0.0310***	−0.0203***	−0.0264***	−0.2188***
	(0.027)	(0.047)	(0.031)	(0.280)	(0.029)	(0.048)	(0.032)	(0.287)
vote	−0.0007**	−0.0001**	0.0005**	−0.0063**				
	(0.001)	(0.001)	(0.001)	(0.006)				
cash	0.0011**	0.0001**	−0.0007**	0.0093**				
	(0.001)	(0.001)	(0.001)	(0.008)				
sep					0.0010	0.0001	0.0010	0.0111
					(0.003)	(0.006)	(0.004)	(0.034)

变量	（1）	（2）	（3）	（4）	（5）	（6）	（7）	（8）
	tax	caprat	roe	tbq	tax	caprat	roe	tbq
	模型（3）				模型（6）			
sep2					−0.0000***	−0.0000***	−0.0000***	−0.0000***
					(0.000)	(0.000)	(0.000)	(0.001)
h	0.1144	0.0739	0.0384	1.6362	0.1620	0.0897	0.0238	1.9164
	(0.087)	(0.146)	(0.098)	(0.895)	(0.103)	(0.170)	(0.114)	(1.011)
z	−0.0003	−0.0010**	−0.0004	−0.0099***	−0.0003	−0.0010**	−0.0004	−0.0099***
	(0.000)	(0.000)	(0.000)	(0.002)	(0.000)	(0.000)	(0.000)	(0.002)
debt	−0.1368	−0.0018	0.1284	−2.2415	−0.1438	−0.0350	0.1120	−2.2239
	(0.119)	(0.202)	(0.135)	(1.214)	(0.125)	(0.206)	(0.139)	(1.228)
asset	0.0229	0.0208	−0.0059	−0.3449	0.0239	0.0255	−0.0037	−0.3464
	(0.019)	(0.033)	(0.022)	(0.198)	(0.021)	(0.034)	(0.023)	(0.205)
age	−0.0008	0.0013	0.0015	−0.0080	−0.0007	0.0010	0.0012	−0.0064
	(0.001)	(0.002)	(0.002)	(0.014)	(0.001)	(0.002)	(0.001)	(0.013)
netrat	−0.0000	−0.0000	0.0001	−0.0005	0.0000	−0.0002	−0.0000	−0.0002
	(0.001)	(0.001)	(0.001)	(0.007)	(0.001)	(0.001)	(0.001)	(0.008)
hhi	−0.0010**	−0.0010**	−0.0010**	−0.0011**	−0.0012**	−0.0010**	−0.0013**	−0.0016**
	(0.003)	(0.003)	(0.002)	(0.002)	(0.002)	(0.001)	(0.001)	(0.001)
_cons	−0.5150	0.7747	0.2420	8.7430	−0.5406	0.6565	0.1862	8.7828
	(0.467)	(0.796)	(0.530)	(4.781)	(0.500)	(0.827)	(0.557)	(4.934)
行业	控制	控制	控制	控制	控制	控制	控制	控制
地区	控制	控制	控制	控制	控制	控制	控制	控制
年份	控制	控制	控制	控制	控制	控制	控制	控制
N	2664	2664	2664	2664	2664	2664	2664	2664
r2	0.2909	0.2909	0.2910	0.2910	0.2930	0.2930	0.2930	0.2930
p	0.0000	0.0000	0.0000	0.0000	0.0000	0.0000	0.0000	0.0000

　　与国内外大多数研究类似，终极控制股东是社会法人控制的民营企业的实证分析结果有（见表5-7）：

　　（1）资金侵占不利于提高公司业绩。

　　（2）终极控制权与公司业绩负相关，具有"壕堑防御效应"，但现金流权与公司业绩正相关，具有"利益趋同效应"。

（3）两权分离度与公司业绩呈倒 U 型关系，存在阈值效应。

（4）适度制衡的股权结构和市场竞争有利于提高公司业绩，但影响甚微。这是因为民营企业设立金字塔式股权结构的主要目的是以少量现金流权获取更大的控制权，这与我国特色的融资体制相关。民营企业虽然可以在证券市场通过定增、增发等方式直接融资，但定增、增发有着十分严格的限制条件以及冗长烦琐的审核流程，求助于银行也是民营企业进行间接融资的主要方式。但是，中国银行多数是国有银行，虽然现在银行都是自主经营、自负盈亏的独立法人主体，但其贷款行为必须服务于政府宏观调控和经济发展目标，出于政府对事后贷款违约的隐性担保预期，银行更愿意将贷款发放给国有企业，而对民营企业存在着贷款歧视，民营企业融资难、融资成本高于国有企业是多年未解的难题。正因如此，民营企业求"现金"若渴，当然希望以最小的现金流权获取最大的控制权私利。

本书发现，民营企业的资金侵占程度在三类企业里是最高的，达到了3.19%。李增泉等（2008）研究发现，民营企业设立金字塔式股权结构可以缓解融资约束问题。谷祺等（2006）也发现，我国家族上市公司的两权分离程度高于其他国家，因此增强了其掠取控制权私人收益的动机和能力。另外，我国股票发行采取核准制，实现额度控制和两级审批制，加剧了"壳"资源的价值，与强大政府背景的国有企业容易拿到上市资源不同，民营企业一般是"买壳上市"，从上市伊始其控制权的复杂程度、控制链的层级数就高于国有上市公司，所以为了尽快回收买壳成本，解决融资难题，民营企业更容易发生终极控制股东侵占中小股东的行为。

本书发现民营企业的资金侵占程度最高。邓建平和曾勇（2005）也发现，民营企业的控制股东具有"掠夺性分红"套取现金的动机。程仲鸣（2010）发现民营企业比国有企业终极控制股东的"壕堑防御效应"更加严重，加剧了投资不足问题，所以我们认为民营企业终极控股股东更容易发生掏空行为，其对公司业绩的损害更严重，假设 5.4 得到了验证，但市场竞争能缓解这种掏空行为。

（四）稳健性检验

这里，我们使用面板回归模型，对模型（3）和模型（6）直接回归，以检验上述联立方程结果的稳健性。为了剔除异方差、序列相关以及截面相关的影响，本书直接用 Stata12.0 软件的 xtscc 命令处理；为控制内生性问题，取因变量滞后一期，结果见表 5-8~表 5-11。

表 5-8　整个样本金字塔式股权结构、资金侵占与公司业绩的面板回归结果

变量	（1）	（2）	（3）	（4）	（5）	（6）	（7）	（8）
	tax	caprat	roe	tbq	tax	caprat	roe	tbq
occ	−0.0009***	−0.0050***	−0.0026***	−0.0152***	−0.0009***	−0.0050***	−0.0026***	−0.0154***
	(0.0001)	(0.0011)	(0.0006)	(0.0028)	(0.0001)	(0.0011)	(0.0006)	(0.0028)
vote	−0.0001**	−0.0001	−0.0002	−0.0045*				
	(0.0000)	(0.0003)	(0.0001)	(0.0018)				
cash	0.0002***	0.0003	0.0000	0.0054**				
	(0.0000)	(0.0003)	(0.0001)	(0.0015)				
sep					0.0003	0.0013	−0.0006	0.0057
					(0.0002)	(0.0012)	(0.0003)	(0.0046)
sep2					−0.0000*	−0.0001*	−0.0000*	−0.0004*
					(0.0000)	(0.0001)	(0.0000)	(0.0002)
hhi	0.0120**	0.0150**	0.0170*	0.0140***	0.0100**	0.0130*	0.0100*	0.0110***
	(0.0030)	(0.0021)	(0.0014)	(0.0011)	(0.0012)	(0.0011)	(0.0002)	(0.0003)
sep*hhi					−0.0000***	−0.0000**	−0.0000***	−0.0000***
					(0.0000)	(0.0000)	(0.0000)	(0.0000)
h	0.0418***	0.0354	0.1008***	0.2927	0.0451***	0.0753***	0.1177***	0.3609
	(0.0043)	(0.0200)	(0.0169)	(0.1817)	(0.0038)	(0.0166)	(0.0174)	(0.1827)
z	−0.0000	−0.0008***	−0.0003***	−0.0026***	−0.0000*	−0.0008***	−0.0003***	−0.0026***
	(0.0000)	(0.0001)	(0.0000)	(0.0004)	(0.0000)	(0.0001)	(0.0000)	(0.0004)
debt	−0.0219***	−0.2553***	−0.0436***	−1.4931***	−0.0220***	−0.2565***	−0.0438***	−1.4963***
	(0.0026)	(0.0392)	(0.0062)	(0.0678)	(0.0025)	(0.0392)	(0.0062)	(0.0681)
asset	0.0021**	0.0509***	0.0031	−0.4339***	0.0023***	0.0516***	0.0034	−0.4312***
	(0.0005)	(0.0091)	(0.0019)	(0.0264)	(0.0005)	(0.0091)	(0.0018)	(0.0260)
age	−0.0004	0.0073	0.0005	0.5977***	−0.0006	0.0067	0.0004	0.5940***
	(0.0006)	(0.0095)	(0.0021)	(0.0283)	(0.0006)	(0.0095)	(0.0021)	(0.0279)
netrat	0.0000	0.0008	0.0018***	−0.0005	0.0000	0.0008	0.0018***	−0.0005
	(0.0001)	(0.0007)	(0.0004)	(0.0031)	(0.0001)	(0.0007)	(0.0004)	(0.0031)

续表

变量	（1）	（2）	（3）	（4）	（5）	（6）	（7）	（8）
	tax	caprat	roe	tbq	tax	caprat	roe	tbq
行业	控制	控制	控制	控制	控制	控制	控制	控制
地区	控制	控制	控制	控制	控制	控制	控制	控制
年份	控制	控制	控制	控制	控制	控制	控制	控制
_cons	0.0000	0.0000	0.0000	0.0000	0.0000	0.0000	0.0000	0.0000
	(.)	(.)	(.)	(.)	(.)	(.)	(.)	(.)
N	10968	10968	10968	10968	10968	10968	10968	10968
r2_w	0.0658	0.1133	0.0678	0.5039	0.0655	0.1128	0.0672	0.5033

表 5-8 结果为：资金侵占与公司业绩显著负相关；控制权、现金流权与公司业绩分别显著负相关和正相关；两权分离度与公司业绩呈倒 U 型关系；hhi 和 h 与公司业绩显著正相关，z 与公司业绩显著负相关，与表 5-4 的结果基本相同。sep 与 hhi 的交叉项显著负相关，说明两权分离度与市场竞争存在明显的替代关系，即竞争强度加大能缓解两权分离度对公司业绩的不利影响。

表 5-9　中央企业金字塔式股权结构、资金侵占与公司业绩的面板回归结果

变量	（1）	（2）	（3）	（4）	（5）	（6）	（7）	（8）
	tax	caprat	roe	tbq	tax	caprat	roe	tbq
occ	−0.0003	−0.0047***	−0.0019**	−0.0141**	−0.0003	−0.0048***	−0.0018**	−0.0142**
	(0.0002)	(0.0009)	(0.0005)	(0.0036)	(0.0002)	(0.0008)	(0.0005)	(0.0037)
vote	−0.0000	−0.0000	0.0004	−0.0048*				
	(0.0001)	(0.0007)	(0.0002)	(0.0017)				
cash	0.0000	0.0000	0.0003	0.0041**				
	(0.0001)	(0.0007)	(0.0002)	(0.0013)				
sep					0.0002	0.0052*	−0.0012	0.0071
					(0.0003)	(0.0018)	(0.0006)	(0.0084)
sep2					0.0000*	0.0003*	0.0001*	0.0005*
					(0.0000)	(0.0001)	(0.0000)	(0.0004)
hhi	0.0100**	0.0600**	0.0310**	0.0150**	0.0250**	0.0170**	0.0310**	0.0260**
	(0.0000)	(0.0000)	(0.0000)	(0.0000)	(0.0000)	(0.0000)	(0.0000)	(0.0000)

续表

变量	（1）	（2）	（3）	（4）	（5）	（6）	（7）	（8）
	tax	caprat	roe	tbq	tax	caprat	roe	tbq
sep×hhi					−0.0100**	−0.0710**	−0.0310**	−0.0120**
					(0.0003)	(0.0006)	(0.0005)	(0.0003)
h	0.0091**	0.0919**	0.0175**	0.2200**	0.0089**	0.0912**	0.0197**	0.1527**
	(0.0099)	(0.0596)	(0.0185)	(0.3342)	(0.0085)	(0.0512)	(0.0179)	(0.3562)
z	−0.0000**	−0.0006**	−0.0003***	−0.0033**	−0.0000**	−0.0006**	−0.0003***	−0.0033**
	(0.0000)	(0.0002)	(0.0001)	(0.0008)	(0.0000)	(0.0002)	(0.0001)	(0.0008)
debt	−0.0222***	−0.2766***	−0.0723***	−1.6886***	−0.0218***	−0.2782***	−0.0708***	−1.6846***
	(0.0032)	(0.0416)	(0.0115)	(0.1215)	(0.0032)	(0.0420)	(0.0106)	(0.1192)
asset	0.0020*	0.0601***	0.0037	−0.3427***	0.0020*	0.0610***	0.0033	−0.3440***
	(0.0007)	(0.0091)	(0.0040)	(0.0406)	(0.0007)	(0.0094)	(0.0039)	(0.0402)
age	−0.0003	−0.0014	0.0012	0.5367***	−0.0003	−0.0026	0.0017	0.5367***
	(0.0010)	(0.0105)	(0.0048)	(0.0477)	(0.0009)	(0.0107)	(0.0047)	(0.0472)
netrat	0.0001	0.0001	0.0018**	0.0090	0.0001	0.0001	0.0018**	0.0091
	(0.0001)	(0.0009)	(0.0005)	(0.0072)	(0.0001)	(0.0010)	(0.0006)	(0.0073)
行业	控制	控制	控制	控制	控制	控制	控制	控制
地区	控制	控制	控制	控制	控制	控制	控制	控制
年份	控制	控制	控制	控制	控制	控制	控制	控制
_cons	0.0000	0.0000	0.0000	0.0000	0.0000	0.0000	0.0000	0.0000
	(.)	(.)	(.)	(.)	(.)	(.)	(.)	(.)
N	2670	2670	2670	2670	2670	2670	2670	2670
r2_w	0.0354	0.1095	0.0555	0.4909	0.0363	0.1117	0.0573	0.4903

表 5-9 除了 sep 与公司业绩曲线关系与表 5-5 有所差异以外，其他结果基本与表 5-5 相同，但两权分离度与市场竞争也存在显著的互补关系，说明垄断程度的增加有利于提高公司业绩。

表 5-10 与表 5-6 结果基本相同，两权分离度与市场竞争也存在明显的替代关系。

表 5-10 地方企业金字塔式股权结构、资金侵占与公司业绩的面板回归结果

变量	（1）	（2）	（3）	（4）	（5）	（6）	（7）	（8）
	tax	caprat	roe	tbq	tax	caprat	roe	tbq
occ	−0.0010***	−0.0055***	−0.0032***	−0.0178**	−0.0010***	−0.0055***	−0.0032***	−0.0180**
	(0.0002)	(0.0011)	(0.0006)	(0.0049)	(0.0002)	(0.0011)	(0.0007)	(0.0051)
vote	−0.0003**	−0.0003**	−0.0002**	−0.0030**				
	(0.0001)	(0.0004)	(0.0001)	(0.0028)				
cash	0.0003***	0.0003**	0.0000**	0.0049*				
	(0.0001)	(0.0002)	(0.0001)	(0.0020)				
sep					−0.0002	0.0000	0.0022*	0.0065
					(0.0002)	(0.0016)	(0.0008)	(0.0074)
sep2					−0.0000*	−0.0000*	−0.0001*	−0.0004*
					(0.0000)	(0.0001)	(0.0000)	(0.0004)
hhi	−0.0000*	−0.0000*	−0.0000*	−0.0001*	−0.0000*	−0.0000**	−0.0000*	−0.0001*
	(0.0000)	(0.0000)	(0.0000)	(0.0000)	(0.0000)	(0.0000)	(0.0000)	(0.0000)
sep×hhi					−0.0002	−0.0008**	−0.0009**	−0.0001**
					(0.0000)	(0.0000)	(0.0000)	(0.0000)
h	0.0399***	0.0151	0.1009***	0.3211	0.0408***	0.0747*	0.1178***	0.4864*
	(0.0034)	(0.0292)	(0.0161)	(0.1920)	(0.0044)	(0.0289)	(0.0160)	(0.2125)
z	−0.0000	−0.0009***	−0.0003***	−0.0032***	−0.0000	−0.0009***	−0.0003***	−0.0033***
	(0.0000)	(0.0001)	(0.0000)	(0.0004)	(0.0000)	(0.0001)	(0.0000)	(0.0005)
debt	−0.0316***	−0.2659***	−0.0607***	−1.5590***	−0.0315***	−0.2660***	−0.0606***	−1.5601***
	(0.0036)	(0.0399)	(0.0074)	(0.1239)	(0.0036)	(0.0399)	(0.0073)	(0.1260)
asset	0.0025*	0.0430***	0.0018	−0.4262***	0.0026*	0.0438***	0.0022	−0.4234***
	(0.0008)	(0.0094)	(0.0023)	(0.0359)	(0.0009)	(0.0095)	(0.0024)	(0.0360)
age	−0.0005	0.0153	0.0024	0.5833***	−0.0006	0.0149	0.0022	0.5811***
	(0.0009)	(0.0098)	(0.0025)	(0.0370)	(0.0009)	(0.0099)	(0.0026)	(0.0374)
netrat	−0.0001	0.0007	0.0013*	−0.0008	−0.0001	0.0007	0.0013*	−0.0011
	(0.0001)	(0.0008)	(0.0005)	(0.0037)	(0.0001)	(0.0008)	(0.0005)	(0.0038)
行业	控制	控制	控制	控制	控制	控制	控制	控制
地区	控制	控制	控制	控制	控制	控制	控制	控制
年份	控制	控制	控制	控制	控制	控制	控制	控制

续表

变量	（1）	（2）	（3）	（4）	（5）	（6）	（7）	（8）
	tax	caprat	roe	tbq	tax	caprat	roe	tbq
_cons	0.0000	0.0000	0.0000	0.0000	0.0000	0.0000	0.0000	0.0000
	(.)	(.)	(.)	(.)	(.)	(.)	(.)	(.)
N	5634	5634	5634	5634	5634	5634	5634	5634
r2_w	0.0832	0.1203	0.0894	0.5107	0.0829	0.1184	0.0902	0.5095

表5-11　民营企业金字塔式股权结构、资金侵占与公司业绩的面板回归结果

变量	（1）	（2）	（3）	（4）	（5）	（6）	（7）	（8）
	tax	caprat	roe	tbq	tax	caprat	roe	tbq
occ	-0.0009^{***}	-0.0043^{*}	-0.0019	-0.0101	-0.0009^{***}	-0.0044^{*}	-0.0020^{*}	-0.0102
	(0.0002)	(0.0018)	(0.0009)	(0.0053)	(0.0002)	(0.0018)	(0.0008)	(0.0052)
vote	-0.0001^{**}	-0.0001^{**}	-0.0001^{**}	-0.0036^{**}				
	(0.0001)	(0.0004)	(0.0002)	(0.0034)				
cash	0.0002^{*}	0.0006^{**}	0.0004^{**}	0.0039^{*}				
	(0.0001)	(0.0004)	(0.0003)	(0.0029)				
sep					0.0010^{*}	0.0009	0.0014^{*}	0.0049
					(0.0003)	(0.0013)	(0.0008)	(0.0086)
sep2					-0.0000^{*}	-0.0001^{**}	-0.0001^{*}	-0.0003^{*}
					(0.0000)	(0.0001)	(0.0000)	(0.0004)
hhi	-0.0000^{**}	-0.0000^{*}	-0.0000^{*}	-0.0001^{*}	-0.0000	-0.0000	-0.0000	-0.0001^{*}
	(0.0000)	(0.0000)	(0.0000)	(0.0001)	(0.0000)	(0.0000)	(0.0000)	(0.0001)
sep×hhi					-0.0002^{*}	-0.0002^{*}	-0.0003^{*}	-0.0003^{*}
					(0.0000)	(0.0000)	(0.0000)	(0.0000)
h	0.0632^{***}	0.1339^{*}	0.1286^{***}	0.4027	0.0745^{***}	0.1912^{*}	0.1764^{***}	0.4425
	(0.0083)	(0.0524)	(0.0264)	(0.2940)	(0.0082)	(0.0619)	(0.0298)	(0.2073)
z	-0.0001^{*}	-0.0006^{**}	-0.0001^{***}	-0.0020^{*}	-0.0001^{***}	-0.0006^{**}	-0.0001^{*}	-0.0019^{*}
	(0.0000)	(0.0002)	(0.0001)	(0.0007)	(0.0000)	(0.0002)	(0.0001)	(0.0007)
debt	-0.0033	-0.2320^{***}	0.0084	-1.0687^{***}	-0.0038	-0.2364^{***}	0.0055	-1.0725^{***}
	(0.0041)	(0.0414)	(0.0125)	(0.1046)	(0.0038)	(0.0415)	(0.0121)	(0.1056)
asset	0.0014	0.0523^{***}	0.0010	-0.5127^{***}	0.0016	0.0540^{***}	0.0021	-0.5130^{***}
	(0.0010)	(0.0105)	(0.0032)	(0.0230)	(0.0010)	(0.0105)	(0.0030)	(0.0245)

续表

变量	(1)	(2)	(3)	(4)	(5)	(6)	(7)	(8)
	tax	caprat	roe	tbq	tax	caprat	roe	tbq
age	0.0000	0.0060	0.0012	0.6431***	−0.0003	0.0051	0.0004	0.6409***
	(0.0011)	(0.0106)	(0.0033)	(0.0235)	(0.0012)	(0.0106)	(0.0032)	(0.0233)
netrat	0.0001	0.0014	0.0026**	−0.0060	0.0001	0.0015	0.0026**	−0.0060
	(0.0002)	(0.0011)	(0.0006)	(0.0046)	(0.0002)	(0.0011)	(0.0006)	(0.0045)
行业	控制	控制	控制	控制	控制	控制	控制	控制
地区	控制	控制	控制	控制	控制	控制	控制	控制
年份	控制	控制	控制	控制	控制	控制	控制	控制
_cons	0.0000	0.0000	0.0000	0.0000	0.0000	0.0000	0.0000	0.0000
	(.)	(.)	(.)	(.)	(.)	(.)	(.)	(.)
N	2664	2664	2664	2664	2664	2664	2664	2664
r2_w	0.1060	0.1223	0.0765	0.5419	0.1077	0.1237	0.0749	0.5424

表5-11与表5-7结论基本相同，两权分离度与市场竞争也存在明显的替代关系。总之，稳健性检验结果基本支持前面的实证分析结果。

第三节 本章小结

通过上面的实证分析，我们提炼出混合所有制企业股权结构的作用机理如下：

一、不同类型终极控制股东设立金字塔式股权结构动机不同

作为最大的转轨经济国家，我国政府部门控制着很多稀缺资源，同时也是一个复杂利益的诉求集团。经济增长、充分就业、社会稳定、国际收支平衡是中央政府的终极目标，而地方政府并不关心国际收支平衡，更关注当地经济增长、充分就业和社会稳定，当然这些目标会随着国际国内经济环境变化适时进行权重调整。在中国特色市场经济中，产权性质是一种特殊的变量，政府对不同产权类型企业施加的不同影响，加剧了不同产权类型企业终极控制股东对中

小股东的代理冲突。

对于中央政府终极控制的混合所有制企业而言，一般都是关系国计民生或国家安全的垄断性企业，在行业中处于领先地位。依靠中央政府背景，中央政府给予了多项优惠政策和低息贷款，因此中央企业资金实力雄厚，无须考虑以较小的现金流权获取更大的控制权问题，所以其控制权、现金流权对公司业绩没有影响。其设立金字塔式股权结构的目的，一方面，是为了将中央政府和混合所有制企业隔离开来，减少政府的直接行政干预；另一方面，是为了便于掩盖中央政府将各种公共目标强加给混合所有制企业的行为，因此中央企业主要是基于国家战略目标进行投资，没有动机通过关联交易侵占中小股东的利益。但是，充足的现金流，以及债务负担的预算软约束，导致中央政府终极控制的混合所有制企业天然有做大、做强、扩大投资的冲动，若仅考虑提高资本保值增值率，而不追求投资效益，中央企业容易发生投资过度问题，所以发生两权分离度与公司业绩落入"底部价值陷阱"的现象，产生"壕堑防御效应"。因此，对中央政府控制的混合所有制企业，更需加强对其资金使用效率的监督、问责和追责。

相对于中央政府终极控制的混合所有制企业，地方政府终极控制的混合所有制企业设立金字塔式股权结构有着其他的动机。在中央地方财政分权的背景下，地方政府普遍面临财政收入压力，当然对纳税大户或税收主要来源的当地混合所有制企业既百般呵护又普遍强烈干预。一方面，地方政府通过设立金字塔式股权结构，对当地国有企业进行包装上市，以期它们"反哺"集团公司；另一方面，建立政府直接干预的缓冲带，也为国有股权转让受到限制时做一种变通处理。正因如此，地方政府给予了地方混合所有制企业更多的资金支持，其现金流权最高、资金侵占程度最小，两权分离度与公司业绩主要反映的是"利益趋同效应"，以支持当地经济发展和承担就业压力。

作为社会法人终极控制的民营企业，其设立金字塔式股权结构，一是因为"买壳上市"需要，二是为了缓解融资压力。因此，为了尽快回收买壳成本，解决融资难题，民营企业更青睐以最小的现金流权获取最大的控制权。本书的样本发现民营企业的控制权最低、现金流权最低，两权分离度最高正是该动机的反映。民营企业两权分离度的提高更容易诱发终极控股股东侵占中小股东利益问题，所以其资金侵占程度在三类企业里也是最高的，且其控制权与公司业绩显著负相关、两权分离度与公司业绩呈倒 U 型关系，产生了更加严重的"壕堑防御效应"。

二、终极控制股东的资金侵占行为对公司业绩有损害作用

无论是哪种类型的终极控股股东，控制权与现金流权的分离，都会诱发终极控股股东对中小股东资金的侵占，且损害了公司业绩。只是侵害程度按照社会法人终极控制、地方政府终极控制和中央政府终极控制依次递减。

三、适度制衡的股权结构有利于制约终极控制股东的掏空行为，提升公司业绩

实证结果发现，适度制衡与资金侵占显著负相关，与公司业绩显著正相关，适度制衡与资金侵占、公司业绩分别显著正相关和负相关，所以适度制衡的股权结构有利于缓解终极控制股东的资金侵占行为，提升公司业绩，一股独大不利于提高公司业绩，所以在混合所有制企业应重点关注公有资本与非公有资本的比例，最好是适度制衡的股权结构。

四、市场竞争程度的提高有利于抑制终极控股股东对中小股东的利益侵占行为，提升公司业绩

实证结果证实，两权分离度与市场竞争存在替代关系，市场竞争程度与公司业绩显著负相关，所以市场竞争程度的提高有利于缓解终极控股股东对中小股东的资金侵占，有利于提高公司业绩。但市场竞争对不同类型企业有着不同影响，它不利于提升中央企业的公司业绩，但有利于提高地方企业和民营企业的公司业绩，这说明对于中央政府控制的混所有制企业，可能更需加强垄断，以达到与国际跨国公司竞争的实力，而不能一味分拆。目前南车北车合并为中国中车、中国远洋集团与招商局集团合并为中集集团、中国铁塔等模式，采取的是强强联合的方式。而地方政府控制的混所有制企业和民营企业，需要进一步加强竞争，缓解终极控制股东对中小股东的利益侵占，提高公司业绩。

五、负债和规模对资金侵占和公司业绩有重要影响

通过表 5-2 到表 5-11，发现负债与资金侵占显著正相关、与公司业绩显著负相关；规模与资金侵占显著负相关、与公司业绩显著正相关，这与实际情况相符。

总之，混合所有制企业股权结构的作用机理是通过金字塔式股权结构，终极控制股东的控制权和现金流权发生了分离，激发了控股股东侵占中小股东利益的动机，发生了资金侵占的掏空行为，损害了公司业绩，但金字塔式股权结构对不同类型终极控制股东的作用机理不同，需区别对待。另外，市场竞争程度、负债和规模对公司业绩也有显著影响，所以第六章重点考察企业类型、市场竞争程度、负债和规模对混合所有制企业股权结构选择的影响。

第六章 混合所有制企业股权结构选择的实证研究

第五章研究发现，不同类型终极控制股东的混合所有制企业设立金字塔式股权结构的动机不同，且市场竞争程度、负债和规模对公司业绩也有显著影响，所以第六章在分析混合所有制企业股权结构选择的一般规律时，重点考察市场竞争的影响，在控制变量里考虑负债、企业类型和规模。

本章首先提出市场竞争视角下混合所有制企业股权结构选择的研究假设，其次论述了股权结构的内生性问题，最后收集 1998~2007 年《中国工业企业数据库》里混合所有制企业的数据，实证分析混合所有制企业股权结构选择的一般规律。

第一节 研究假设的提出与内生性问题

一、前言

第五章分析发现市场竞争能有效缓解终极控制股东对中小股东的利益侵占，提高公司业绩。其实早在 2001 年，Grosfeld 和 Tressel 就发现波兰上市公司的所有权与市场竞争之间存在互补关系，胡一帆等（2005）采用世界银行 1996~2001 年的 700 多家公司数据，也发现在产权与公司治理、产权与竞争之间存在着某种程度的替代性，因此需要将产权、竞争和公司治理三大理论体系综合考察。由于第五章第二节是基于上市公司终极控制权界定混合所有制企业的，不能准确划分混合所有制企业里公有资本、非公有资本最终持股比例，但这恰是混合所有制企业股权结构必须重点关注的问题。而《中国工业企业数据库》详细划分了不同类型注册资本的出资比例，它准确界定了终极控制股东的持股比例，所以本书利用 1998~2007 年《中国工业企业数据库》5960 家混合所有制企业的大样本数据，根据超产权理论，研究随着市场经济竞争程度的提高，国有股是促进了混合所有制企业绩效的提升，还是存在"阈值效应"，从而应在不同区间采取不同的国有控股方式。很显然，这些研究可以为我国混所有制经济改革提供一些参考。

第六章可能的创新有：运用大样本数据，从市场竞争角度研究了混合所有制企业控制权如何安排的问题。采用面板 IV 模型实证发现，国有股与混合所有制企业绩效呈倒 U 型关系，且在垄断程度高的行业应该提高国有股比例至最优水平，即国有企业拥有绝对控股权，可以参照中国南车和中国北车合并、中海和中远的重组、五矿并入中冶等案例，实行强强联合；在竞争性领域，应遵循市场规律由企业自主选择股权结构，可以适当减持国有股比例，但没有必要实施国有股全部从竞争性领域退出，因为此时国有股比例与企业绩效是正相关的。该结论为国企混合所有制改革不等于私有化，而是做大做强国有企业，从而发挥国有企业中坚力量，增强公有制主体地位提供了经验证据。

余下部分安排如下：首先提出市场竞争对混合所有制企业股权结构与公司绩效关系的研究假设，并讨论如何解决股权结构的内生性问题；其次利用《中国工业企业数据库》5960 家混合所有制企业数据进行股权结构选择的实证分析，并进行稳健性检验；最后对研究结论进行进一步阐释。

二、研究假设的提出

股权结构与企业绩效（业绩、效率）的关系是公司治理研究的热点问题之一，因为中国是以公有制为主体的所有制结构，所以探讨国有股与企业绩效（业绩、效率）关系的文献很多，但目前尚未取得统一认识，结论有负相关（陈晓、江东，2000；王新霞等，2011）、正相关（王新霞、刘志勇、孙婷，2011）、U 型关系（吴淑琨，2002）、倒 U 型关系（魏熙晔、张前程，2014；McConnell and Servaes，1990）、不相关（陈小悦、徐晓东，2001）。支持国有股与企业绩效负相关的理论是产权理论，认为国有股股权的"虚位"和"缺位"，容易导致内部人控制，因而公有产权效率低下，张维迎的国有企业家"五个不可能"定理充分代表了这类观点。对国有股与企业绩效正相关的解释，比较令人信服的观点是政府"支持之手"理论，这是因为国有企业在资金募集、技术引进、财税补贴等政策上享有更多优惠，或者在行政任命的体制下，管理层出于"乌纱帽"考虑，有强烈的动机与当地政府合谋提升企业利润（陈小悦、徐晓东，2001）。至于国有股与企业绩效不是单纯的线性关系，而是曲线关系，其理论依据是超产权理论。U型关系的观点是，国有股比例较低时，政府缺乏监督的动力，随着股权比例上升，政府重视程度强化和监督动力增强，反而有助于企业绩效的改善，因此应该避免"底部价值陷阱"。倒 U 型关系认为存在最优的股权结构，这是因为在国有股权虚位的情况下，高度集中的股权结构容易发生内部人控制问题，且出于社会福利考虑，国有企业会承当很多政策性负担，容易发生大股东侵占中小股东利益的行为；而高度分散的股权，政府既缺乏监督动力，也缺少提供政策支持的动力，因此适度的国有股权结构既摆脱了"一言堂"局面，也形成了有效的内部制衡机制，因而提高了公司绩效。

综上，国有股比例与企业绩效存在曲线关系，但是倒 U 型关系还是 U 型关系，还未获得统一认识，因此提出假设 6.1：

假设 6.1：国有股比例与混合所有制企业绩效呈曲线关系，因此国有股选择存在阈值效应。

西方产权理论认为产权是决定企业绩效的关键因素，因为通过明晰的产权界定，私有财产的排他性保证了产权所有人占有全部剩余价值，从而激励其不断提高企业绩效，因此私有产权效率高于公有产权。但事实并非如此。最早进行私有化改革的英国从"日不落帝国"沦落为美国的跟班，俄罗斯的全盘私有化也没有带来经济的相应增长，反而使经济和政治濒于崩溃的边缘，可见，私有产权并不一定导致高效率。这是因为产权理论是以零交易费用和没有外部性为前提的，但市场运行中的价格发现和交易机制不可能不支付成本，特别是处于经济转轨中的中国，产权改革过程中伴随的非规范行为（如寻租、国有资产流失等），以及附着的非理性裙带行为（如环境污染、食品安全等），使得产权的摩擦成本更加沉重。Martin 和 Parker（2003）对英国企业的实证分析发现，私有化后平均效益提升只针对竞争性强的行业，垄断行业并不明显，因此他们认为市场竞争是利润激励能够驱动经营者努力的前提条件，因而提出了超产权论（Beyond Property-

Right Argument）。超产权理论认为，企业利润与经营者投入未必存在必然的正向关系，利润激励只有在市场竞争的前提条件下，才能发挥并刺激经营者加大努力与积极投入的决心。这是因为，在竞争性行业，企业面临的是市场"生"与"死"的对抗性博弈，不管企业属于谁，只要它想生存与发展，就必须调整内部治理结构，以适应外部环境变化，提高市场占有率。同时，市场竞争更容易传递经营者努力与否的信号，从而可以更有效地监督与激励经营者，因此市场竞争是发挥产权激励作用的先决条件。长期看，市场竞争将导致企业治理机制与效益趋同，因而不受产权归属决定；在短期内，产权变更对改善企业治理效果仍有积极意义，因此从产权与市场竞争的二维向量所决定的公司绩效相关程度看，产权变动所引致的企业内部治理结构优化是必要条件，而竞争机制所牵制的公司不断创新以适应市场的能力是充分条件。

作为转轨经济国家，我国自 20 世纪 80 年代开始进行国企改革，目的是实现政企分开、激发国有企业活力、提高国有企业绩效，因此国企改革是以产权改革为主、以剥离政策性负担为辅的思路进行的。政府期许国企产权清晰的同时，能通过创造公平、竞争的外部环境来提高国有企业绩效（陈林、唐杨柳，2014a），结果确实如此。宋常等（2008）发现，在产品市场竞争度高的行业中，市场能够起到较好的监督作用；谭云清等（2008）认为，产品市场竞争和管理者激励能有效提高管理者努力水平，促进公司营运效率的提升；梁英和梁喜农（2012）发现，市场竞争对国有控股公司绩效提升更加显著，因此本书提出假设 6.2：

假设 6.2：市场竞争能促进混合所有制企业绩效的提升。

Januszewski、Koke 和 Wintre（2002）对德国 1986~1994 年的 400 家制造企业数据实证发现，竞争与高度集中的股权结构对生产效率的影响是互补关系。梁英和梁喜农（2012）发现，与私有产权控股公司相比，产品市场的竞争对提高国有控股公司治理绩效更显著，且中央直属国企控股公司的治理绩效>地方政府控股公司>地方国企控股公司。胡一帆等（2005）也发现，市场竞争对国有企业绩效提升的作用大于非国有企业。姚佳和陈国进（2009）发现，竞争与中度股权结构对公司绩效的提高是互补关系，与高度股权结构对公司绩效的提高是替代关系。这些研究表明，市场竞争不但对公司绩效有影响，而且通过股权结构的调节作用对企业绩效产生双重影响，所以提出假设 6.3：

假设 6.3：市场竞争通过股权结构对混合所有制企业绩效产生双重影响。

三、股权结构的内生性问题

很长时间内，公司治理研究都是把股权结构作为外生变量，如若是这种情形，那么按照优胜劣汰原则，市场最后只会供应一种最优的股权结构，但事实并非如此。Demsetz（1983）首先认识到这个问题，他认为股权分散与否取决于因资本联合而减少的风险成本的多少，与由此增加监督成本的均衡与否，因此股权结构是企业在追求利润最大化过程中的内生产物。随后股权结构内生性问题引起了其他学者的广泛关注和探讨（Cho，1998；Wintoki et al.，2011），曹廷求等（2007）从中间产权和最终产权的角度再次证实股权结构确实存在内生性；郭思永等（2010）实证发现，即使在股权分置改革后，股权再融资也是股权结果的一种内生性调整，因此股权结构不是外生变量已是一个不争的事实。既然股权结构是个内生变量，就必须解决内生性问题，除了构建联立方程模型外，工具变量也是常用的办法。

曹廷求等（2007）用流通中 A 股比例及其平方，宋敏等（2004）、贾钢和李婉丽（2008）用股东总数的自然对数作为股权结构的工具变量，但郑国坚和魏明海（2006）认为，股权结构的形成更易受政府干预和政策变化的影响，为此他们在制度视角下解释了股权结构的内生性问题。我们认为企业的股权结构并非一成不变，会随着市场环境和企业生产经营状况的变化进行动态调整，因此股权结构是外部宏观政策和内部微观因素共同作用的内生结果。Makhija（2004）发现，在不完善的制度环境下，新兴经济体中的重组会降低公司价值，且内部市场发挥着重要作用。因此我们认为，作为转轨经济国家，我国企业面临的外部环境还不够成熟，政府对市场的干预程度还很高，所以制度对股权结构选择起着更大的作用。这是由于区域经济差异的存在，地方政府为实现 GDP 目标和官员晋升需要，或为满足资本上市或再融资监管要求，会制定不同的地方保护政策和法律法规，存在干预或推动企业股权结构变化的内在可能。如 2011 年 11 月上海家化与平安创新的混合，离不开上海市国资委对"以网络竞价——权重报价的竞价方式实施竞价"方案的支持和促成。特别是对于混合所有制企业，当国有资本与非国有资本战略目标存在冲突的时候，更易引起政府关注甚至直接进行干预。如随后 2 年，上海家化原管理层与新管理层在公司战略理念上的分歧导致内斗不止，几次对簿公堂，并于 2013 年 11 月和 2014 年 12 月两次遭受证监会处罚。再如 2009 年金融危机时期，受国家 4 万亿元投资的影响，政府促成了中粮入股蒙牛、山东钢铁收购日照钢铁、山西煤矿国有化整合等并购事件，因此，从制度视角理解混合所有制企业国有股比例的内生性更具合理性。

  Jensen 和 Meckling（1976）指出，当法律对投资者保护不够全面时，容易发生"内部人控制"和大股东侵占小股东利益的问题，小股东只能"用脚投票"，导致股权越来越集中。无独有偶，La Porta 等（1997）也发现，国家法律体系和执法程度的差异会影响企业的所有权结构，法律保护缺乏的国家，会引致出较高的所有权集中度。另外，由于我国在落后时期实施赶超策略，政府对资源分配的计划体制容易造成我国要素市场严重扭曲。如资本市场在设立之初定位于为国有企业脱困提供资金，造成国有企业上市垄断权和配股优势的扭曲；即使在改革深化的今天，在 2014 年政府推动资本市场的大牛市行情里，也暗含着为经济转型和解决地方债务问题等实体经济服务的行政意图。因此，要素扭曲不仅抑制了我国企业的 R&D 投入和技术创新能力（陈艳莹、王二龙，2013；张杰等，2011），还对中国上市公司成本和费用产生黏性影响（黄益平、陶坤玉，2011），在影响了企业利润的同时，也内在牵绊了企业股权结构的选择。

  综上所述，企业产权受制度环境和制度安排的约束。而樊纲、王小鲁、朱恒鹏编制的《中国市场化指数——各地区市场化相对进程 2011 年报告》，为制度环境和制度安排提供了量化指标，我们发现 31 个省市区的制度环境确实存在较大差距（见表 6-1），这为研究混合所有制企业股权结构的选择提供了契机，因此我们把产品市场发育程度、要素市场发育程度、中介组织和法律制度环境作为混合所有制企业国有股比例的工具变量。

第二节　混合所有制企业股权结构选择的实证分析

一、数据收集和指标选取

（一）数据收集

本书数据均来自 1998~2007 年《中国工业企业数据库》，利用该数据库里翔实的实收资本[①]资料，可以精确确定混合所有制企业中各类产权的比重。为消除异常值影响，首先删除全部职工人数<8 人、实收资本≠国家资本+集体资本+法人资本+个人资本+港澳台资本+外商资本、相关指标为负和缺失的企业，剔除不符合基本逻辑关系的企业（如累计折旧<当期折旧等），然后对主要指标进行 1%的缩尾处理，此时保留了 318835 家企业。其次删除国有股比例、民营比例、外资比例为 100%的企业，剔除法人资本、个人资本、港澳台资本和外商资本相互混合的企业，仅保留 0<国有股比例<100%的企业，这就是本书定义的公有资本与非公有资本混合的混合所有制企业。最后一共收集了 5960 家企业数据。

（二）指标选择

（1）被解释变量。因为《中国工业企业数据库》里的工业企业大部分未上市，所以不能用托宾 Q 值、每股收益率等市场价值指标来衡量企业绩效，为此本书采用的是财务指标，考虑到数据的可获得性，选取了销售利润率和成本费用利润率，其中成本费用利润率是进行稳健性检验的备用指标。

（2）核心解释变量。国有股比例和市场竞争程度是核心解释变量。其中国有股比例定义见表 6-1。目前学者主要采用行业集中度（CRn）或赫芬因德指数（Herfindahl-Hirschman Index，即 hhi 指数）衡量市场竞争程度，考虑到 CRn 只

[①] 实收资本是指投资者按照企业章程或合同、协议的约定，实际投入企业的资本，它是企业注册登记的法定资本总额的来源，表明所有者对企业的基本产权关系。我国实收资本分为国有资本、集体资本、法人资本、私人资本、港澳台资本金和外商资本金。

反映了行业内前 n 个企业集中度的差别，并没有综合考察所有企业，所以本书使用 hhi 指数衡量，但需要注意的是，hhi 指数是逆指标，该值越大说明市场竞争程度越低，垄断势力越强。我们按照美国司法部的标准，定义高、中、低的市场势力分别为 hhi ≥1800、1000 ≤ hhi<1800、hhi<1000，分别用虚拟变量 hhi1、hhi2、hhi3 表示。

（3）控制变量。规模，用年末总资产的自然对数表示。债务杠杆，公司使用负债融资，可以提高公司价值，降低股权成本，本书取流动比率作为债务杠杆的代理变量。企业经营年限，周亚虹等（2012）认为，随着经营年限的增长，企业可以通过干中学不断积累经验，因而能提高企业绩效，为此本书把企业经营年限也作为控制变量。行业，采用二位分类代码，最终收集了 38 个行业。地区，由于各地区市场发育成熟度、资源禀赋、资源配置和产业结构并不一样，这将直接影响到各地区企业绩效的大小，参考夏业良和程磊（2010）的方法，分为东部、中部、西部，并用虚拟变量 area1、area2 和 area 3 表示。

（4）工具变量。采用樊纲、王小鲁、朱恒鹏的《中国市场化指数——各地区市场化相对进程 2011 年报告》中的产品市场发育程度、要素市场发育程度和中介组织和法律制度环境作为国有股比例的工具变量。

以上各指标的符号和基本统计量见表 6-1。

因为销售利润率和成本费用利润率都在 3%~4%，所以与 1998~2007 年一年期定期存款利率 3.195% 相比，混合所有制企业的盈利能力较低（见表 6-1）。

混合所有制企业中，国有股比例>民营股比例>外资股比例（从中位数和平均值看），可见国有股在混合所有制企业中政府仍然是最大股东。进一步细分，发现国有绝对控股（国有股比例≥50%）达到 37.37%，相对控股（国有股比例最大且持股<50%）为 9.26%，几乎占据半壁江山，因此混合所有制企业的控制权还牢牢掌握在中央政府或地方政府手中，这与肖庆文（2016）的调查数据较为一致。

因 hhi 指数平均值为 603.1，中位数为 367，所以混合所有制企业的垄断程度很低，主要是在竞争行业，hhi1、hhi2 和 hhi3 的平均值和中位数也能发现这个问题。

企业经营年限平均值为 20.7 年，中位数为 11 年，这是因为《中国工业企业数据库》主要收集的是规模以上的私营企业和全部国有企业，所以企业经营年限

表6-1　1998~2007年各指标的基本统计量

变量	指标	计算公式	变量符号	平均值	中位数	标准差	偏度	峰度
被解释变量	销售利润率	利润/销售收入×100%	Saleff	3.3	3	8.5	-1.6	14.2
	成本费用利润率	利润/(销售税金+销售成本+管理费用+财务费用)×100%	Costef	4.6	3.2	10.9	2.9	33.8
核心解释变量	国有股比例	(国家资本金和集体资本金)/实收资本×100%	state	40.2	38.7	26.4	0.2	2
	民营股比例	(法人资本金和个人资本金)/实收资本×100%	private	37.2	33.6	26	0.4	2.1
	外资股比例	(港澳台资本金和外商资本金)/实收资本×100%	foreign	22.7	19.9	18	1.1	4.4
	赫芬因德指数	行业销售收入比率平方和×10000	hhi	603.1	367	742	3.7	2505513
	垄断行业	hhi≥1800	hhi1	0.1	0	0.2	3.8	15.5
	垄断竞争行业	1000≤hhi<1800	hhi2	0.1	0	0.3	2.6	7.6
	竞争行业	hhi<1000	hhi3	0.8	1	0.4	-1.8	4.3
控制变量	经营年限	Year-开工时间（年）	age	20.7	11	74.9	23.8	600.2
	规模	年末总资产自然对数	logscal	6.6	6.6	1.3	0.3	3.3
	债务杠杆	流动资产/流动负债×100	debt	150.4	106.8	1489.9	72.3	5415.2
工具变量	产品市场发育程度	樊纲、王小鲁、朱恒鹏《中国市场化指数——各地区市场化相对进程2011年报告》①	Product	7.8	7.8	1.3	-0.4	3.2
	要素市场发育程度		Resour	4.8	4.8	1.7	0	2.5
	中介组织和法律制度环境		Law	4.9	4	2.5	1.5	5.4

① 由于西藏1998~1999年数据缺失，用当年各指标的最小值填充。

比较长。企业平均规模为 6.6，平均债务杠杆是 150.4%。

产品市场发育程度为 7.8，而要素市场发育程度为 4.8、中介和法律环境为 4.9，说明随着市场经济建设的发展，产品已经从卖方市场转变为买方市场，因此产品市场发育程度较好，但要素市场和法律环境都在平均值 0.5 以下，不但水平较低，而且地区差异很大。

二、实证分析

(一) 模型构建

为验证假设 6.1：国有股比例与混合所有制企业绩效呈曲线关系，构建模型 6-1：

$$saleff = \alpha_0 + \alpha_1 state + \alpha_2 state2 + \alpha_3 logscale + \alpha_4 debt + \alpha_5 age + \alpha_6 area2 +$$

$$\alpha_7 area3 + \sigma_i \sum_{i=1}^{37} industry_i \qquad (6\text{-}1)$$

为验证假设 6.2：市场竞争能促进混合所有制企业绩效的提升，构建模型 (6-2)：

$$saleff = \alpha_0 + \alpha_1 state + \alpha_2 state2 + \beta_1 hhi2 + \beta_2 hhi3 + \alpha_3 logscale + \alpha_4 debt +$$

$$\alpha_5 age + \alpha_6 area2 + \alpha_7 area3 + \sigma_i \sum_{i=1}^{37} industry_i \qquad (6\text{-}2)$$

为验证假设 6.3：市场竞争通过股权结构对混合所有制企业绩效产生双重影响，构建模型 (6-3)：

$$saleff = \alpha_0 + \alpha_1 state + \alpha_2 state2 + \beta_1 hhi2 + \beta_2 hhi3 + \gamma_1 state \times hhi2 + \gamma_2 state \times hhi3 +$$

$$\alpha_3 logscale + \alpha_4 debt + \alpha_5 age + \alpha_6 area2 + \alpha_7 area3 + \sigma_i \sum_{i=1}^{37} industry_i \qquad (6\text{-}3)$$

其中模型 (6-1)、模型 (6-2)、模型 (6-3) 中的变量 state2 表示国有股比例的平方项，industry 表示行业。

(二) 实证方法

因为收集的是 1998~2007 年的面板数据，所以分别采用固定效应、随机效应和面板工具变量三种方法进行实证分析，结果见表 6-2。

表 6-2 销售利润率与国有股比例、市场竞争的实证结果

模型	模型 1			模型 2			模型 3		
	（1）	（2）	（3）	（4）	（5）	（6）	（7）	（8）	（9）
	固定效应	随机效应	工具变量	固定效应	随机效应	工具变量	固定效应	随机效应	工具变量
state	−0.006	−0.013	0.27	−0.005	−0.013	0.269	0.008	−0.012	0.506*
state2	0	0	−0.003*	0	0	−0.003*	0	0	−0.003*
hhi2				0.269	−0.122	0.179	0.55	−0.003	7.591*
hhi3				0.641	−0.065	0.708	1.184	−0.017	9.616**
state × hhi2							−0.008	−0.003	−0.199*
state × hhi3							−0.015	−0.001	−0.237*
logscale	0.989***	0.423***	1.316***	0.988***	0.423***	1.314***	1.004***	0.423***	1.585***
debt	0	0	0	0	0	0	0	0	0
age	0.002*	0.001	0.003*	0.002*	0.001	0.002*	0.002*	0.001	0.003**
area2		−1.017**			−1.016**			−1.015**	
area3		−1.374**			−1.374**			−1.373**	
行业	控制	控制	控制	控制	控制	控制	控制	控制	控制
_cons	−22.510***	4.940**		−23.014**	5.004**		−23.605***	4.945**	
R−sq: within	0.0134	0.0029		0.0139	0.0029		0.0141	0.0028	
F 检验	1.19		1.21	1.17		1.18	1.12		1.12
Wald 检验		203.19***			203.29***			203.33***	
Hausman	41.04***			46.36***			48.26***		
Sargan 检验			1.797 (0.4073)			1.148 (0.4848)			0.635 (0.728)
最优国有股比例			45%			44.8%			50.75%
样本数	5960	5960	4503	5960	5960	4503	5960	5960	4503

注：* 表示 $p < 0.1$，** 表示 $p < 0.05$，*** 表示 $p < 0.01$；括号里是概率值，表 6-3～表 6-6 同此。

表 6-2 第二行（1）、（4）、（7）代表的是固定效应模型，（2）、（5）、（8）是随机效应模型，（3）、（6）、（9）是考虑股权结构内生性的面板工具变量模型。Hausman 检验结果表明应该采取固定效应模型。Sargan 检验的 p 值都大于 0.05（括号里的数字），说明我们选取的工具变量是合理的。我们发现，不考虑内生性时，国有

股比例与企业绩效是 U 型关系，但考虑内生性后，是倒 U 型关系，符号出现反向变化，可见实证分析时必须考虑股权结构的内生性问题，否则容易得出失真的结论，国内外学术界关于股权结构与公司绩效关系未有定论，或许与此有关。因此，下面的分析都是以表 6-2 的第（3）、（6）、（9）模型为基础。

模型（3）发现国有股与企业绩效呈倒 U 型关系，说明国有股存在 "阈值效应"，且最优的国有股比例为 45%，这与 McConnell 和 Servaes（1990）发现最优持股比例在 40%~50% 基本一致，魏熙晔和张前程（2014）认为，前十大股东的最优股权结构为 52% 的实证结果基本一致。"阈值" 左侧表明国有股比例与企业绩效正相关，右侧表明国有股比例与企业绩效负相关，此时国有股比例高度集中和高度分散都是不适宜的，最好是适度持股，因此假设 6.1 得到验证。这是因为高度集中的国有股权目标是社会福利最大化，会担负很多政策性负担，而高度分散的国有股权又缺少政府各种财税政策的支持，所以还是适度的国有股比例较好。

模型（6）发现国有股比例与企业绩效仍然是倒 U 型关系，虽然市场竞争系数没有通过检验，但其与企业绩效表现出明显的正相关关系，假设 6.2 得到验证。因系数 hhi3（0.708）大于 hhi2（0.179），所以竞争程度越高，对企业绩效的正效应越发明显。这是因为去除市场波动的影响，在竞争愈加激烈的行业，企业难以对产品的价格产生直接的影响，只能是既定价格的接受者，因此为了在竞争中取得胜利，企业经营者只能加强企业内部的管理，降低成本，以求生存，所以市场竞争有效地揭露了管理层努力与否的重要信息，减少了管理层与股东之间的信息不对称程度，降低了代理成本，从而提高了企业绩效。

模型（9）发现市场竞争与国有股比例的交叉项通过了检验，因此市场竞争通过股权结构对混合所有制企业绩效产生双重影响，假设 6.3 得到验证。在国有股比例与企业绩效的倒 U 型关系不变的情况下，与模型（6）相比，市场竞争系数检验由不通过变为通过，且与企业绩效的正向关系不变，但强度有所减弱。我们还发现，考虑交互效应时，国有股最优 "阈值" 从 45% 上升到 50.75%（按 hhi2 和 hhi3 的平均值计算），这说明市场竞争抬高了国有股正效应的门槛。这是一个好现象，表明市场竞争越充分，对国有股带来的正效应越强，此时混合所有制企业的国有股东在内部治理机制、管理模式上更接近于现代企业制度的运作方式，与非国有股东产生利益协同，因而促进了企业绩效的提升。交互项的系数为负，表明市场竞争与国有股比例存在一定的替代性，即市场的高强度竞争对国有股比例低的企业绩效提高较多，此时对国有股比例低的行业应该加强竞争；市场的低强度竞争对国有股比例高的企业绩效提高较多，此时对国有股比例高的行业应该加强垄断。这与现实并不矛盾，2013 年我国 A 股上市公司年报显示，2473 家公司实现净利润 2.24 万亿元，其中银行业净利润总额为 1.16 万亿元，占净利润总额的半壁江山，[①] 且 80%的利润都集中在银行、石油等垄断部门。很明显，银行、石油、电力等垄断部门，国有股比例高，市场竞争程度低，但这些垄断企业容易通过行政许可证、资本优势、技术优势和管理优势占据较高的市场份额，从而获得超额的垄断利润。对于这类企业，在混合所有制改革中，是不是应该降低国有股比例？因为表 6-1 中国有股比例平均值为 40.2%，中位数为 38.7%，远未达到 50.75%，所以我们认为垄断企业在进行混合所有制改革的同时，还应该加强垄断、提高国有股持股比例，最好达到 50.75%。夏小林（2004c）也认为"一股独大"是全球普适标准，发展混合所有制经济不能"尽可能降低国有股权比例"，"在垄断部门搞国有股的单边退让，甚至放弃控制权，无异于自断经脉，失去与国际巨头相抗衡的实力"。国家领导层也意识到这个问题，并付诸了行动。2015 年 3 月 5 日，中国南车、中国北车合并，这就是强强混合的所有制改革范本，它可以快速发挥我国高铁企业的规模效应和战略协同效应，在"一路一带"的基础设施建设上，具备与国际资本抗衡的竞争优势，带领我国企业走出去，并帮助国内企业实现结构调整和产业转型。随后的中粮系、中国核电、国投系等混合所有制企业改革，需考虑行业的竞争性和垄断程度的高低，选择合适的国有股控股比例：对垄断性强的央企，可以考虑进行强强联合提高国有股的控制比例到 50.75%；对竞争性强的央企，可考虑降低国有股持股比例，但因为此时国有股比例处于 U 型曲线的左边，所以国有股比例与企业绩效正相关，这时要求国有股从竞争性领域全部退出或单边退让是不恰当的，应该遵循市场规律，由混合双方自主安排股权比例。郑世林（2010）运用 1998~2007 年省际面板数据，发现拆分竞争比上市公司产权改革更能提高电信业绩效，且拆分竞争强化了上市产权改革效

---

① 《2013 年上市公司业绩再上台阶》，东方财富网，http://finance.eastmoney.com/news/1353, 20140430380882442. html，2014 年 4 月 30 日。

果，而上市产权改革弱化了拆分竞争效果，因此混合所有制企业的股权结构必须综合考虑市场竞争、产权对企业绩效的交互影响，不能相互割裂。

再看控制变量的实证结果。我们发现规模越大，企业绩效越高，这是因为企业规模越大抗风险能力越强、融资能力越好，因而企业绩效好。财务杠杆对企业绩效没有影响，这可能是企业预计未来市场竞争更加激烈，从而采取财务保守行为，选择了较低的债务规模，因而没有发挥财务杠杆作用。顾迪（2008）对上市公司财务杠杆效应进行了系统研究，他认为我国上市公司对财务杠杆的利用并不理性和科学，这与本书的结果一致。随着经营年限的延长，企业具有明显的"干中学"效应，对企业绩效提升明显。中西部地区与企业绩效负相关，且西部拖累更明显，这是因为西部市场竞争水平更差，国有股对绩效的正向调节效应更弱。行业是重要的控制变量，但由于有 37 个行业虚拟变量，所以没有汇报详细结果，仅用控制代替。

三、稳健性检验

（一）把销售利润率换为成本费用利润率

我们把绩效指标销售利润率换为成本费用利润率，进行稳健性检验，结果见表 6-3。我们发现，国有股比例与企业绩效仍是倒 U 型关系（见表 6-3（3）、（6）、（9））；市场竞争程度与企业绩效还是正相关（见表 6-3（6）、（9））；市场竞争通过国有股对企业绩效的调节方向与表 6-2 一致，只是最优阈值从表 6-3（6）的 51% 变为表 6-3（9）的 58.02%（按 hhi2 和 hhi3 的平均值计算），市场竞争对国有股正向效应的区间变小；规模和企业经营年限仍然与企业绩效正相关，只是财务杠杆与企业绩效从不相关变成负相关，因此总体而言，表 6-2 与表 6-3 的实证结果基本一致，结论具有稳健性。

表 6-3　成本费用利润率与国有股比例、市场竞争的实证结果

变量	模型 1			模型 2			模型 3		
	（1）	（2）	（3）	（4）	（5）	（6）	（7）	（8）	（9）
	固定效应	随机效应	工具变量	固定效应	随机效应	工具变量	固定效应	随机效应	工具变量
state	0.005	−0.012	0.308	0.007	−0.011	0.308	0.041	0	0.602*
state2	0	0	−0.003*	0	0	−0.003*	0	0	−0.004*

续表

变量	模型 1			模型 2			模型 3		
	（1）	（2）	（3）	（4）	（5）	（6）	（7）	（8）	（9）
	固定效应	随机效应	工具变量	固定效应	随机效应	工具变量	固定效应	随机效应	工具变量
hhi2				−1.231*	−1.371**	0.1330*	−0.21	−0.813	7.736
hhi3				−0.225	−0.873	0.152	1.11	−0.419	10.626*
state × hhi2							−0.028	−0.014	−0.243*
state × hhi3							−0.036	−0.012	−0.287**
logscale	0.757*	0.323**	1.116**	0.775*	0.321**	1.134**	0.814*	0.324**	1.470**
debt	0	0	−0.001*	0	0	−0.001*	0	0	−0.001*
age	0.003**	0.001	0.003**	0.003**	0.001	0.003**	0.003**	0.001	0.004**
dqdm2		−0.851			−0.847			−0.846	
dqdm3		−0.302			−0.297			−0.299	
hylb138		−5.772			−5.73			−5.737	
行业	控制	控制	控制	控制	控制	控制	控制	控制	控制
_cons	−14.479	11.402***		−13.873	12.260***		−15.348*	11.804***	
R−sq：within	0.0098	0.0022		0.0116	0.003		0.0123	0.0032	
between	0.0045	0.1701		0.0047	0.171		0.0047	0.1709	
Overall	0.0078	0.1664		0.0081	0.1666		0.0079	0.1665	
F 检验	0.87		0.9	0.98		1	0.98		0.97
Wald 检验		607.25***			613.32***			613.69***	
Hausman	39.20***			42.35***			47.43***		
Sargan 检验			2.281 (0.3197)			1.876 (0.391)			0.892 (0.6401)
最优国有比例			51%			51%			58.02%
样本数	5960	5960	4503	5960	5960	4503	5960	5960	4503

（二）稳健性再检验

我们按控制权、市场竞争类型和地区分类再次进行稳健性检验。因为表6-2和表6-3的最优国有股比例在50%左右，故把控制权类型分为国有绝对控股（国有股比例≥50%）和相对控股参股（国有股比例<50%）两类，由于地区虚拟变量在面板工具模型中存在多重共线性，所以表6-4和表6-5没有考虑地区

控制变量，实证结果见表6-4~表6-6，为节约篇幅只汇报了面板 IV 变量模型的实证结果。

表6-4　按控制类型分类的实证结果

变量	国有绝对控股		国有相对控股或参股	
	Saleff	Costef	Saleff	Costef
state	−2.448	−0.994	0.26	0.681
state2	0.015	0.006	−0.002	−0.006
hhi12	9.661	0.339	3.323	7.169
hhi13	14.45	5.222	3.697	8.449
state × hhi2	0.153	0.018	−0.147	−0.355
state × hhi3	0.232	0.1	−0.138	−0.35
logscale	1.159	1.153	0.969	0.519
debt	0.005	0.005*	0	−0.007***
age	0.002	0.002	0.004**	0.005**
行业	控制	控制	控制	控制
F 检验	1.59**	1.34	0.93	1.23
Sargan 检验	1.277 (0.5280)	1.741 (0.4187)	2.441 (0.2951)	1.606 (0.4481)
国有股最优（差）比例	74.9%	76.0%	33.7%	30.5%
样本数	1549	1549	2642	2642

从表6-4中发现，控制权的不同类型，对市场竞争、企业绩效的影响截然不同。虽然系数检验没有通过，但国有绝对控股的企业，国有股比例与企业绩效是 U 型关系，而国有相对控股（参股）的企业，国有股比例与企业绩效是倒 U 型关系；国有绝对控股企业，市场竞争与国有股比例存在一定的互补关系，而国有相对控股（参股）企业，市场竞争与国有股比例是替代关系。财务杠杆在国有绝对控股企业是促进绩效提升，而对国有相对控股（参股）企业是抑制绩效增长，这是因为国有绝对控股企业一般是垄断企业，抗风险能力强，而国有相对控股（参股）企业一般是竞争企业，市场行情变幻莫测，过高的财务杠杆会给企业带来灭顶之灾。另外，规模与企业绩效正相关，企业经营年限与企业绩效正相关，与表6-2结论一致。表6-4再次说明市场竞争通过不同控制权对企业绩效的作用效果明

显不同，因此在混合所有制改革中，控制权确实是关键问题，混合所有制企业的股权结构选择应该综合考虑市场竞争状况、规模、行业、地区等各种内外部影响因素，没有普适标准，不能采取"一刀切"的方案。

表6-5 按垄断程度分类的实证结果

变量	垄断		垄断竞争		竞争	
	Saleff	Costef	Saleff	Costef	Saleff	Costef
state	−1.366	−0.859	−0.072	0.558	0.502**	0.548**
state2	0.014	0.009	0.001	−0.006	−0.006**	−0.006**
logscale	0.6	1.503	3.720***	3.394**	1.160**	0.7
debt	0.003	0.016	0.009	0.014	0	−0.001**
age	0.013***	0.018***	0	0	0.002	0.002
行业	控制	控制	控制	控制	控制	控制
F检验	2.02**	3.4***	7.03***	6.64***	1.2	0.96
Sargan检验	2.245 (0.3255)	3.348 (0.1875)	2.993 (0.2240)	2.877 (0.2631)	2.514 (0.2845)	2.140 (0.3429)
国有股最优（差）比例	48.8%	47.7%	36%	46.5%	41.8%	45.7%
样本数	192	192	334	334	3629	3629

按照美国司法部的标准，我们把混合所有制企业分成垄断企业、垄断竞争企业和竞争企业，实证结果见表6-5。表6-5表明，在垄断和垄断竞争企业，国有股比例与企业绩效是U型关系，但系数没有通过检验，而在竞争行业，国有股比例与企业绩效是倒U型关系，且通过了系数检验，这与表6-2的结果一致，且最优国有股比例在40%左右。出现这种结果的原因是竞争性企业有3629家，占总样本的61%，因此竞争性企业结论与表6-2一致。

表6-6 按地区分类的实证结果

变量	东部地区		中部地区		西部地区	
	Saleff	Costef	Saleff	Costef	Saleff	Costef
state	0.538*	0.504*	0.298	1.029	−13.557	−19.392
state2	−0.003*	−0.003	−0.002	−0.006	0.096	0.137
hhi12	8.167*	6.903	1.521	9.884	−116.592	−174.227
hhi13	10.615**	10.248*	2.419	12.972	−177.872	−268.295
state×hhi2	−0.216*	−0.187	−0.081	−0.396	2.699	3.683

续表

变量	东部地区		中部地区		西部地区	
	Saleff	Costef	Saleff	Costef	Saleff	Costef
state×hhi3	−0.273**	−0.260*	−0.051	−0.393	4.039	5.817
logscale	1.881***	1.364**	−0.741	−2.145	7.149	15.521
debt	0	0	−0.003	−0.015***	−0.003	−0.02
age	0.001	0.001	0.003	0.004	0	0
行业	控制	控制	控制	控制	控制	控制
F 检验	1.3	1.13	1.19	2.69***	0.06	0.1
Sargan 检验	1.216 (0.5444)	1.12 (0.571)	2.910 (0.2334)	0.246 (0.8845)	0.009 (0.9957)	0.119 (0.9421)
国有最优（差）比例	49.7%	46.2%	62.3%	56.3%	52.4%	52.4%
样本数	3628	3628	434	434	304	304

表 6-6 发现，东部、中部地区国有股比例与企业绩效是倒 U 型关系，西部地区是 U 型关系；东部、中部地区市场竞争促进了企业绩效的提升，而西部地区相反；东部、中部地区的市场竞争与国有股比例是替代关系，但西部地区不是这样。因为只有东部地区通过了参数检验，且东部地区样本占 61%，因此东部地区有效地代表了整个样本，即与表 6-2 的结论一致。

总之，表 6-3~表 6-6 仍然支持国有股与企业绩效的倒 U 型关系、市场竞争与企业绩效的正相关、市场竞争与股权结构的替代关系，所以本书结论具有稳健性。

第三节　本章小结

本书利用《中国工业企业数据库》1998~2007 年 5960 家混合所有制企业数据，把产品市场发育程度、要素市场发育程度、中介组织和法律制度环境作为国有股比例的工具变量，采用面板 IV 模型实证分析发现，国有股与企业绩效呈倒 U 型关系，且考虑市场竞争效应后，最优国有股比例从 45% 提高到 50.75%（见

表 6-2）或从 51% 提高到 58.02%（见表 6-3），但国有股比例的选择还受规模、市场竞争、行业、地区等其他因素影响，因此没有普适标准，应因企制宜。因为国有股比例平均值和中位数（40.2% 与 38.7%，见表 6-2）远未达到最优持股比例，所以对垄断程度高的行业进行混合所有制改革时可以考虑提高国有股比例到最优水平，达到绝对控股水平，类似于中国南车和中国北车的合并，可以实现强强联合；对竞争性强的行业，可以考虑降低国有股比例，但没必要实施国有股从竞争性领域全面退出，或单边退让国有股比例，因为此时国有股与绩效是正相关的。

目前，对混合所有制企业股权安排问题，存在两种针锋相对的观点。

第一种观点认为在混合所有制改革过程中，应该尽可能降低国有股比例，甚至强调从竞争性领域全部退出。国资委副主任黄淑和（2014）明确表示，混合所有制改革要尽可能降低国企股权比例，30% 能相对控股的，就不去搞 40%；可由社会资本控股的国企，国资可全部退出。官方都如此表态，民营企业老总当然拍手称赞。卫兴华和何召鹏（2015）对此类观点提出严重批评，他们认为一些学者和实际工作者错误理解发展混合所有制经济为向非公有制经济倾斜的政策，因而提出"国退民进"或"国退外入"的主张。《人民日报》2015 年 7 月 24 日刊文，国企混改不等于私有化，再次对这种错误认知进行了纠偏。

第二种观点认为，为加强公有制主体地位，应该做大做强国有企业，所以发展混合所有制经济不但不能实施国有股单边退让政策，还可以尝试国有企业主动参股经营良好的民营企业。2014 年 3 月 5 日，习近平总书记在参加中共十二届全国人大二次会议上海代表团审议时强调，国企不仅不能削弱，而且要加强。习近平总书记在 2014 年 8 月 18 日中央全面深化改革领导小组第四次会议上再次强调，中央企业负责同志肩负着搞好国有企业、壮大国有经济的使命，要强化担当意识、责任意识、奉献意识，正确对待、积极支持这项改革。2015 年 7 月 17 日，习近平在同吉林省企业职工座谈时指出，国有企业是国民经济发展的中坚力量。对国有企业要有制度自信。深化国有企业改革，要沿着符合国情的道路去改，要遵循市场经济规律，也要避免市场的盲目性，推动国有企业不断提高效益和效率。因此，国家顶层设计的目的是增强国有企业的活力和竞争力、控制力和影响力，在做大做强国有企业的同时进一步增强公有制经济的主体地位。

本书的实证结果：在垄断程度高的行业实行强强联合，在竞争性行业遵循市场经济规律由混合双方自主选择股权结构，但没必要实施国有股从竞争性领域全部退出的政策，正好为混合所有制改革不等于私有化、做大做强国有企业，进一步发挥国有企业中坚力量，加强公有制主体地位提供了经验证据。但是，发展混合所有制经济，并没有一种模式可以适用于所有企业，必须具体问题具体解决，对行业和企业进行合理分类、分别处置。

第七章　混合所有制企业股权结构选择的案例分析

第七章首先从分类、分层推进混合所有制经济改革的角度，选取两个上市公司进行个案研究；其次以上海市为例，探讨地方国资委发展混合所有制经济的具体做法。

第一节　分类分层推进混合所有制改革的个案研究

《国有企业发展混合所有制经济的意见》将国有企业分为商业类和公益类两大类，并指示按照主业是充分竞争行业、重要行业和关键领域的商业类国有企业，以及公益类国有企业分类推进混合所有制改革，同时分层推进集团公司和子公司的国有企业混合所有制改革，为此我们分类、分层选取混合所有制改革案例。

一、分类推进混合所有制改革的案例——惠而浦

对于主业处于竞争行业的国有企业，国发〔2015〕54 号文要求按照市场化、国际化要求进行混合所有制改革，2014 年 8 月，合肥三洋引入世界最大的白色家电制造商美国惠而浦集团，它是混合所有制改革的经典案例。

家电行业是典型的主业处于充分竞争行业的国有企业，合肥荣事达三洋电器股份有限公司成立于 1994 年，是由原合肥荣事达集团公司、日本三洋电机株式会社等共同投资并由中方控股的中日合资企业。公司于 2004 年 7 月在上海证交

所上市（代码600983，名称合肥三洋），其中合肥国资委持股33.57%，日本三洋电机持股29.51%，社会流通股36.92%，注册资本53280万元。随着三洋品牌的衰落，以及受中日关系紧张的影响，合肥三洋一直在尝试"去三洋化"战略。2014年5月14日，日本三洋电机将其持有的29.51%股份全部出售给美国惠而浦公司。重组后，美国惠而浦公司投资34亿多元，获得合肥三洋51%的股份，成为公司第一大股东；合肥国资委持股23.34%，变更为第二大股东。2014年11月6日，"合肥荣事达三洋电器股份有限公司"正式更名为"惠而浦（中国）股份有限公司"，上市公司正式更名为惠而浦（600983），见图7-1。

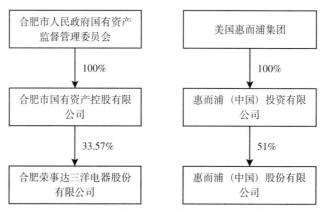

图7-1　混改前后终极控股股东关系链[①]

合肥三洋牵手惠而浦之后，股权结构变成外资绝对控股、国资相对控股的模式，它是否促进企业走向了国际化，是否提高了企业经营活力、提高了资本保值增值率，下面进行分析。

表7-1　惠而浦主营业务经营状况[②]

		主营构成	主营收入（元）	收入比例（%）	主营成本（元）	成本比例（%）	主营利润（元）	利润比例（%）	毛利率（%）
2015年	按行业分类	家电制造业	53.7亿	98.17	35.4亿	97.57	18.2亿	99.34	33.97
		其他（补充）	1.00亿	1.83	8813万	2.43	1207万	0.66	12.05

---

① 混改前后的控股股东关系链分别取自2012年、2014年上市公司年报。
② 数据来源：表7-1和表7-2资料来自同花顺炒股软件中的F10资料。

	主营构成	主营收入（元）	收入比例（%）	主营成本（元）	成本比例（%）	主营利润（元）	利润比例（%）	毛利率（%）
2015 年 按地区分类	中国地区	46.1 亿	84.27	29.3 亿	80.70	16.8 亿	91.32	36.38
	国外地区	7.60 亿	13.90	6.13 亿	16.87	1.47 亿	8.02	19.36
	其他（补充）	1.00 亿	1.83	8813 万	2.43	1207 万	0.66	12.05
2014 年 按行业分类	家电制造业	54.3 亿	98.64	36.8 亿	98.69	17.5 亿	98.53	32.24
	其他（补充）	7506 万	1.36	4895 万	1.31	2611 万	1.47	34.78
2014 年 按地区分类	中国地区	48.6 亿	88.24	—	—	—	—	—
	国外地区	5.72 亿	10.40	—	—	—	—	—
	其他（补充）	7506 万	1.36					
2013 年 按行业分类	家电制造业	52.3 亿	98.19	34.2 亿	97.85	18.1 亿	98.86	34.53
	其他（补充）	9625 万	1.81	7540 万	2.15	2086 万	1.14	21.67
2013 年 按地区分类	中国地区	47.0 亿	88.25	30.1 亿	85.90	16.9 亿	92.76	36.05
	国外地区	5.29 亿	9.94	4.18 亿	11.95	1.11 亿	6.09	21.03
	其他（补充）	9625 万	1.81	7540 万	2.15	2086 万	1.14	21.67

表 7-1 显示，2013~2015 年惠而浦家电制造业的主营业务收入分别为 52.3 亿元、54.3 亿元、53.7 亿元，利润比例分别为 98.86%、98.53%、99.34%，毛利率分别为 34.53%、32.24%、33.97%，所以主营业务并未得到快速增长，主营利润率略微增长，但毛利率在下降，整体而言经营效率并未得到有效提高，这可能是受国际国内经济增长恢复艰难、市场需求低迷影响。2013 年、2015 年惠而浦在国外销售的主营业务收入分别为 5.29 亿元和 7.60 亿元，国外市场得到了有效拓展，但国外销售的毛利率分别为 21.03%、19.36%，而利润比例分别为 6.09%、8.02%，可见盈利能力略有改善。

表 7-2　惠而浦财务效率指标

	年份	2015	2014	2013	2012	2011	2010	2009	2008	2007
盈利能力指标	加权净资产收益率（%）	8.6	12.43	20.67	21.04	27.39	32.78	28.81	18.97	12.14
	毛利率（%）	33.57	32.27	34.3	33.59	35.29	33.12	41.5	40.11	43.38
	净利率（%）	6.71	5.33	6.81	7.56	8.25	9.9	10.22	10.61	10.71
	实际税率（%）	12.64	12.68	12.66	12.82	13.39	13.51	12.83	14.55	13.06

续表

年份		2015	2014	2013	2012	2011	2010	2009	2008	2007
盈利质量指标	预收款/营业收入	0.03	0.04	0.08	0.07	0.08	0.08	0.1	0.08	0.08
	销售现金流/营业收入	1.1	1	1.07	1.14	1.04	1	0.97	1.08	1.11
	经营现金流/营业收入	0.13	-0.04	0.12	0.09	0.03	0.16	0.08	0.08	0.07
运营能力指标	总资产周转率（次）	0.71	0.84	1.09	1.03	1.13	1.19	1.3	1.14	0.85
	应收账款周转天数（天）	61.39	32.4	19.25	25.48	19.77	19.09	22.67	19.06	26.09
	存货周转天数（天）	96.47	96.76	92.84	95.8	89.2	90.94	116.44	126.47	124.67
财务风险指标	资产负债率（%）	44.68	44.54	66.08	61.2	64.62	66.93	59.8	42.41	25.2
	流动比率	1.92	1.96	1.3	1.36	1.32	1.27	1.32	1.83	3.18
	速动比率	1.63	1.66	1.01	1.04	1.03	0.98	0.93	1.16	2.44

从表 7-2 盈利能力看，2013~2015 年惠而浦加权净资产收益率、实际税率呈缓慢下降趋势，但毛利率和净利率却缓慢上升，说明外资大股东更加注重实际利润的获取，而政府关注的税收并未得到有效提高，甚至在下降。[①] 从盈利质量看，2013~2015 年惠而浦的预收款/营业收入在下降、销售现金流/营业收入和经营现金流/营业收入在上升，说明外资大股东更加注重现金的回收，这与第五章分析结论较为一致，即大股东为收回买壳成本，具有"掠夺性分红"套取现金的动机。惠而浦年报显示，2013 年 10 派 0.8 元，2014 年 10 派 0.5 元，2015 年 10 派 0.6 元，每年都在进行现金分红。而其现金流量表显示，2015 年经营现金流量净额 7.35 亿元，同比下降 438.08%；投资现金流量净额 -15.03 亿元，2014 年为 -1.98 亿元，同比上涨 658.99%；筹资现金流量净额 -3832.2 万元，同比下降102.03%；现金及现金等价物净增加额 -8.06 亿元，同比下降 154.74%，说明企业正处于高速发展时期，需要大量的现金投入，这时仍持续不断地进行现金分红，具有资金侵占动机。

从运营能力看，2013~2015 年惠而浦的总资产周转次数骤然降低，同时应收账款周转天数快速提升，存货周转天数缓慢下降，说明引入外资后营运能力改善

① 惠而浦 2015 年年度报告显示，2015 年资产合计 80.08 亿元，同比上涨 8.28%；收到的税费返还2015 年是 1083.25 万元，2014 年是 797.38 万元；支付的各项税费 2015 年是 3.43 亿元，2014 年是 3.56 亿元，可见惠而浦集团对当地税收的贡献在下降。

不明显，这可能是惠而浦入驻后，仍是由原中国高管团队进行企业经营管理，国外先进的管理经验还未得到学习的原因。而 2013~2015 年惠而浦的财务风险指标在变好，这说明外资大股东的进驻，更加注重对上市公司财务风险的掌控。

总体而言，引入美国惠而浦集团后，国际化市场得到了有效拓展，外资大股东非常注重财务风险的掌控、关心现金的回收率，但运营能力没有得到有效改善，政府关心的宏观效率指标（净资产收益率、实际税率、总资产周转率）并没得到有效改善，以增强国有经济活力、放大国有资本功能、实现国有资产保值增值的目标并未有效达成，这可能是由于改革时间较短还未体现出混合的好处，也可能是受国际国内经济环境恶化影响，还可能与中国高管还没有学习到外国先进管理经验有关。

二、分层推进混合所有制改革的案例——中国建材集团

中国建筑材料集团有限公司（以下简称中国建材集团，英文简称 CNBM）是充分竞争领域快速成长的央企典范，是国务院国资委混合所有制经济和央企董事会行使三项职权的双试点企业，这是由于中国建材集团在混合所有制改革中采取了独特的股权结构，实现了公有资本和非公有资本共赢的局面。

中国建材集团 1984 年成立，2003 年成为中央企业。实际上，中国建材集团发展混合所有制经济是被市场倒逼出来的。2002 年中国建材集团销售收入达 20多亿元，负债却有 32 亿元，企业面临停产倒闭的危险。生死抉择之际，中国建材集团被迫走向市场，董事长宋志平临危受命，果断决定从规模较小的普通装饰材料行业退出，回归水泥等大宗、主流建材领域，并决定走一条资本运营、联合重组、管理整合、集成创新的发展道路。联合重组过程中，中国建材集团坚持同股同权，给予民营资本同等的话语权，同时通过公平合理定价、给创业者留有30%的股份、聘任创业者为职业经理人这"三盘牛肉"，破除了民营企业踟蹰不前的顾虑。十多年来，中国建材集团以年复合增长率超过 40% 的速度快速发展，目前集团资产总额已超过 4600 亿元，2015 年《财富》世界 500 强排名 270 位，员工总数近 18 万名，全资、控股企业 9 家，控股上市公司 6 家。

（一）三种合作针对重组企业的不同情况，中国建材集团采取了灵活的三种合作方式

第一种方式，合作上市。目前中国建材集团旗下上市公司有中国建材（香港上市）、洛阳玻璃、北新建材、中国巨石、瑞泰科技、方兴科技，六家上市公司都并购了不少民营企业，甚至引入战略投资者，它们之间互相合作，最终实现了公开上市发行股票的目标，见图7-2。

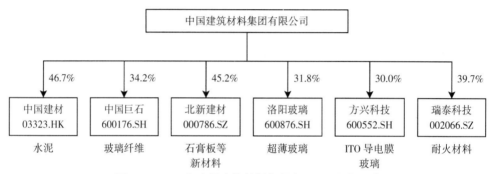

图7-2　2014年中国建筑材料集团有限公司股权图 [①]

第二种方式，兼并收购。如中国建材集团的子公司北新建材，2005年最先成功并购国内最大石膏板生产企业山东泰和，实现了我国石膏板行业的重大资源调整。截至2015年底，北新建材已收购泰山石膏、太仓北新、西安北新、湖北北新、北新绿色住宅等公司，其产能和规模迅速扩大，并以石膏板为基础，发展了矿棉板、龙骨、涂料等龙牌建材系列产品，现已发展成为集建材产业投资、木业业务、物流贸易以及集成房屋业务为一体的综合性大型企业集团（见图7-3）。

第三种方式，联合重组。以中国建材上市公司为例，[②] 2007年成立南方水泥，中国建材持股75%、民营等资本持股25%，联合重组300多家企业，其中97.68%是民营企业。2009年成立北方水泥，中国建材、民企辽源金刚和弘毅投资各占45%、45%、10%的股本，实现了与民营资本和金融资本的合作。[③] 2011

---

① 图7-1根据各上市公司股权资料整理，图7-2根据各上市公司2015年报整理，其中泰瑞科技2015年年报还未发布，因此根据2014年年报整理。

② 由哈佛大学约瑟夫·鲍沃教授和GA·邓乃文高级研究员联合撰写的"中国建材：推动中国水泥产业发展"案例正式出版，中国建材在中国水泥行业的并购整合经验进入美国哈佛大学商学院的案例库。

③ 课题组报告国企混改的九大成功范式，http://toutiao.com/i6274768918376612353/，2016年4月18日。

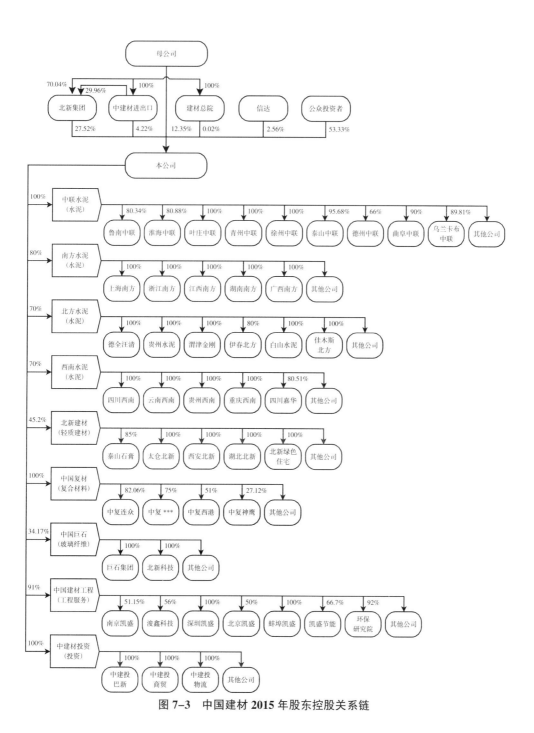

图 7-3　中国建材 2015 年股东控股关系链

年，成立了西南水泥有限公司，中国建材、北京华辰普金、上海圳通、深圳京达分别持股 50%、5%、15% 和 30%。截至 2015 年底，中国建材集团已经联合重组了中联水泥、南方水泥、北方水泥、西南水泥、北新建材、中国复材、中国巨石、中国建材工程、中国建材投资等民营企业，其股东关系控制链见图 7-3。在经济下行、需求下降、产能过剩和价格下滑的压力下，中国建材集团 2015 年完成主营产品水泥销量 2.8 亿吨，商混销量 7120 万立方米，石膏板销量 14.5 亿平方米，风机叶片销量 6540 片，玻璃纤维销量 106 万吨；实现销售收入 1003 亿元，利润总额 41 亿元，[①] 给股东交出了一份满意的答卷。

(二) 三层混合结构

中国建材集团是分层推进混合所有制改革的成功典范，形成了有特色的三层内部混合结构：

第一层，中国建材集团是国有独资公司，并控股六家上市公司形成集团二级公司，这二级公司吸纳大量社会资本，如中国建材股份公司国有股占比 46.67%，公众投资者持股占比 53.33%，构成第一层混合结构。

第二层，集团二级公司又控股了多家分公司 (见图 7-3~图 7-8)，形成集团三级、四级公司。如中国建材股份公司下的中联水泥业务平台，又控股了鲁南中联、淮海中联、叶庄中联等民营企业，并把民营企业的一部分股份提上来交叉持股，形成第二层混合结构。

第三层，在水泥生产企业层面，聘任原来优秀的创业者为职业经理人，并给予他们 30% 左右的股权，形成第三层混合所有制企业。我们分析后发现，中国建材集团的"三层混合结构"并不是什么新概念，它实质上就是我们第五章分析的金字塔式股权结构 (见图 7-2~图 7-8)。金字塔式股权结构最大的优点，就是以少量现金流权确保了集团在战略决策、固定资产与股权投资等层面的绝对控股权，也提高了子公司在精细化管理、技术改造等环节的积极性，降低了资产负债率。

之所以在中国建材集团能实现国有资本和民营资本的共赢，实现"央企实力+民企活力=企业竞争力"，很少发生终极控股股东侵占中小股东利益的事件，

---

① 数据来自《中国建材股份公司 2015 年年报》。

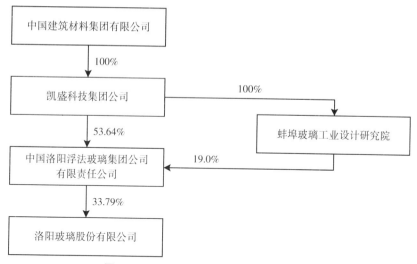

图 7-4 2015 年洛阳玻璃股东控股关系链

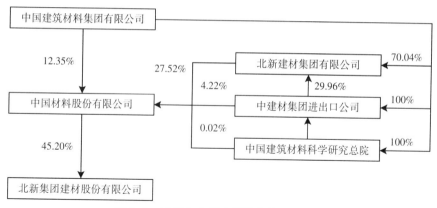

图 7-5 2015 年北新建材股东控股关系链

是因为终极控股股东最初定位就是互利共赢，其"三盘牛肉"理论生动地阐释了该理念。但是，在混合所有制企业，如果国有终极控股股东一味让利求合作，也容易发生中小股东侵占大股东利益的事件，发生国有资产流失问题，因此如何完善公司治理结构，如何设计有效的管控模式尤其重要。中国建材集团在这方面做出了探索，并取得了良好效果，其独创的"格子化"管控、"八大工法""六星企业""央企市营"等一整套行之有效的管理模式，逐渐发展成为规范运作的市场化企业集团（见图 7-9）。林润辉等（2015）研究发现，内部控制对大股东资金侵占、企业绩效起到了完全中介的作用，再次证明混合所有制企业完善公司治理

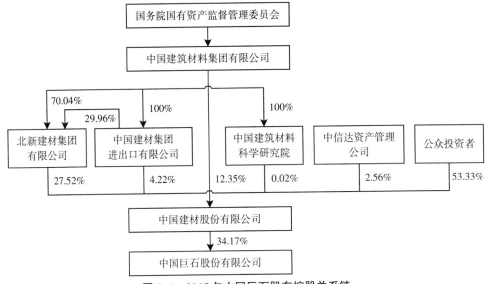

图 7-6　2015 年中国巨石股东控股关系链

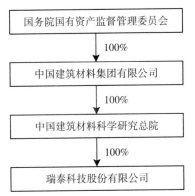

图 7-7　2014 年瑞泰科技股东控股关系链

结构的重要性。

"格子化"管控，也叫"五化"管控模式，即将上千家企业的职能分工、经营模式和发展方向固定在相应的格子里，包括治理规范化、职能层级化、业务平台化、管理数字化、文化一体化。

"八大工法"（崔淑红等，2014），指：①五集中，包括营销集中、采购集中、财务集中、投资决策集中、技术服务集中。②KPI 管理，指以净利润为核心，统领价格、成本、单位销售费用等其他八项指标，这九大 KPI 覆盖了中国建材日常

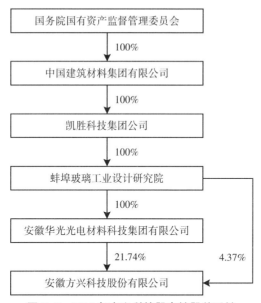

图7-8　2015年方兴科技股东控股关系链

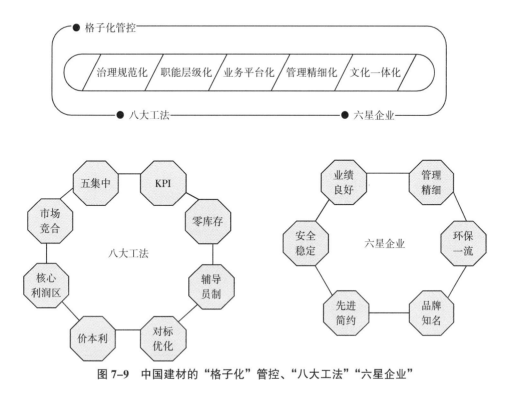

图7-9　中国建材的"格子化"管控、"八大工法""六星企业"

生产经营活动的关键点位，成为全年工作的核心指标。③零库存，即实施集约化管理和精益生产，将原燃材料、备品备件、产成品库存降至最低限，并加快周转速度，从而减少资金占用、避免资源浪费、降低生产成本。④辅导员制，在企业中选择管理、生产、技术、市场等方面的专家能手作为辅导员，派到相关能力较弱的企业，帮助其提高短缺的能力，实现综合水平的提升。⑤对标优化，以行业和内部优秀企业为标杆，以 KPI 为核心，定期对比主要经济技术指标，找出差距，做出改进。⑥价本利，将企业的盈利核心不再立足于产量的增加，而是强调在稳定提升价格的基础上，稳定量或者减少量，通过管理整合降低成本，实现企业的合理利润。⑦核心利润区，就是在四大水泥区域中进一步构筑细分核心区域，增加区域市场占有率和议价能力，促进区域供需相对平衡，推动区域水泥行业价值和产品价格的理性回归。⑧市场竞合，中国建材集团一直秉承"行业利益高于企业利益，企业利益孕于行业利益之中"的思想，充分发挥大企业的引领和导向作用，共同培育和维护健康的市场，避免恶性竞争。

"六星企业"，指好的企业必须是业绩良好、管理精细、环保一流、品牌知名、先进简约、安全稳定。

"央企市营"，即通过多元化股权结构和职业经理人队伍的建设，改革央企内部机制和运营模式，实现以市场化原则参与竞争，具体内容见表 7-3。

表 7-3　"央企市营"的核心内容

内容	核心内容
股权多元化	通过上市、战略投资和社会资本投资等多种形式，实现股权多元化，克服纯粹国有产权的弊端，以少数国有资本带动民营资本和海外资本
公司治理结构	按照《公司法》建立了外部董事占多数的董事会，形成了"国资委—央企董事会—央企经理层—全体职工"的清晰的委托代理模式
职业经理人制度	职业经理人来自自己培养、市场选聘、重组企业的创业者，同时给予职业经理人市场化薪酬，建立淘汰和退出的竞争机制
内部机制市场化	建立一套薪酬与激励制度，形成干部能上能下、职工能进能出、收入能升能降的用人、用工、分配的内部市场化机制
企业经营市场化	依照市场规则开展国企运营，秉承"蓝海"战略，提倡与竞争者公平竞争、合作共生

资料来源：马红、王元月（2015）。

（三）四大改革成效

第一，增强了国有企业的活力。中国建材集团通过金字塔式股权结构，以及"格子化"管控、"八大工法""六星企业""央企市营"等控制模式，充分调动了子公司在精细化管理、技术改造等环节的积极性，增强了企业活力。

第二，提升了国有资本的控制力。多年来，中国建材集团联合重组了上千家民营企业，通过三层混合结构，用220亿元国有权益控制了660亿元净资产，进而带动了超过3600亿元总资产，实现了自身跨越式发展、水泥产能居世界第一，使产能严重过剩的水泥行业集中度从2008年的16%提高到2013年的53%，提升了国有资本控制力，有效地实现了国有资本的保值增值。

第三，提高了企业影响力。自2008年起，中国建材集团位居中国建材500强企业首位，2011年开始进入《财富》世界500强企业，且排名不断靠前，从485位（2011年）、365位（2012年）、319位（2013年）、267位（2014年）上升到270位（2015年），世界影响力和国际竞争力不断提升。

第四，增强了企业抗风险能力。世界金融危机的后遗症还未消除，中国经济进入新常态和三期叠加时期，2016年五大任务之首就是去产能，面对建材行业产能过剩的严重压力，其拥有的雄厚资产和丰厚利润，是其淘汰落后僵尸企业、限制新增产能、加强供给侧改革的强力支撑。同时，中国建材集团通过持续多年的产品创新和技术创新，借助"一路一带"平台，加大了海外投资进行产能合作，目前已在埃及投资了玻璃纤维工厂、在蒙古投资了水泥生产线、在哈萨克斯坦投资玻璃生产线，集团过剩产能得到了转移、成套设备出口获得了利润，创新驱动成为中国建材集团生存发展的动力源泉，更提高了企业抗风险能力。

总之，中国建材集团混合所有制改革成功的诀窍是坚持市场化原则，构建了金字塔式股权结构，运用全球资本杠杆联合重组兼并了上千家民营企业，短期内实现了规模的快速扩张和利润的飞速增长。同时，金字塔式股权结构不仅有效地解决了控制权问题，降低了现金流，减少了资产负债率，而且按照战略导向、协同效应、潜在价值、风险可控的原则，以及"格子化"管控、"八大工法""六星企业""央企市营"等控制模式，充分调动了子公司在精细化管理、技术改造等环节的积极性，既摒弃了传统国企的官僚主义，又充分发挥了民营资本的灵活性，有效地避免了大股东和中小股东的利益冲突，实现了"国企实力+

民企活力=企业竞争力"，成功达到了"1+1>2"的功效，是混合所有制改革的成功范本。

第二节　上海市国资委混合所有制改革案例分析

上海市国资委一直是我国国企改革的排头兵，也是我国混合所有制改革的先行者和践行者。中共十八届三中全会之后，上海市国资委在国企分类监管、混合所有制改革、国资流动平台建设、国企走向海外等几大主要方向上，改革持续发力。鉴于上海在中国经济中的重要地位和改革的示范效应，本书将上海作为地方国资委混合所有制改革的案例研究。

一、上海市国资委基本情况介绍

上海市国资委下属共有52家集团公司，拥有5000多户国企，国有企业资产总额超过15万亿元，其中地方国资控股了70家左右的上市公司，总市值达到2.76万亿元。上海市国资委主要经济指标继续多年保持全国地方国资系统第一名，2013年上海国资在全国地方国资系统中资产总额占1/10、营业收入占1/8、利润总额占1/5。截至2013年底，上海市国资委系统混合所有制企业占辖内国有企业总户数的63%、资产总额的55%、主营业务收入的83.5%、净利润的92.4%，所以从数量上看，上海市混合所有制改革还大有文章可做。

2013年底，上海在全国率先出台《关于进一步深化上海国资改革促进企业发展的意见》，俗称"国资20条"，掀起了地方国企改革大幕。"国资20条"明确提出积极发展混合所有制经济，提高国企活力和竞争力。2014年7月，上海市公布了《关于推进本市国有企业积极发展混合所有制经济的若干意见（试行）》（以下简称《意见》）。《意见》明确了上海市发展混合所有制经济的目标：经过3~5年的持续推进，基本完成国有企业公司制度改革，除国家政策明确必须保持国有独资外，其余企业实现股权多元化，发展混合所有制经济，推动企业股权结构进一步优化、市场经营机制进一步确立、现代企业制度进一步完善，国有经济活力进一步增强。为了达成目标，《意见》提出了三大发展路径：第一，推进国有企业公司制股份制改革，包括整体上市、核心业务资产上市、公司制股份制改革，以及探索特殊管理股制度等；第二，加快开放性市场化联合重组，引入战略投资者推动股权多元化，引入私募股权基金等非公战略投资者，如弘毅投资等；第三，实施股权激励和员工持股，鼓励整体上市企业、符合条件的竞争类集团及下属企业，以及国有控股的转制科研院所、高新技术企业实施股权激励。总体而言，《意见》要求坚持市场导向进行混合所有制改革，按照分类改革原则优化国有企业股权比例结构、支持国有资本和非国有资本双向融合的方式、推动国有资产上市和加强资本平台的流动、兼并、重组作用，鼓励员工持股。

目前，上海市国资运营平台模式基本确立，且运行情况良好。上海市国资委有两大国有资本运营平台。一是 2007 年 9 月成立的上海国盛集团，注册资本100 亿元，它是上海市重大产业项目的投融资平台，已经完成了上海建工、交运集团、光明食品集团和上海纺织集团 4 家企业部分国有股权的划转接收工作，完成了上市公司棱光实业和华东设计院的重大资产重组等。二是 2000 年 4 月成立的上海国际集团，注册资本 105.6 亿元，它是上海市国资流动、投资管理和金融要素市场建设平台，已经完成浦发银行与上海信托整合重组，成为国内第四家持有信托牌照的商业银行；将国泰君安与上海证券的同业归并，国泰君安 2015 年实现上市；承接无偿划转的锦江航运 47.98% 股权后，推进锦江航运与上港集团的资产重组；上海国际集团有限公司向上海均瑶（集团）有限公司协议转让其所持爱建集团 7.08% 的股份；等等。

表 7-4　上海市国有企业功能划分

类别		竞争类			功能类		公共服务类
		独资	控股	上市公司	独资	国有多元	独资
产业类	制造	华谊	电气	上汽	地产 世博 国盛 联和 机场	申迪 临港 同盛 申虹	申能 申通 久事 城投
		仪电	华虹				
	商贸	水产、百联、东方 国际、锦江、衡山 东造、良友、兰生					
	服务						
	地产	城建					
	建交						

续表

类别		竞争类			功能类		公共服务类
		独资	控股	上市公司	独资	国有多元	独资
投资类		上实、科技	长发		地产世博国盛联和机场	申迪临港同盛申虹	申能申通久事城投
			信投				
科研	现代设计、化工院、电动所、勘探院、电院所、建科院、仪表院						

上海市国资委，通过梳理、总结国内外国有企业分类划分的方式、方法，按照资本属性、产品属性、竞争属性对所属企业进行了功能划分（见表 7-4），为分类分层推进混合所有制改革扫清了障碍。

二、上海市国资委混合所有制改革的具体案例

（一）三方资本参与混改的绿地案例

绿地集团是中国第一家以房地产为主业进入世界 500 强的公司，2013 年业务经营收入超过 3283 亿元，利润总额超 280 亿元，年末总资产 3533 亿元，名列 2014《财富》世界企业 500 强第 268 位。

绿地集团混合所有制改革分两步推进：第一步，引入战略投资者。2013 年，绿地集团增资引入平安资本、上海鼎晖等五家投资机构，融资 117.29 亿元，股权占比 20.15%。此时，国资股权占比 48.45%，职工持股会占比 29.09%，社会资本 20.14%（见图 7-10）。第二步，借壳上市。2014 年 3 月，绿地集团借壳上市，将集团 100%的股权注入上市公司金丰投资，通过资产置换和发行股份购买的方式进行重组。

增资后，上海市国资委持股比例从 60.68%下降到 48.45%，也是上海市属企业集团第一个国有股权比例低于 50%的混合所有制企业（见图 7-10）。职工持股下降到 29.09%，是为了避开后续借壳上市时要约收购的要求，因为根据《证券法》规定，如果职工持股会持有股份超过 30%，收购方就要向所有股东发起收购要约。此外，引入战略投资者（平安创新）也更容易满足上市公司社会公众持股 10%的要求。同时，这样的股权安排，有利于增资扩股，混改前评估价 120 亿元，增资 117 亿元后，估值 632 亿元，目前市值 2100 亿元；国有股权比例降低

到 50% 以下，企业经营机制可以更加市场化；国有资本从混改前的 70 亿元，增资后上升到 300 亿元，目前市值 1000 亿元，实现了国有资本大幅增值；员工持股有利于激发企业发展的动力，解决了中长期绩效问题，实现国有资本、社会资本和企业员工的多赢。

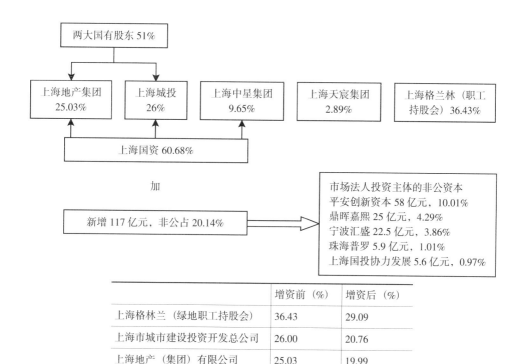

	增资前（%）	增资后（%）
上海格林兰（绿地职工持股会）	36.43	29.09
上海市城市建设投资开发总公司	26.00	20.76
上海地产（集团）有限公司	25.03	19.99
上海中星（集团）有限公司	9.65	7.70
上海市天宸股份有限公司	2.89	2.31

图 7-10　绿地集团混改前后股权构成

（二）国资创投混改样本：浦东科投

上海浦东科技投资有限公司（以下简称浦东科投）成立于 1999 年 6 月，是国有独资创业投资公司，以推动新区创业投资体制建设、促进科技型创业企业成长为首要目标。因此浦东新区高度重视浦东科投改革，给予了大力支持。2014 年 5 月 28 日，浦东新区召开专题会研究浦东科投混改事宜，标志着浦东科投改革正式启动。2014 年 8 月 26 日，浦东新区第 46 次区政府常务会议通过浦东科投改革总体方案。根据方案，浦东科投将分三步完成混合所有制改革。

第一步：分立项目和资产。将绝大部分业务和资产剥离出来，共计24.1亿元，成立浦东新兴产业投资有限公司，实现分立。新浦东科投只保留7.5亿元，并于2014年10月24日完成分立工商登记，见图7-11。

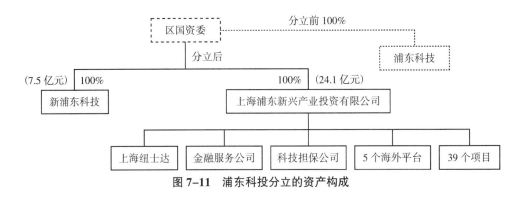

图7-11 浦东科投分立的资产构成

第二步：引入战略投资者。分立后，2014年11月14日，上海上实资产经营有限公司与上海浦东国资委签署关于上实资产向浦东科投增资的协议，并于2014年11月20日完成增资的工商变更工作。上实资产入股后，浦东科投注册资本18亿元，上实资产持有58.33%，成为控股股东，浦东国资委持有41.67%，见图7-12。

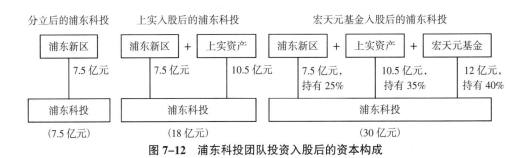

图7-12 浦东科投团队投资入股后的资本构成

第三步：团队投资入股。在上实资产入股后，浦东科投在上实集团的支持下，启动在联交所公开挂牌引进战略投资人（包括但不限于团队），增加12亿元注册资本。浦东科投团队成立团队持股公司，通过团队持股公司发起设立宏天元基金。该基金由团队持股公司作为一般合伙人（GP），一些机构或个人作为基金的有限合伙人（LP）。2014年12月31日，宏天元基金顺利摘牌，完成增资，持有浦东科投 40% 的股权，成为单一最大股东。至此，浦东科投混合所有制改革成功完成，宏天元基金、上实资产、浦东新区分别持股 40%、35% 和 25%，见图 7-12。

混合所有制改革完成后，浦东科投将主要业务定位于资产管理、并购投资、VC/PE 投资，随后展开了系列资本运作。

首先，资产管理业务取得了重要进展，围绕集成电路、生物医药等领域发起设立了一批基金。2015 年，浦东科投在临港的支持下，发起设立总规模 100 亿元的上海市集成电路装备和材料产业投资基金，成为上海市 500 亿元集成电路产业基金的重要组成部分。2005 年下半年，公司作为发起人，联合相关方面，在北京设立规模 8 亿元的建德国际健康诊疗并购投资基金，并通过竞争性遴选，成为基金的管理公司。为支持国家"双创"战略，积极布局一批具有发展潜力的中小微企业，公司正在发起设立首期规模 20 亿元的上海浦东小微企业成长基金。

其次，投资并购了一批优质项目。

（1）并购澜起科技。澜起科技集团有限公司（纳斯达克：MONT，澜起科技）是全球领先的模拟与混合信号芯片供应商，是目前国内唯一可以同时为卫星和有线机顶盒提供调谐器、解调器和 SoC 的芯片制造商，市场份额居全球前三位，也是全球首家可以量产 DDR4 寄存时钟驱动器（RCD）芯片的公司。2014 年 6 月 11 日浦东科投、中电投资和澜起科技共同签署了《并购协议》，交易价格 6.93 亿美元。澜起科技股东于 2014 年 7 月 31 日召开的公司股东会议上批准了该项交易。2014 年 11 月 20 日，完成对澜起科技的收购。

（2）收购 Alphean 公司。浦东科投联合锐迪科微电子创始人戴保家、华登国际等共同发起设立了翱捷科技（上海）有限公司（英文简称 ASR），ASR 定位于移动智能终端核心芯片设计、芯片供应以及相关软硬件服务。ASR 通过收购韩国 Alphean 公司，获得了移动基带调制解调技术和核心知识产权，并通过整合其他技术资源，为移动智能终端提供了全方位、一站式的芯片解决方案。

（3）参股齐齐哈尔市建华医院。建华医院是齐齐哈尔市第三大医院、是规模最大，综合实力最强的民营综合性股份制二级甲等医院，在先进肿瘤治疗方法引进、前沿医用设备运用以及社区卫生服务中心运营等方面均名列前茅。历史上，浦东科投投资了复旦张江、透景科技等一批医疗健康项目。2015 年 5 月，浦东科投又出资 1 亿元投资了建华医院,拥有建华医院 10.75% 股权等。此后,浦东科投以及建华医院其他股东与上市公司千足珍珠签署了合作协议。千足珍珠以发行股份方式收购建华医院,并将医疗服务列为其新的业务增长点,并获得证监会审批通过。

(4) 收购 ICON 公司。ICON 公司是一家总部位于美国加州的轻型运动飞机设计、制造公司,其自主研发的 ICON A5 水陆两用飞机,以华丽的外形和超前的设计摘得了 2009 年美国 IDEA 运输设计金奖、2010 年红点设计大奖等多项国际奖项,被誉"飞机中的苹果",在 Facebook 上的粉丝人数远超特斯拉。2015 年 7 月,浦东科投向 ICON 公司进行了投资成为其第一大股东。除了经济效益外,浦东科投收购 ICON 公司极大地带动了地区产业发展。根据双方约定,ICON 公司决定将其中国总部设在上海浦东临港,并率先在临港建设亚洲第一展厅,且计划在临港完成销售、体验、制造和设计全产业链布局。

2015 年浦东科投控股万业企业,获得了一家 A 股上市公司。获得了一家上市公司是浦东科投公司战略的重要组成部分。经过精心研究和多轮筛选,浦东科投锁定了 A 股上市公司万业企业(股票代码:600641)。上海万业企业股份有限公司是一家颇具实力的房地产企业。原先的实际控制人是印度尼西亚首富林逢生旗下的三林集团。目前,公司在上海、苏州、无锡和长沙等一二线城市开发了多个优质房地产项目,总建筑面积 200 万平方米。公司整体经营较好,资产质地优良。近年来,万业企业也希望在高科技领域谋求新的转型和突破。经过双方前期多次沟通,浦东科投与万业企业就股权转让达成重要共识,并对外公布了相关进展:2015 年 11 月 17 日发布了股权转让公告及权益变动报告书;2015 年 11 月 19 日万业企业复牌;2015 年 12 月 3 日股权转让过户完成,召开董事会、监事会临时会议;2015 年 12 月 18 日召开 2015 年第一次临时股东大会。收购万业企业是浦东科投继混改之后的又一里程碑事件,也是浦东科投围绕既定发展战略迈出的关键性一步。

(三)国企混改后的管理创新样本:飞乐音响

2014 年 12 月,上海仪电集团通过产业链整合,由同为照明产业的上海飞乐音响股份有限公司并购北京申安集团,引入了民企的灵活机制。上海仪电集团向北京申安集团提出了三个必须遵守的收购条件:第一,仪电集团仍然必须是飞乐音响的大股东；第二，飞乐音响旗下所有产品必须以"亚"牌作为产品品牌，包括申安集团的所有基地应陆续以"亚明"为名称；第三，必须将全部资产进行注入，并对赌业绩三年。

公司重组后，由公司第二大股东申安公司向上市公司派驻总经理庄申安，全面负责企业经营管理，成为上海市由民营企业家担任国企总经理的首例尝试。庄申安决定重塑管理架构，建立激励机制，搭建了更适应市场的管理构架：新设立六大直属事业中心，分别为营销管理中心、项目运营中心、国际业务中心、生产调度中心、研发检测中心、品牌经营中心。通过中心与实体企业之间的合纵连横，实现扁平高效管理。在激励机制设计上，除了业务提成的传统方式，股权激励方案正在进行设计；子公司经营者团队持股，外部团队持股进入等新激励措施正在试点中。混改一年以来，公司的业绩有了明显的增长。2015年前三季度，公司实现营业收入303402.53万元，同比增长90.95%；公司归属于上市公司股东的净利润19585.1万元，同比增长630.58%。尤其是第三季度业绩明显好于上半年，单季实现营业收入156022.42万元，同比增加170%，环比增加99%；单季净利润12505.86万元，同比增加1509%，环比增加332%。2015年12月8日，飞乐音响收购国际照明巨头喜万年公司，吹响了进军国际市场的号角。

（四）引入战略投资者的锦江案例

2014年8月28日，弘毅投资作为战略投资者入股锦江股份获批，锦江股份分别向弘毅投资和锦江酒店集团非公开发行1亿股和1.01亿股，每股15.8元，募集资金30亿元，发行完成后两者分别占公司股本总额的12.43%和50.32%，弘毅投资成为锦江股份第二大股东。

2015年10月30日，锦江股份披露非公开发行股票预案，向控股股东锦江国际酒店（集团）股份有限公司、弘毅股权投资基金中心以及投资者上海国盛集团投资有限公司、中国长城资产管理公司、华安未来资产管理（上海）有限公司、上海国际集团资产管理有限公司发行约1.5亿股A股股份，发行价格为29.93元/股，锁定期三年。募集资金总额约45.18亿元。

除引入弘毅投资者外，上海国企推进混合所有制改革，也给各路资本释放了巨大的市场机会，另有几大项目也颇受瞩目：浦发银行收购上海国际集团全资控股的上海国际信托有限公司；上海国际集团持有的安信农业保险股份有限公司股权转让给中国太保；上海国际集团旗下六家类金融子公司则托管给上实集团；等等。

（五）公司制股份制改革方向：整体上市

大力推动国有企业改制上市，创造条件实现集团公司整体上市，目前已经完成的如下。

隧道股份：上海城建集团完成整体上市，将以"隧道股份"的名称在多领域全新起航，打造国内领先、国际一流的大型城市基础设施建设运营综合服务商。

华建集团：棱光实业的原控股股东国盛集团与现代建筑设计集团对上市公司实施重大资产重组，此次重组完成后，现代建筑设计集团持有的棱光实业的股份比例将达到51%，成功实现借壳上市。

上海临港：临港集团成功借壳自仪股份，将市场化运作的松江、康桥、南桥和洋山自贸区陆域四大园区资产注入上市公司——上海临港，完成上市发展。

外高桥：更改上市公司名称为"上海外高桥集团股份有限公司"，收购控股股东上海外高桥（集团）有限公司部分资产，以及受集团委托管理多项非上市公司资产，实现集团整体上市。

（六）董事会建设样本：新兴际华

完善产权清晰、股权明确、科学管理的现代企业制度是规范混合所有制企业行为的关键所在，董事会更是现代企业制度建设的核心环节。得益于2005年被选为中央企业首批董事会试点单位之一，新兴际华一直着手建设规范的公司治理结构，创建了一套科学的"225"管理创新体系，贯彻了"用人交给市场、花钱交给制度"的管理理念。时至今日，通过市场化选聘的高级管理人员已达386名；公司总部14名中层领导有10名、55名一般管理人员中有49名来自集团外部。改革带来效益，2005~2014年，营业收入、利润、净资产的年均增速分别达到33.18%、19.89%、19.16%，并进入《财富》世界500强。目前，新兴际华已经成为全球最强最大的铸管生产研发基地，国内最大的钢格板和后勤军需品、职业装、职业鞋靴生产研发基地。

2014年，新兴际华再次被选为中央企业董事会行使高级管理人员选聘、业绩考核和薪酬管理职权试点单位之一。2015年10月，按照"党组织推荐、董事会选择、市场化选聘、契约化管理"办法，历经三个多月新兴际华新的总经理终于敲定，成为"董事会选聘总经理"的第一家。改革发力，助力企业发展步入快车道。2015 年，新兴际华实现利润总额同比增长 9.26%；资产总额 1265.88 亿元，同比增长 8.33%，在"世界财富 500 强"中排名升至第 344 位。新兴际华决定将改革向纵深推进，2016 年进行经理层副职市场化选聘，完成二级公司经理层的市场化选聘、契约化管理，并逐步延伸到三级以下全部企业。

（七）探索员工持股制度：上汽和上港案例

《意见》提出实施股权激励和员工持股制度，上海汽车和上港集团对此进行了探索，并推出了混合所有制企业员工持股方案。这两家方案持股对象明显不同，上港集团实行全部员工持股制度，上汽集团仅针对高级管理人员和关键骨干员工持股，见表 7-5 和表 7-6。

表 7-5　上港集团的员工持股计划

要点	说明	备注
参加对象	上港集团总部及上港集团下属相关单位所有在册员工，包括退养员工	让所有在册员工都能在自愿的条件下参与增发
参加人数	1.6 万人	占公司员工总数 72%
高管认购	公司董事、监事和高级管理人员合计 12 人，认购 420 万股	约占员工持股计划的 1%
其他员工	其他员工合计为 16070 人，认购 4.158 亿股	约占员工持股计划的 99%
资金来源	员工自筹资金	
风险防范	不同岗位设定最高限额。集团高管最高每人不超过 40 万股，中层领导每人最高不超过 30 万股，普通员工不超过 15 万股	
锁定期	公告中锁定期为三年，但解锁时间设定是一年，这样持股存续期达到了四年	
托管机构	长江养老保险股份有限公司	

表 7-6　上汽集团的员工持股计划

要点	说明	备注
参加对象	集团领导：上汽集团高级管理人员及党群主要负责人	中高层及技术骨干持股，不搞"大锅饭"
	厂部级干部：集团总部中层管理人员、下属公司中由集团提名聘任的高级管理人员及党群主要负责人	
	关键骨干员工：集团直接管理企业中层管理人员，直接管理企业部门级正副职、同职级的三层次企业负责人及同职级党群负责人、集团总部部门科经理	
	上汽激励基金计划奖励中重大贡献人员、上汽优秀工程技术带头人	

要点	说明	备注
参加人数	2321 人	占公司员工 9.7%
高管认购	董事、监事和高级管理人员共 16 人，合计认购不低于 2515 万股	约占员工持股计划的 2.15%
其他员工	其他员工合计为 2305 人，认购 114230 股	约占员工持股计划的 97.85%
资金来源	员工自筹资金	
风险防范	不同岗位设定最高限额。集团高管最高每人不超过 40 万股，中层领导每人最高不超过 30 万股，普通员工不超过 15 万股	
锁定期	公告中锁定期为三年，但解锁时间设定是一年，这样，持股存续期达到了四年	
股票来源	二级市场认购	

总之，上海市国资委利用国盛集团、国际集团和各区的国资运营平台，在对辖区国有企业进行功能划分的基础上，遵循市场化原则，重点采取了并购重组方式，借助资本市场平台，重点并择优选择能够在技术、管理和资源上形成互补、协同和放大效应的战略投资者，分类推进辖区内国有企业的公司制股份制改革，优化国有企业股权比例结构，进行国有资本和非国有资本的双向融合，实施股权激励和员工持股制度，试点董事会制度建设，在很短的时间内，优化国有经济布局、实现国有资本保值增值、放大国有资本功能、提高国企实力和竞争力，促进辖区内国有企业走向世界、走向国际，取得了良好的社会和经济效益，也给其他地方国资委的混合所有制改革带来了表率和示范作用。

第三节　本章小结

一、金字塔式股权结构是一种普遍的股权安排形式，如何确定国有资本比例固然重要，但更关键的是建立符合市场经济的公司治理结构

第七章分类分层的案例分析发现，混合所有制改革几乎都是借助资本平台，

通过择优选择产业投资者或战略投资者，进行国有资本与非国有资本的双向融合，构建的都是金字塔式的股权结构（如惠而浦、中国建材集团、绿地案例、浦东科投等）。但由于所属国有企业功能不同，国有资本比例有所差异，在充分竞争领域，惠而浦的第二大终极股东合肥市国资委持股仅23.34%，合肥市政府已经放弃了绝对控制权（见图7-1），而中国建材集团的国有资本至少保持了相对持股的比例（30%以上，见图7-2和图7-3），大部分上市公司国有资本是绝对控股（50%以上，见图7-3）。上海市国资委的混合所有制改革则比较谨慎，其进行混改的国有资本持股比例只有极个别的在50%以下，由此可见股权结构如何安排非常重要。因为股权结构是公司治理的基础，它不仅决定了公有资本与非公有资本的利益分配，而且左右了公司的重大经营决策，甚至影响到改革目标的达成。

但是，我们发现，惠而浦公司的第一大终极股东具有"掠夺性"分红的动机，混改后公司绩效也没有取得明显好转；中国建材兼并重组的上千家民营企业却没有发生大股东和中小股东利益冲突的问题，这是因为其构建了完善的公司治理结构和内部管控模式。所以说，如果公司治理机制足够完善，内部管理和监控模式足够到位，混合所有制改革中，股权比例的多少并不是关键问题。在市场化经营的过程中，混合所有制改革不仅是追求产权多元化，更应形成规范的公司治理结构，建立外部董事占多数的董事会，形成政企分开、所有权和经营权真正分离的治理结构。同时，应该建立职业经理人制度，公司内部机制市场化，形成有效的薪酬与激励制度。在经营的过程中，要按照市场规则开展企业经营，打造公平、健康的行业环境。

二、地方国资改革发挥空间更大，更具创新性

上海市国资委对如何进行混合所有制改革进行了全方位探索，充分发挥了地方改革的政策灵活性和改革的创新性。在董事会建设上，不仅是新兴际华集团率先进行了市场化招聘，随后上海外高桥集团和张江高科也市场化招聘了总经理，光明集团则从激励约束机制（设立岗职位体系，以岗位定薪酬，不分体制内外）上对如何管理职业经理人进行了探索。2015年，国企联华超市出售21%股权给民营上市公司永辉超市，永辉超市成为其第二大股东，并由永辉超市派出总经

理。随着以后战略合作的变化，上海市国资委表示，将尝试探索优先股制度，国有股比例或进一步退出。另外，在员工持股计划上，上海既实施了全员持股的股权激励制度（上港集团），也实施了高级管理层和核心技术骨干持股的制度（上汽集团）。我们有理由相信，经过一段时间的试运行，孰优孰劣会显现出来，将会形成一批可供复制和推广的经验。

地方国资委改革空间更大、更具创新性，因为地方国资委是地方国企的直接监管单位，向上更能领悟中央、省的改革精神，更加彻底地贯彻市委、市政府的发展战略目标，立足于服务全市大局，发挥更大作用，实现更大作为；向下则更加了解所属企业的行业优势和国内外行业的发展状况，择优选择能够在技术、管理和资源上形成互补、协同和放大效应的战略投资者和产业投资者，以达到优化国有经济布局、实现国有资本保值增值、放大国有资本功能、提高国企竞争力的改革目标。所以，混改必须尊重基层群众的首创精神，遵循"从群众中来，到群众中去"的群众路线，形成一批可供复制和推广的改革经验。

第八章 结论、政策建议和下一步研究方向

在前文研究的基础上，本章首先对主要研究结论进行总结，其次提出相应的政策建议，最后指出下一步研究方向。

第一节 研究结论

一、虽然混合所有制企业的民营化改革是有效的，但国企改革未来方向是发展混合所有制经济

我们采用倾向评分匹配倍差法对 2003~2014 年 692 家混合所有制企业和 135 家民营化企业的产权改革效果进行实证分析，发现混合所有制企业的民营化改革对社会福利和微观效率提升效果显著，中共十八届三中全会《决定》之所以不再继续进行民营化，是因为我们进一步分析发现，产权改革效果还受竞争性、规模、行业、地区等因素交互影响，且未匹配上的混合所有制企业的社会福利和微观效率均比民营化企业高，所以，对未匹配上的企业应该积极发展混合所有制经济，而不是民营化。而且我们还发现，未匹配上的混合所有制企业垄断程度比匹配上的混合所有制企业高，因此垄断程度高的行业适合发展混合所有制经济。进一步考察，发现未匹配上的样本主要集中在 C7、C6、C4、D 行业，主要包括制造业、冶炼及压延加工、石油加工及炼焦业、电力煤气自来水的生产和供应业等自然垄断行业，而仓储业、其他制造业和食品饮料制造加工业等竞争性行业匹配

上的样本很少，这一方面说明未来进行混合所有制改革的主要领域在自然垄断领域，另一方面也说明在一些竞争性行业，也有一部分发展比较好的混合所有制企业，所以也不能绝对地断定垄断行业只能发展混合所有制经济，竞争性行业国有企业要全面退出，应该根据每个企业的实际情况，因企制宜。

二、混合所有制企业各项指标一直处于上升通道，它是一种极具发展潜力的企业类型

我们利用 1998~2007 年《中国工业企业数据库》30 多万家的企业数据，采用 3 年滚动窗口检验，发现国有独资企业、民营独资企业、外商独资企业和混合所有制企业的盈利能力、技术创新能力和社会福利指标一直有显著差别，且方差分析发现混合所有制企业创新能力更强，但随着改革推进，其管理能力已经不分伯仲；我国混合所有制企业主要追逐的还是企业内部福利，整个社会福利并不高；混合所有制企业的盈利能力稍弱，且其微观效率和社会福利还受企业规模、地理位置、市场势力和行业等因素交互影响，呈现出错综复杂的特点，孰优孰劣并无定论。但从变动趋势看，混合所有制企业的盈利能力、技术创新能力和社会福利指标一直处于优化和改进状况，因此混合所有制这种企业形式具有很强的生命力，未来增长前景较好，这正是中共十八届三中全会《决定》提出"积极发展混合所有制经济"的现实依据。

三、混合所有制企业股权结构的作用机理是借助金字塔式股权结构，发生了终极控制股东掏空中小股东的行为

我们收集了 2003~2014 年 692 家混合所有制企业、222 家民营企业的平衡面板数据，采取联立方程模型，系统分析了金字塔式股权结构、资金侵占与公司业绩之间的关系，发现不同类型终极控制股东设立金字塔式股权结构动机不同，其中中央政府终极控制的混合所有制企业并没有利用金字塔式股权结构侵占中小股东利益的动机，而是利用放大的控制权进行过度投资的冲动，以追求做大做强，所以资金利用效率不高，陷入"底部价值陷阱"；地方政府终极控制的混合所有制企业设立金字塔式股权结构，主要是为了"反哺"当地政府，因此当地政府对其给予了百般呵护，两权分离度最低、资金侵占程度最小，主要反映的是"利益

趋同效应"，以支持当地经济发展和承担就业压力。社会法人终极控制的民营企业设立金字塔式股权结构，一是因为"买壳上市"需要，二是为了缓解融资压力，更容易诱发终极控股股东侵占中小股东利益问题，两权分离度最高、资金侵占程度最高，产生了更加严重的"壕堑防御效应"。

无论是哪种类型的终极控股股东，控制权与现金流权的分离，都会诱发终极控股股东对中小股东资金的侵占，且损害了公司业绩。只是侵害程度按照社会法人终极控制、地方政府终极控制和中央政府终极控制依次递减。

实证结果多发现适度制衡与资金侵占显著负相关，与公司业绩显著正相关，适度制衡与资金侵占、公司业绩分别显著正相关和负相关，所以适度制衡的股权结构有利于缓解终极控制股东的资金侵占行为，提升公司业绩。

因两权分离度与市场竞争存在替代关系，市场竞争程度与公司业绩显著负相关，所以市场竞争程度的提高有利于缓解终极控股股东对中小股东的资金侵占，有利于提高公司业绩。但市场竞争对不同类型企业有着不同影响，它不利于提升中央企业的公司业绩，但有利于提高地方企业和民营企业的公司业绩，说明对于中央政府控制的混合所有制企业，可能更需加强垄断，以达到与国际跨国公司竞争的实力，而不能一味分拆。而地方政府控制的混合所有制企业和民营企业，需要进一步加强竞争，缓解终极控制股东对中小股东的利益侵占，提高公司业绩。

实证发现，负债与资金侵占显著正相关、与公司业绩显著负相关；规模与资金侵占显著负相关、与公司业绩显著正相关，这与实际情况相符。

四、在市场竞争视角下，垄断程度高的混合所有制企业应该强强联合；竞争性强的企业应由混合双方自主选择股权比例

本书利用《中国工业企业数据库》1998~2007 年 5960 家混合所有制企业数据，采用面板 IV 模型实证发现，国有股比例与企业绩效呈倒 U 型关系，市场竞争与企业绩效正相关、市场竞争与股权结构存在替代关系。且考虑市场竞争效应后，最优国有股比例从 45% 提高到 50.75%，或从 51% 提高到 58.02%。因为混合所有制企业中国有股比例的平均值和中位数远未达到最优持股比例，所以对垄断程度高的行业进行混合所有制改革时可以考虑提高国有股比例至最优水平，此时国企拥有绝对控股权，可以参考南车北车合并、中远中海合并、中国铁塔等模

式；对竞争性强的行业，可以考虑降低国有股比例，但也没必要实施国有股全部从竞争性领域退出，或单边退让国有股比例，因为此时国有股与绩效是正相关的。另外，混合所有制企业国有股比例的选择还受规模、行业等其他因素影响，并无普适标准，应因企制宜。该结论为国企混合所有制改革不等于私有化而是做大做强国有企业，从而发挥国有企业中坚力量，增强公有制主体地位提供了经验证据。

五、金字塔式股权结构是一种普遍的股权安排形式，要建立符合市场经济的公司治理结构

通过第七章案例分析发现，混合所有制改革几乎都是借助资本平台，通过择优选择产业投资者或战略投资者，进行国有资本与非国有资本的双向融合，构建的都是金字塔式的股权结构。但由于所属国有企业功能不同，国有资本比例有所差异，在充分竞争领域，惠而浦的第二大终极股东合肥国资委放弃了绝对控制权，持股仅23.34%，而中国建材集团的国有资本至少保持了相对持股的比例。上海市国资委的混合所有制改革则比较谨慎，其进行混改的国有资本持股比例只有极个别的在50%以下，由此可见，股权结构如何安排非常重要，因为股权结构是公司治理的基础，它不仅决定了公有资本与非公有资本的利益分配，而且左右了公司的重大经营决策，甚至影响到改革目标是否达成。

但是，我们发现，在国有资本相对退出的惠而浦公司，第一大终极股东美国惠而浦集团具有"掠夺性"分红的动机，混改后公司绩效也没有取得明显好转。相反，持有国有股相对（绝对）比例的中国建材集团，其兼并重组的上千家民营企业却没有发生大股东和中小股东利益冲突的问题，这是因为其构建了完善的公司治理结构和内部管控模式。所以说，并不是国有股比例越少公司治理结构就越完善，其业绩就越好。如果公司治理机制足够完善，内部管理和监控模式足够到位，混合所有制改革中，股权比例的多少并不是关键问题。在市场化经营的过程中，混合所有制改革不应仅仅是追求产权多元化，更应形成规范的公司治理结构，建立外部董事占多数的董事会，形成政企分开、所有权和经营权真正分离的治理结构。同时，应该建立职业经理人制度，公司内部机制市场化，形成有效的薪酬与激励制度。在经营的过程中，要按照市场规则开展企业经营，打造公平、

健康的行业环境。

第二节　主要政策建议

一、积极稳妥地推进混合所有制改革

自中共十八届三中全会《决定》再次提出"积极发展混合所有制经济"之后，推进混合所有制改革得到了社会各界的热烈响应，但我们要警惕一些地方政府的激进做法，如提出了一些硬性指标，采取了"一刀切"的方案。要吸取过去国企改革的经验和教训，不能在一片改革声浪中把国有资产变成谋取暴利的机会。在国有企业与民营企业效率不相上下的情况下，发展混合所有制经济，绝不是简单地出卖国企产权，退出阵地，收缩规模，搞"国退民进"或"中退外进"，而是必须毫不动摇巩固和发展公有制经济，坚持公有制主体地位，发挥国有经济主导作用，实现"国民共进"。因此，在政府层面，在严禁各种"拉郎配"的同时，还要做好各种政策配套工作，打破所有制的身份界限，消除它们之间孤立并存、相互封闭、区别对待的不合理体制机制和政策导向，实现资源配置和竞争环境的公平，才能形成不同所有制企业寻求联合、混合的内在要求。在企业层面，只有完善混合所有制企业内部治理结构和产权机制，淡化企业的所有制色彩，才能发挥国有企业实力和民营企业活力的优势，实现"1+1>2"的效能，从而提升企业效率，更多地回报社会，使得改革成果惠及全体人民。既需要国家发挥顶层设计功能，制定1+N的具体改革方案，积极稳妥地推进混合所有制经济改革，也需要发挥基层首创精神，综合考虑市场竞争状况、行业性质、地区差异等各种内外部影响因素，还要充分发挥市场机制作用，坚持因地施策、因业施策、因企施策，宜独则独、宜控则控、宜参则参，不搞"拉郎配"，不搞全覆盖，不设时间表，一企一策，成熟一个推进一个，确保改革规范有序进行。

二、要分类分层推进混合所有制改革

国际经验表明发展混合所有制经济是时代趋势，国有企业改革既不能全面私有化，也不能全面国有化，改革必须分类推进、分类监督和分类考核。我国已经将国有企业分为商业类和公益类两大类，并按照谁出资谁分类的原则，对国有企业按照主业进行了功能界定和分类划分，并根据实际情况适时进行动态调整，所以国有企业股权结构的安排，必须一企一策，因企制宜。研究发现，对于垄断行业，其金字塔式股权结构并未导致终极控制股东侵占中小股东利益问题，其落入"底部价值陷阱"的主要原因是现金流太多，发生投资过度问题。在当前经济新常态和三期叠加的情况下，我国急需国有企业走向国际化，为此不能自断经脉将垄断企业拆分，削弱其国际竞争力，更需加强"强强联合"，提高其与国际跨国公司相互抗衡的能力和增强国际抗风险能力，为此必须提高一部分垄断企业的国有股比例。对主业属于竞争性行业的商业类国有企业，其国有股持股比例按照市场化原则双方自我确定，但没必要实施国有股全部从竞争性领域退出，或单边退让国有股比例，因为此时国有股与绩效是正相关的。竞争性的商业类国有企业引入各类资本时要充分考虑有利于实现市场化和国际化的原则，以管资本为主，考核国有资产布局、资本保值增值率和竞争力，并完善公司治理结构和公司管理制度。对公益类国有企业，在保证国家绝对控股的同时，积极引入非国有资本实行股权多元化，重点考核成本管控能力、产品提供质量和管理运营效率，同时也要分类分行业考核公司绩效和资本保值增值率，考核中还要引入社会评价。另外，混合所有制企业国有股比例的选择还受规模、资产负债率、行业等其他因素影响，并无普适标准，应因企制宜。分层推动集团公司上市，把产权改革延伸到集团母公司的层面。

三、混合所有制企业改革必须坚持市场化方向

中共十八届三中全会《决定》明确指出，"产权是所有制的核心，健全归属清晰、权责明确、保护严格、流转顺畅的现代产权制度是混合所有制改革和健康持续发展的最基本保障"。但是，我们也必须注意，产权改革要取得预期效果，必须与市场竞争环境的完善同步进行。市场经济是优化资源配置的最佳场所，未来国企改革的主要方向就是发展混合所有制经济，需要完成优化国有经济布局、放大国有资本功能、提升国有企业竞争力的改革目标，必须坚持市场化方向才能

实现。

首先，混合对象的选择必须公开、透明，择优选择能够在技术、管理和资源上形成互补、协同和放大效应的战略投资者和产业投资者。

其次，混合所有制企业管理人员应该通过市场化招聘。行政任命式的企业领导选拔机制会使混合所有制企业面临着换汤不换药，走国企改革老路子的危险。因此，必须打破原有的人事管理体制，推行职业经理人制度，实行内部培养和外部引进相结合，从市场中选拔经营人才，对其实行市场化薪酬激励和人事管理制度。

再次，通过市场化的方向和路径，实现企业经营机制转换和公司治理的转型，把国企真正塑造成为有竞争力的独立市场主体。

最后，混合企业的产权进入和退出必须交给市场。发展混合所有制经济不是最终目的，最终愿望是实现双方的合作共赢和进退自由，所以必须优化促进混合所有制经济发展的产权交易市场，将有形资产、无形资产等各类资产的交易纳入产权市场，使产权市场成为国有资本和非公资本有序竞争、合理流动、扩张发展的平台。

四、混合所有制企业要构建完善的公司治理结构

混合所有制企业普遍构建了金字塔式股权结构，但我们发现，在充分竞争领域，与中国建材集团国有资本至少相对控股相比，国有资本相对退出的惠而浦的终极控股股东却有"掠夺性"分红动机，业绩也没有明显改善，这说明竞争性领域国有股比例并不是越少越好。金字塔式股权结构下，发生大股东侵占中小股东利益问题的所在，是没有构建完善的公司治理结构，而中国建材集团独创的一套"格子化"管控、"八大工法""六星企业""央企市营"模式，完善了内部治理机制，使得其即使兼并重组了上千家民营企业也运行良好，较少发生国有资本与非国有资本利益冲突问题，因此混合所有制改革不应仅仅是追求产权多元化，更应形成规范的公司治理结构。股权结构是公司治理结构的基础。

首先，需要明晰产权，明确各方股东的控制权、分配权和决策权，构建相互制衡的股权结构，确保各方核心利益的实现。

其次，完善董事会建设。开展董事会授权试点，给予董事会高级管理人员选

聘、业绩考核和薪酬管理。构建外部董事占多数的董事会，发挥独立董事监督作用，发挥职工代表大会的监督作用确保党对企业的政治领导，提升党建工作科学化水平。

再次，构建职业经理人制度和市场化劳动用工制度。改变原来的行政任命方式，加强党管干部原则，实行内部培养和外部引进相结合的方式，挑选具有战略素养与决策能力、市场意识、专业素养、国际视野的职业经理人。探索建立与市场经济接轨和行业改革适应的劳动用工分配制度。

最后，建立有效的激励约束制度。一是既要给予职业经理人市场化薪酬，又要加强监督以防止行业失范问题；二是实行员工持股制度。

五、建设完善的资本市场

本书经研究发现，混合所有制改革几乎都是借助资本平台，采取并购重组的方式，通过择优选择产业投资者或战略投资者，进行国有资本与非国有资本的双向融合，因此建设完善的资本市场非常重要。另外，截至 2016 年 4 月 11 日，全国已有 25 个省市区出台了国企改革方案，诸如北京、上海、山东、江苏等 20 多个省市区均明确提出国有资产证券化率要达到 50% 以上，重庆和湖南甚至提出80% 的目标。国有资产证券化主要方式就是采用兼并、重组、股权收购等形式，充分利用国内外资本市场，推动具备条件的企业上市。据有关人士估计，未来几年将有 30 万亿元国有资产进入股市，因而完善资本市场的建设迫在眉睫。我国最初设立资本市场就是为国企扶贫脱困服务，导致大量绩效差的国有企业蜂拥上市，进行赤裸裸的圈钱活动，导致我国资本市场漫漫熊途，与我国经济高速增长形成巨大反差，2015 年 6 月发生的股灾，更沦为国际笑柄，资本市场优化资源配置的功能几乎失效。公开上市固然能有效解决国有资产公平定价、便于各类资本参与、各类资本进退自由、国有资产流动性提高等优点，我们首先不讨论 30万亿元国有资产被我国资本市场的容纳和承接能力，但很显然，若不改变上市公司圈钱本质、不改变股市的退出机制、不能有效发挥资源的优化配置功能，不论是主板、创业板、新三板、战略新兴板、审核制、注册制，股市的一潭活水将变成一潭死水，国有企业改革也将失去主要融资平台，混合所有制改革兼并重组也将失去主要战场，因此必须加快建设完善的资本市场。

第三节 下一步的研究方向

本书从实证角度，尝试研究了未来国企改革方向为什么不是继续民营化，而是发展混合所有制经济；分析了发展混合所有制的优劣势；从资金侵占角度研究了混合所有制企业股权结构的作用机理；从市场竞争的角度研究了混合所有制企业股权结构选择的一般规律；分类分层选取混合所有制企业进行了个案剖析，探讨了上海市国资委进行混合所有制改革的具体做法，本书仅是对混合所有制改革做了一点工作，还有很多地方值得研究。

例如，如何结合中国国情和最新的混合所有制改革状况，利用马克思主义理论对发展混合所有制理论进行中国化的解释；对中国 20 多年发展混合所有制的改革经验进行总结；已经存在的混合所有制企业其股权是如何定价的、如何完善公司治理以解决公有资本和非公有资本的利益冲突，员工持股有哪些经验教训；等等。另外，正在进行的混合所有制改革，也有诸多问题值得研究，诸如如何落实董事会职权、董事会如何选聘经营管理层、如何推行职业经理人制度、如何进行差异化企业薪酬分配改革、如何推行员工持股制度、国资委如何转变职能，以管资本为主推进国有资产监管等。可以说，这一领域的研究还大有空间。

参考文献

［1］Almeida, H. V. and Wolfenzon, D. A Theory of Pyramidal Ownership and Family Business Groups, Journal of Finance, 2016, 61（6）: 2637-2680.

［2］Alves, A. A. and Meadowcroft, J. Hayek's Slippery Slope, the Stability of the Mixed Economy and the Dynamics of Rent Seeking, Political Studies, 2014, 62（4）: 843-861.

［3］Anderson, E. and Gatignon, H. Modes of Foreign Entry: A Transaction Cost Analysis and Propositions, Journal of International Business Studies, 1986, 17（3）: 1-26.

［4］Backx, M., Carney, M. and Gedajlovic, E. Public, Private and Mixed Ownership and the Performance of International Airlines, Journal of Air Transport Management, 2002, 8（4）: 213-220.

［5］Barclay, M. J. and Holderness, C. G. Private Benefits From Control of Public Corporations, Journal of Financial Economics, 1989, 25（2）: 371-395.

［6］Barontini, R. and Caprio, L. The Effect of Family Control On Firm Value and Performance: Evidence From Continental Europe, European Financial Management, 2006, 12（5）: 689-723.

［7］Beladi, H. and Chao, C. Mixed Ownership, Unemployment, and Welfare for a Developing Economy, Review of Development Economics, 2006, 10（4）: 604-611.

［8］Bennedsen, M. and Wolfenzon, D. The Balance of Power in Closely Held Corporations, Journal of Financial Economics, 2000, 58（1-2）: 113-139.

［9］Bertrand, M., Mehta, P. and Mullainathan, S. Ferreting Out Tunneling:

An Application to Indian Business Groups, Quarterly Journal of Economics, 2002, 117 (1): 121–148.

[10] Bhowmik, A. and Cao, J. Robust Efficiency in Mixed Economies with Asymmetric Information, Journal of Mathematical Economics, 2013, 49 (1): 49–57.

[11] Bradley, M. Interfirm Tender Offers and the Market for Corporate Control, Journal of Business, 1980, 53 (4): 345–376.

[12] Cho, M. Ownership Structure, Investment, and the Corporate Value: An Empirical Analysis, Journal of Financial Economics, 1998, 47 (1): 103–121.

[13] Claessens, S., Djankov, S. and Lang, L. H. P. The Separation of Ownership and Control in East Asian Corporations, Journal of Financial Economics, 2000, 58 (1–2): 81–112.

[14] Claessens, S., Djankov, S., Fan, J. P. H. and Lang, L. H. P. Disentangle the Incentive and Entrenchment Effects of Large Shareholding, Journal of Finance, 2002, 57 (6): 2741–2771.

[15] Das, T. K. and Teng, B. S. A Resource-Based Theory of Strategic Alliances, Journal of Management, 2000, 26 (1): 31–61.

[16] Demsetz, H. The Structure of Ownership and the Theory of the Firm, Journal of Law & Economics, 1983, 26 (2): 375–390.

[17] Dyck, A. and Zingales, L. Private Benefits of Control: An International Comparison, Journal of Finance, 2002, 63 (25): 537–600.

[18] Estimators, O. N., Smith, J., Todd, P. and Excellent, M. P. P. Does Matching Overcome Lalonde's Critique, 2005: 305–353.

[19] Friedman, E., Johnson, S. and Mitton, T. Propping and Tunneling, Nber Working Papers, 2003, 31 (4): 732–750.

[20] Fujiwara, K. Partial Privatization in a Differentiated Mixed Oligopoly, Journal of Economics, 2007, 92 (1): 51–65.

[21] Gomes-Casseres, B. Joint Venture Instability: Is It a Problem?, Columbia Journal of World Business, 1987, 22 (2): 97–102.

[22] Grosfeld, I. and Tressel, T. Competition and Corporate Governance:

Substitutes Or Complements? Evidence From the Warsaw Stock Exchange, CEPR Discussion Paper No. 2888, 2001.

[23] Hardill, I. and Dwyer, P. Delivering Public Services in the Mixed Economy of Welfare: Perspectives From the Voluntary and Community Sector in Rural England, Journal of Social Policy, 2011, 40 (1): 157-172.

[24] Harris R. G., Wiens E. G. Government Enterprise: An Instrument for the Internal Regulation of Industry Canadian Journal of Economics/revue Canadienne D' economique, 1980, 13 (1): 125-132.

[25] Januszewski S. I., Köke J., Winter J. K. Product Market Competition, Corporate Governance and Firm Performance: An Empirical Analysis for Germany, Research in Economics, 2002, 56 (3): 299-332.

[26] Jensen, M. C. M. W. Theory of the Firm: Managerial Behavior, Agency Costs and Ownership Structure, Journal of Financial Economics, 1976, 3 (76): 305-360.

[27] Johnson, S., Boone, P., Breach, A. and Friedman, E. Corporate Governance in the Asian Financial Crisis, Journal of Financial Economics, 2000, 58 (1-2): 141-186.

[28] Johnson, S., Porta, R. L. and Lopez-De-Silanes, F. Tunneling, American Economic Review, 2000, 90 (2): 22-27.

[29] Johnsona, S. and Mittonb, T. Cronyism and Capital Controls: Evidence From Malaysia, Journal of Financial Economics, 2003, 67 (2): 351-382.

[30] Kinderman, D. Corporate Social Responsibility and the Welfare State: The Historical and Contemporary Role of CSR in the Mixed Economy of Welfare, Contemporary Sociology: A Journal of Reviews, 2014, 43 (1): 70-72.

[31] Kogut, B. and Singh, H. The Effect of National Culture on the Choice of Entry Mode, Journal of International Business Studies, 1988, 19 (3): 411-432.

[32] La Porta, R., Florencio, L. D. S., Shleifer, A. and Vishny, R. W. Investor Protection: Origins, Consequences, and Reform, NBER Working Paper No., 7428, 1999.

[33] La Porta, R., Lopez-De-Silanes, F. and Shleifer, A. Corporate Owner-ship Around the World, Journal of Finance, 1999, 54 (2): 471-517.

[34] Lister, P. Understanding the Mixed Economy of Welfare, Journal of Advanced Nursing, 2007, 60 (4): 456.

[35] Makhija, M. V. The Value of Restructuring in Emerging Economies: The Case of the Czech Republic, Strategic Management Journal, 2004, 25 (3): 243-267.

[36] Martin, S. and Parker, D. Impact of Privatization: Ownership and Corporate Performance in the United Kingdom, Routledge, 2003.

[37] Matsumura, T. Partial Privatization in Mixed Duopoly, Journal of Public Economics, 1998, 70 (3): 473-483.

[38] Matsumura, T. and Kanda, O. Mixed Oligopoly at Free Entry Markets, Journal of Economics, 2005, 84 (1): 27-48.

[39] Mayo, M. Understanding the Mixed Economy of Welfare-Edited by Martin Powell, International Journal of Social Welfare, 2008, 17 (1): 105.

[40] Mcconnell, J. J. and Servaes, H. Additional Evidence On Equity Owner ship and Corporate Value, Journal of Financial Economics, 1990a, 27 (2): 595-612.

[41] Morck, R., Shleifer, A. and Vishny, R. W. Management Ownership and Market Valuation: An Empirical Analysis, Journal of Financial Economics, 1988, 20 (88): 293-315.

[42] Phill. Understanding the Mixed Economy of Welfare, Journal of Advanced Nursing, 2007, 60 (4): 456.

[43] Porta, L., Lopez-De-Silanes, R., Shleifer, F., A and Vishny, R. Legal Determinants of External Finance, Journal of Finance, 1997, 52 (3): 1131-1150.

[44] Rasche A. Corporate Social Responsibility and the Welfare State: The Historical and Contemporary Role of CSR in the Mixed Economy of Welfare by Jeanette Brejning, International Journal of Social Welfare, 2013, 22 (1): 112.

[45] Riyanto, Y. E. and Toolsema, L. A. Tunneling and Propping: A Justification for Pyramidal Ownership, Journal of Banking & Finance, 2008, 32 (10): 2178-2187.

[46] Rosenbaum, P. R. and Rubin, D. B. Constructing a Control Group Using Multivariate Matched Sampling Methods that Incorporate the Propensity Score, American Statistician, 1985, 39（1）: 33–38.

[47] Rubin, D. B. Estimating Causal Effects of Treatments in Randomized and Non-Randomized Studies, Journal of Educational Psychology, 1974, 66（5）: 688–701.

[48] Saha, B. Mixed Ownership in a Mixed Duopoly with Differentiated Products, Journal of Economics, 2009, 98（1）: 25–43.

[49] Shleifer, A. State Versus Private Ownership, The Journal of Economic Perspectives, 1998, 12（4）: 133–150.

[50] Sun, Q. and Tong, W. H. S. China Share Issue Privatization: The Extent of its Success, Journal of Financial Economics, 2003, 70（2）: 183–222.

[51] Williamson and Oliver, E. Markets and Hierarchies: Analysis and Antitrust Implications, Economic Journal, 1978, 86（343）.

[52] Wintoki, M. B., Linck, J. S. and Netter, J. M. Endogeneity and the Dynamics of Internal Corporate Governance, Social Science Electronic Publishing, 2011, 105（3）: 581–606.

[53] Yeh and Hua, Y. Do Controlling Shareholders Enhance Corporate Value?, Corporate Governance an International Review, 2005, 13（2）: 313–325.

[54] 白重恩、刘俏、陆洲、宋敏、张俊喜:《中国上市公司治理结构的实证研究》,《经济研究》, 2005 年第 2 期。

[55] 白重恩、路江涌、陶志刚:《国有企业改制效果的实证研究》,《经济研究》, 2006 年第 8 期。

[56] 白天亮:《混合所有制,"合"出新天地》,《人民日报》, 2013 年 3 月 1 日。

[57] 伯娜:《改革开放以来混合所有制经济及其发展》,《特区经济》, 2007 年第 7 期。

[58] 曹廷求、杨秀丽、孙宇光:《股权结构与公司绩效:度量方法和内生性》,《经济研究》, 2007 年第 10 期。

[59] 常修泽:《现代治理体系中的包容性改革——混合所有制价值再发现与

实现途径》，《人民论坛·学术前沿》，2014a 年第 6 期。

　　［60］常修泽：《混合所有制的价值再发现》，《宁波经济》（财经视点），2014b 年第 6 期。

　　［61］陈东、董也琳：《中国混合所有制经济生产率测度及变动趋势研究》，《经济与管理研究》，2014 年第 6 期。

　　［62］陈东、董也琳：《混合所有制经济政策效应、效率测算及变动趋势——基于山东省面板数据的实证分析》，《山东财经大学学报》，2015 年第 1 期。

　　［63］陈耿、杜烽：《控股大股东与定向增发价格：隧道效应、利益协同效应及其相互影响》，《南方经济》，2012 年第 6 期。

　　［64］陈俊龙、汤吉军：《国有企业混合所有制分类改革与国有股最优比例——基于双寡头垄断竞争模型》，《广东财经大学学报》，2016 年第 1 期。

　　［65］陈林、唐杨柳：《混合所有制改革与国有企业政策性负担——基于早期国企产权改革大数据的实证研究》，《经济学家》，2014a 年第 11 期。

　　［66］陈林、唐杨柳：《国有企业部分民营化能否减轻其政策性负担》，《经济与管理研究》，2014b 年第 7 期。

　　［67］陈强：《高级计量经济学及 Stata 应用》（第二版），高等教育出版社，2013 年版。

　　［68］陈思融、章贵桥：《民营化、逆民营化与政府规制革新》，《中国行政管理》，2013 年第 10 期。

　　［69］陈小悦、徐晓东：《股权结构、企业绩效与投资者利益保护》，《经济研究》，2001 年第 11 期。

　　［70］陈晓、江东：《股权多元化、公司业绩与行业竞争性》，《经济研究》，2000 年第 8 期。

　　［71］陈晓、王琨：《关联交易、公司治理与国有股改革——来自我国资本市场的实证证据》，《经济研究》，2005 年第 4 期。

　　［72］陈艳莹、王二龙：《要素市场扭曲、双重抑制与中国生产性服务业全要素生产率：基于中介效应模型的实证研究》，《南开经济研究》，2013 年第 5 期。

　　［73］程恩富、董宇坤：《大力发展公有资本为主体的混合所有制经济》，《政治经济学评论》，2015 年第 1 期。

［74］程志强：《国有企业改革和混合所有制经济发展》，人民日报出版社，2015 年版。

［75］程仲鸣：《终极控制人的控制权、现金流权与企业投资——基于中国上市公司的经验证据》，《经济与管理研究》，2010 年第 8 期。

［76］程仲鸣、夏新平、余明桂：《政府干预、金字塔结构与地方国有上市公司投资》，《管理世界》，2008 年第 9 期。

［77］崔森、欧阳桃花、徐志：《基于资源演化的跨国公司在华合资企业控制权的动态配置——科隆公司的案例研究》，《管理世界》，2013 年第 6 期。

［78］崔淑红、贺誉、干志平：《中国建材的八大工法》，《企业管理》，2014 年第 8 期。

［79］大成企业研究院课题组：《晚清到民国时期混合所有制企业的发展与演变》，《经济研究参考》，2015 年第 25 期。

［80］戴文标：《论混合所有制形式的性质》，《浙江学刊》，2001 年第 4 期。

［81］丁冰：《警惕有人故意曲解"混合所有制"》，《国企》，2014 年第 8 期。

［82］丁石：《发展混合所有制经济不是要走私有化道路》，《红旗文稿》，2015 年第 22 期。

［83］樊怀洪、郭济龙：《中国加快发展社会主义混合所有制经济是历史与现实的必然》，《经济经纬》，1999 年第 3 期。

［84］高蓓、高汉：《国有股比例与管理授权——基于混合寡占模型的研究》，《世界经济文汇》，2013a 年第 6 期。

［85］高雷、张杰：《公司治理、资金占用与盈余管理》，《金融研究》，2009 年第 5 期。

［86］葛扬：《马克思所有制理论与现代混合所有制经济》，《当代经济研究》，2004 年第 10 期。

［87］谷祺、邓德强、路倩：《现金流权与控制权分离下的公司价值——基于我国家族上市公司的实证研究》，《会计研究》，2006 年第 4 期。

［88］顾迪：《上市公司财务杠杆实证研究》，西华大学硕士学位论文，2008 年。

［89］顾钰民：《所有权分散与经营权集中——混合所有制的产权特征和效率

分析》，《经济纵横》，2006 年第 2 期。

[90] 管清友：《混合所有制加快产业转型》，《中国石油企业》，2014 年第 5 期。

[91] 郭思永、张林新、张鸣：《论股权结构内生性——来自上市公司股权再融资选择的证据》，《中南财经政法大学学报》，2010 年第 3 期。

[92] 国务院发展研究中心企业研究所办公厅：《混合所有制企业数量、类型和行业分布》，《中国经济时报》，2016 年第 1 期。

[93] 侯为民、孙咏梅：《论混合经济的三层含义——与何伟教授商榷》，《经济学家》，2006 年第 4 期。

[94] 胡一帆、宋敏、张俊喜：《竞争、产权、公司治理三大理论的相对重要性及交互关系》，《经济研究》，2005 年第 9 期。

[95] 胡一帆、宋敏、郑红亮：《所有制结构改革对中国企业绩效的影响》，《中国社会科学》，2006 年第 4 期。

[96] 华中科技大学国家治理研究院：《国企混合所有制改革须坚守底线》，《中国社会科学报》，2014 年第 1 期。

[97] 黄益平、陶坤玉：《中国外部失衡的原因与对策：要素市场扭曲的角色》，《新金融》，2011 年第 6 期。

[98] 季晓南：《季晓南：发展混合所有制是深化国企改革的突破口和加速器》，《上海经济》，2014 年第 5 期。

[99] 贾钢、李婉丽：《多个大股东制衡结构的形成及其对公司价值的影响——基于股权结构内生性视角》，《软科学》，2008 年第 4 期。

[100] 贾华强：《马克思主义经典理论错了吗？——从混合所有制经济看社会主义的未来》，《人民论坛·学术前沿》，2014 年第 6 期。

[101] 贾淑军：《如何理解混合所有制经济是基本经济制度的重要实现形式》，《河北日报》，2013 年第 1 期。

[102] 姜国华、岳衡：《大股东占用上市公司资金与上市公司股票回报率关系的研究》，《管理世界》，2005 年第 9 期。

[103] 剧锦文：《国有企业推进混合所有制改革的缔约分析》，《天津社会科学》，2016 年第 1 期。

[104] 雷光勇、刘慧龙：《控股股东性质、利益输送与盈余管理幅度——来

自中国 A 股公司首次亏损年度的经验证据》，《中国工业经济》，2007 年第 8 期。

[105] 黎来芳、王化成、张伟华：《控制权、资金占用与掏空——来自中国上市公司的经验证据》，《中国软科学》，2008 年第 8 期。

[106] 李保民：《论新公有制企业的性质》，《生产力研究》，2005 年第 7 期。

[107] 李红梅：《混合所有制经济的理论渊源、历史发展与现实意义》，《管理学刊》，2015 年第 5 期。

[108] 李慧媛：《民营上市公司控制权、现金流权偏离与公司价值》，天津财经大学硕士学位论 2011 年。

[109] 李靖、汤谷良：《混合所有制不是灵丹妙药》，《中外管理》，2014 年第 2 期。

[110] 李平、简泽、江飞涛：《进入退出、竞争与中国工业部门的生产率——开放竞争作为一个效率增进过程》，《数量经济技术经济研究》，2012 年第 9 期。

[111] 李萍、刘金石：《十六届三中全会后我国所有制问题最新研究综述》，《河南大学学报》（社会科学版），2005 年第 5 期。

[112] 李善民、王德友、朱滔：《控制权和现金流权的分离与上市公司绩效》，《中山大学学报》（社会科学版），2006 年第 6 期。

[113] 李涛：《混合所有制公司中的国有股权——论国有股减持的理论基础》，《经济研究》，2002 年第 19 期。

[114] 李途波：《我国家族控股上市公司控制权与现金流权分离对投资效率的影响研究》，西南财经大学硕士学位论文，2012 年。

[115] 李维安、李汉军：《股权结构、高管持股与公司绩效——来自民营上市公司的证据》，《南开管理评论》，2006 年第 5 期。

[116] 李毅中：《发展混合所有制经济要落实到企业做好顶层设计》，《宏观经济管理》，2014 年第 4 期。

[117] 李永兵、袁博、骆品亮：《混合所有制、业务创新与绩效表现——基于我国上市银行的实证研究》，《上海经济研究》，2015 年第 10 期。

[118] 李增泉、孙铮、王志伟：《"掏空"与所有权安排——来自我国上市公司大股东资金占用的经验证据》，《会计研究》，2004 年第 12 期。

[119] 李正图：《混合所有制公司制企业的制度选择和制度安排研究》，《上海

经济研究》，2005 年第 5 期。

[120] 厉以宁：《论新公有制企业》，《经济学动态》，2004 年第 1 期。

[121] 梁光红：《家族上市公司控制权与现金流权分离对投资行为的影响》，暨南大学硕士学位论文，2011 年。

[122] 梁利辉、兰芬、张雪华：《终极控制股东产权性质、金字塔层级与会计稳健性》，《经济经纬》，2014 年第 2 期。

[123] 梁上坤、金叶子、王宁、何泽稷：《企业社会资本的断裂与重构——基于雷士照明控制权争夺案例的研究》，《中国工业经济》，2___ 年第 4 期。

[124] 林润辉、谢宗晓、刘孟佳、宋泾溧：《大股东资金占用与企业绩效——内部控制的"消化"作用》，《经济与管理研究》，2015 年第 8 期。

[125] 林秀清、赵振宗：《大股东资金占用和公司绩效：来自其他应收款的证据》，《上海金融学院学报》，2008 年第 1 期。

[126] 凌翃：《上市公司终极控制人、资金占用与投资不足的关系研究》，浙江财经学院硕士学位论文，2012 年。

[127] 刘春、孙亮：《政策性负担、市场化改革与国企部分民营化后的业绩滑坡》，《财经研究》，2013 年第 1 期。

[128] 刘峰、贺建刚、魏明海：《控制权、业绩与利益输送——基于五粮液的案例研究》，《管理世界》，2004 年第 8 期。

[129] 刘凤义、崔学东、张彤玉：《发展混合所有制经济需要厘清的几种基本关系》，《天津社会科学》，2016 年第 1 期。

[130] 克拉斯·埃克隆德：《瑞典经济——现代混合经济的理论与实践》，刘国来译，北京经济学院出版社，1989 年版。

[131] 刘锦红：《控制权、现金流权与公司绩效——基于中国民营上市公司的分析》，《财经科学》，2009 年第 5 期。

[132] 刘泉红：《以混合所有制经济为载体深化国企改革》，《前线》，2014 年第 2 期。

[133] 刘芍佳、孙霈、刘乃全：《终极产权论、股权结构及公司绩效》，《经济研究》，2003 年第 4 期。

[134] 刘小玄、李利英：《改制对企业绩效影响的实证分析》，《中国工业经

济》，2005 年第 3 期。

[135] 刘小玄、李双杰：《制造业企业相对效率的度量和比较及其外生决定因素》（2000~2004），《经济学》（季刊），2008 年第 3 期。

[136] 刘星、刘理、豆中强：《控股股东现金流权、控制权与企业资本配置决策研究》，《中国管理科学》，2010 年第 6 期。

[137] 刘星、吴雪姣：《政府干预、行业特征与并购价值创造——来自国有上市公司的经验证据》，《审计与经济研究》，2011 年第 6 期。

[138] 刘银国、高莹、白文周：《股权结构与公司绩效相关性研究》，《管理世界》，2010 年第 9 期。

[139] 刘运国、吴小云：《终极控制人、金字塔控制与控股股东的"掏空"行为研究》，《管理学报》，2009 年第 12 期。

[140] 刘志成、刘斌：《贸易自由化、全要素生产率与就业——基于 2003~2007 年中国工业企业数据的研究》，《南开经济研究》，2014 年第 1 期。

[141] 柳建华、魏明海、郑国坚：《大股东控制下的关联投资："效率促进"抑或"转移资源"》，《管理世界》，2008 年第 3 期。

[142] 龙斧：《"混合所有制经济"不等于"资本混合型企业"》，《现代国企研究》，2014 年第 8 期。

[143] 龙斧、王今朝：《整体主义方法论下的企业效率效益决定及差异性衡量——一评"国有企业效率效益必然低下"》，《河北经贸大学学报》，2014 年第 5 期。

[144] 陆茵茵：《金字塔结构下终极控制权、现金流权与公司绩效》，首都经济贸易大学硕士学位论文，2012 年。

[145] 吕东升：《论公有制与市场经济有机结合》，《江汉论坛》，2005 年第 12 期。

[146] 马红、王元月：《混合所有制与资本运营——基于中国建材集团的案例》，《财会通讯》，2015 年第 11 期。

[147] 马连福、王丽丽、张琦：《混合所有制的优序选择：市场的逻辑》，《中国工业经济》，2015 年第 7 期。

[148] 马曙光、黄志忠、薛云奎：《股权分置、资金侵占与上市公司现金股

利政策》,《会计研究》,2005 年第 9 期。

[149] 马相东:《混合所有制经济是基本经济制度的重要实现形式——访中国社会科学院学部委员张卓元研究员》,《新视野》,2014 年第 1 期。

[150] 马昀:《评"论混合经济"一文的非科学观点——与何伟先生商榷》,《当代经济研究》,2007 年第 2 期。

[151] 马忠、陈彦:《金字塔结构下最终控制人的盘踞效应与利益协同效应》,《中国软科学》,2008 年第 5 期。

[152] 梅波:《制度环境、行业周期效应与控制权和现金流权》,《经济与管理》,2013 年第 5 期。

[153] 孟祥霞:《大股东控制:利益协同效应还是壕沟防御效应——基于中国上市公司的实证分析》,《经济理论与经济管理》,2008 年第 4 期。

[154] 孟祥展、张俊瑞、程子健:《金字塔结构、投资者保护与关联担保——基于控制权和现金流权的分析》,《山西财经大学学报》,2015 年第 4 期。

[155] 聂辉华、江艇、杨汝岱:《中国工业企业数据库的使用现状和潜在问题》,《世界经济》,2012 年第 5 期。

[156] 聂长海、姜秀华、杜煊君:《"一股独大"悖论:中国证券市场的经验证据》,《中国工业经济》,2003 年第 7 期。

[157] 宁彬、王旸:《发展混合所有制经济要防止"穿新鞋走老路"》,《中国石化》,2014 年第 3 期。

[158] 潘红波、余明桂:《集团内关联交易、高管薪酬激励与资本配置效率》,《会计研究》,2014 年第 10 期。

[159] 彭白颖:《控制权、现金流权与公司价值——基于中国民营上市公司的证据》,《财会通讯》,2011 年第 3 期。

[160] 彭建国:《关于积极发展混合所有制经济的基本构想》,《中国发展观察》,2014 年第 3 期。

[161] 彭文平、刘健强:《IPO 高抑价之谜:"租金分配观"还是"定价效率观"?——基于 2005~2012 年数据》,《南京审计学院学报》,2014 年第 5 期。

[162] 彭文伟、冉茂盛、周姝:《最终控制权、现金流权与上市公司过度投资》,《软科学》,2009 年第 12 期。

［163］钱津:《当前所有制研究需要澄清的若干问题》,《经济学动态》,2004年第1期。

［164］常修泽:《社会主义市场经济体制的基础:混合所有制经济》,《光明日报》,2014年2月1日。

［165］冉茂盛、彭文伟、黄凌云:《现金流权与控制权分离下的企业R&D投资》,《科学学与科学技术管理》,2010年第1期。

［166］萨缪尔森、沈耀庚:《混合经济的力量》,《现代外国哲学社会科学文摘》,1983年第8期。

［167］邵毅平、虞凤凤:《内部资本市场、关联交易与公司价值研究——基于我国上市公司的实证分析》,《中国工业经济》,2012年第4期。

［168］宋宝萍、强力:《浅析上市公司"资金占用"问题》,《攀登》,2005年第5期。

［169］宋立刚、姚洋:《改制对企业绩效的影响》,《中国社会科学》,2005年第2期。

［170］宋敏、张俊喜、李春涛:《股权结构的陷阱》,《南开管理评论》,2004年第1期。

［171］宋文阁、刘福东:《混合所有制的逻辑——新常态下的国企改革和民企机遇》,中华工商联合出版社,2014年版。

［172］苏坤、杨淑娥:《现金流权、超额控制与公司经营绩效》,《山西财经大学学报》,2008年第9期。

［173］苏启林、万俊毅、欧晓明:《家族控制权与家族企业治理的国际比较》,《外国经济与管理》,2003年第5期。

［174］苏启林、朱文:《上市公司家族控制与企业价值》,《经济研究》,2003年第8期。

［175］粟立钟、王峰娟、赵婷婷:《国资管理体制:文献回顾和未来设想》,《北京工商大学学报》(社会科学版),2015年第3期。

［176］谭江华:《混合所有制完善导向下的国有经济布局再调整——制度优势与改革突破点》,《现代经济探讨》,2016年第2期。

［177］唐清泉、罗党论、王莉:《大股东的隧道挖掘与制衡力量——来自中

国市场的经验证据》,《中国会计评论》,2005 年第 1 期。

[178] 唐宗明、蒋位:《中国上市公司大股东侵害度实证分析》,《经济研究》,2002 年第 4 期。

[179] 田利辉:《国有股权对上市公司绩效影响的 U 型曲线和政府股东两手论》,《经济研究》,2005 年第 10 期。

[180] 万华炜:《中国混合所有制经济的产权制度分析》,《中南财经政法大学学报》,2007 年第 6 期。

[181] 汪平、邹颖、兰京:《异质股东的资本成本差异研究——兼论混合所有制改革的财务基础》,《中国工业经济》,2015b 年第 9 期。

[182] 王化成、张伟华:《关联交易、会计信息契约有用性与公司治理——基于上市公司高管更换的视角》,《中国软科学》,2010 年第 8 期。

[183] 王欢明、李鹏:《城市公共自行车服务民营化供给模式比较研究》,《中国软科学》,2015 年第 6 期。

[184] 王俊豪、蒋晓青:《我国城市公用事业民营化的负面效应及其对策》,《财经问题研究》,2011 年第 9 期。

[185] 王鹏、周黎安:《控股股东的控制权、所有权与公司绩效:基于中国上市公司的证据》,《金融研究》,2006 年第 2 期。

[186] 王荣森:《从大时代角度看混合所有制》,《决策探索》(下半月),2014 年第 9 期。

[187] 王小力:《混合所有制经济是国企改革的重头戏》,《现代物业》(中旬刊),2014 年第 5 期。

[188] 王新霞、刘志勇、孙婷:《股权分置改革对股权结构与公司绩效关系变迁的影响机理及实证分析》,《上海经济研究》,2011 年第 2 期。

[189] 王永年:《广义混合所有制概念辨析》,《江淮论坛》,2004 年第 6 期。

[190] 王永年、张伟、李磊:《安徽混合所有制经济的实证分析》,《安徽商贸职业技术学院学报》(社会科学版),2006 年第 3 期。

[191] 王勇:《对国有大股东作用的一种认识——来自国有股独大企业与全流通企业的比较》,《上海经济研究》,2007 年第 8 期。

[192] 王祖强:《新的财产所有结构与社会主义混合所有制》,《社会主义研

究》，2006 年第 2 期。

［193］卫兴华：《简论所有制与股份制的联系与区别》，《当代财经》，2004 年第 2 期。

［194］卫兴华：《为什么要实行和怎样实行混合所有制经济》，《山西高等学校社会科学学报》，2015a 年第 6 期。

［195］卫兴华：《怎样认识混合所有制经济——兼评"国退民进"论》，《人民论坛》，2015b 年第 27 期。

［196］卫兴华、陈卫华：《简论所有制与股份制的联系与区别——走出股份制认识问题上的误区》，《晋阳学刊》，2004 年第 1 期。

［197］魏熙晔、张前程：《最优股权结构与公司价值——理论模型与来自中国的经验证据》，《当代经济科学》，2014 年第 3 期。

［198］魏志华、王毅辉、李常青：《股权结构、行业竞争性与公司绩效——基于产出效率角度的经验证据》，《上海立信会计学院学报》，2009 年第 3 期。

［199］吴淑琨：《股权结构与公司绩效的 U 型关系研究——1997~2000 年上市公司的实证研究》，《中国工业经济》，2002 年第 1 期。

［200］吴万宗、宗大伟：《何种混合所有制结构效率更高——中国工业企业数据的实证检验与分析》，《现代财经》（天津财经大学学报），2016 年第 3 期。

［201］夏小林：《2014 年：国企与改革（上）——兼评被污名化的"国资一股独大"》，《管理学刊》，2014a 年第 3 期。

［202］夏小林：《2014 年：国企与改革（中）——兼评被污名化的"国资一股独大"》，《管理学刊》，2014b 年第 4 期。

［203］夏小林：《2014 年：国企与改革（下）——兼评被污名化的"国资一股独大"》，《管理学刊》，2014c 年第 5 期。

［204］夏业良、程磊：《外商直接投资对中国工业企业技术效率的溢出效应研究——基于 2002~2006 年中国工业企业数据的实证分析》，《中国工业经济》，2010 年第 7 期。

［205］项启源：《不能把股份制等同于公有制——兼与厉以宁教授商榷》，《经济学动态》，2004 年第 4 期。

［206］晓亮：《论大力发展混合所有制》，《经济学家》，2004 年第 2 期。

[207] 辛清泉、郑国坚、杨德明：《企业集团、政府控制与投资效率》，《金融研究》，2007 年第 10 期。

[208] 徐光伟、刘星：《控制权与现金流权分离侵害了中小股东利益吗？——基于民营上市公司的经验研究》，《经济体制改革》，2014 年第 1 期。

[209] 徐莉萍、辛宇、陈工孟：《股权集中度和股权制衡及其对公司经营绩效的影响》，《经济研究》，2006 年第 1 期。

[210] 徐善长：《江浙混合所有制经济发展调查》，《宏观经济管理》，2006 年第 4 期。

[211] 许永斌、彭白颖：《控制权、现金流权与公司业绩——来自中国民营上市公司的经验研究》，《商业经济与管理》，2007 年第 4 期。

[212] 杨瑞龙：《以混合经济为突破口推进国有企业改革》，《改革》，2014 年第 5 期。

[213] 杨思远：《德国的国有化与中国国企改革》，《国企》，2014 年第 11 期。

[214] 姚洋、章奇：《中国工业企业技术效率分析》，《经济研究》，2001 年第 10 期。

[215] 游家兴、罗胜强：《金字塔股权结构、地方政府税收努力与控股股东资金占用》，《管理科学》，2007 年第 1 期。

[216] 于金：《论"一股独大"的潜在优势》，《求是学刊》，2005 年第 2 期。

[217] 张春虎：《民营化、竞争与自然垄断产业的效率——以广东省自来水产业为例》，《经济体制改革》，2014 年第 4 期。

[218] 张东宁、马昭：《终极控制权、现金流权与公司财务绩效——基于国有控股上市公司的经验证据》，《辽宁工程技术大学学报》（社会科学版），2011 年第 1 期。

[219] 张晖：《跨国公司进入的股权选择方式研究》，《经济经纬》，2006 年第 3 期。

[220] 张晖、任俊义、宋华静：《在华跨国公司的技术优势与股权选择的博弈》，《山东工商学院学报》，2005 年第 4 期。

[221] 张杰、周晓艳、李勇：《要素市场扭曲抑制了中国企业 R&D？》，《经济研究》，2011 年第 8 期。

［222］张祥建、王东静、徐晋：《关联交易与控制性股东的"隧道行为"》，《南方经济》，2007年第5期。

［223］张向阳、丁荣余、朱有为：《跨国公司进入中国股权选择行为演变的三层次分析》，《江海学刊》，2005年第1期。

［224］张小军、石明明：《市场分割条件下的混合所有制经济竞争模型与规制策略》，《经济评论》，2011年第2期。

［225］张晓玫、朱琳琳：《混合所有制公司的治理结构、高管薪酬和经营绩效——基于分行业的研究视角》，《金融经济》，2016年第2期。

［226］张卓元：《混合所有制经济是什么样的经济》，《求是》，2014年第8期。

［227］张卓元：《论混合所有制的活力与贡献》，《北京日报》，2013年3月1日。

［228］张作云：《混合所有制经济的性质界定及其方法》，《江汉论坛》，2009年第1期。

［229］章卫东、张江凯、成志策、徐翔：《政府干预下的资产注入、金字塔股权结构与公司绩效——来自我国地方国有控股上市公司资产注入的经验证据》，《会计研究》，2015年第3期。

［230］赵春雨：《混合所有制发展的历史沿革及文献述评》，《经济体制改革》，2015年第1期。

［231］赵晶、郭海：《公司实际控制权、社会资本控制链与制度环境》，《管理世界》，2014年第9期。

［232］甄红线、庄艳丽：《掏空与机会主义支撑行为——基于关联交易视角的案例分析》，《经济与管理》，2015年第6期。

［233］郑晨曦：《我国家族上市公司控制权与现金流权的分离对公司价值的影响研究》，西南财经大学硕士学位论文，2013年。

［234］郑国坚：《基于效率观和掏空观的关联交易与盈余质量关系研究》，《会计研究》，2009年第10期。

［235］郑国坚、林东杰、张飞达：《大股东财务困境、掏空与公司治理的有效性——来自大股东财务数据的证据》，《管理世界》，2013年第5期。

［236］郑国坚、魏明海：《股权结构的内生性：从我国基于控股股东的内部资

本市场得到的证据》，《中国会计评论》，2006 年第 2 期。

[237] 郑志刚：《新兴市场分散投资者投资"金字塔结构"公司的激励》，《经济研究》，2005 年第 4 期。

[238] 左小蕾：《国企混合所有制改革应避免纯粹资本运作》，《中国证券报》，2014 年 2 月 1 日。

[239] 中秦：《混合所有制改革将催生局部牛市》，《中国证券报》，2014 年 1 月 1 日。

[240] 周宏达：《混合所有制激发经济活力》，《中国金融家》，2013 年第 12 期。

[241] 周黎安、罗凯：《企业规模与创新：来自中国省级水平的经验证据》，《经济学》（季刊），2005 年第 2 期。

[242] 周亚虹、贺小丹、沈瑶：《中国工业企业自主创新的影响因素和产出绩效研究》，《经济研究》，2012 年第 5 期。

[243] 周颖、李丽、徐继伟：《控制权、现金流权与侵占效应——基于中国民营上市公司的实证研究》，《大连理工大学学报》（社会科学版），2013 年第 1 期。

[244] 朱东平：《论社会主义市场经济下国有企业的改革思路》，《财经研究》，1994 年第 2 期。

[245] 朱光华：《大力发展混合所有制：新定位、新亮点》，《南开学报》，2004 年第 1 期。

[246] 朱松、陈超、马媛：《双向资金占用与上市公司资本投资》，《南开管理评论》，2010 年第 1 期。

[247] 朱雅琴、宋悦铭、王挺：《控制权与现金流权分离下的会计透明度研究——来自辽宁省上市公司的经验证据》，《东北财经大学学报》，2011 年第 4 期。

[248] 邹平、付莹：《我国上市公司控制权与现金流权分离——理论研究与实证检验》，《财经研究》，2007 年第 9 期。

[249] 邹小芃、陈雪洁：《控制权和现金流权分离下的公司治理研究》，《浙江学刊》，2003 年第 3 期。

[250] 邹怿、李凯、艾宝俊：《终极控制权、现金流权与公司全要素生产率》，

《管理科学》，2009 年第 5 期。

[251] 曹献飞：《政府补贴与企业研发投资——基于倾向评分匹配倍差法的经验研究》，《经济问题探索》，2014 年第 9 期。

[252] 程恩富、谢长安：《论资本主义和社会主义的混合所有制》，《马克思主义研究》，2015 年第 1 期。

[253] 郝云宏、汪茜：《混合所有制企业股权制衡机制研究——基于"鄂武商控制权之争"的案例解析》，《中国工业经济》，2015 年第 3 期。

[254] 贾利军、杨静：《从生产关系与技术创新的内在逻辑认识混合所有制改革》，《教学与研究》，2015 年第 4 期。

[255] 梁英、梁喜农：《产品市场竞争程度、控股股东性质与公司治理绩效》，《当代经济研究》，2012 年第 12 期。

[256] 龙斧、王今朝：《国有企业改制和上市不等于"混合所有制经济"——二评"资本混合型企业"的决策科学性》，《社会科学研究》，2015 年第 1 期。

[257] 穆林娟、杨扬：《国企混合所有制改革中的股权结构安排问题——以中航油与泽胜集团为例》，《财务与会计》，2015 年第 6 期。

[258] 宋常、黄蕾、钟震：《产品市场竞争、董事会结构与公司绩效——基于中国上市公司的实证分析》，《审计研究》，2008 年第 5 期。

[259] 谭云清、刘志刚、朱荣林：《产品市场竞争、管理者激励与公司绩效的理论与实证》，《上海交通大学学报》，2008 年第 11 期。

[260] 卫兴华、何召鹏：《从理论和实践的结合上弄清和搞好混合所有制经济》，《经济理论与经济管理》，2015 年第 1 期。

[261] 许荣、徐星美、权小锋：《中国企业集团关联交易：掏空支持还是相互保险》，《经济理论与经济管理》，2015 年第 12 期。

[262] 姚佳、陈国进：《公司治理、产品市场竞争和企业绩效的交互关系——基于中国制造业上市公司的实证研究》，《当代财经》，2009 年第 8 期。

[263] 张莉艳、安维东：《国有零售企业混合所有制改革研究——基于沪深两市零售上市公司的实证》，《中国流通经济》，2015 年第 6 期。

[264] 郑世林：《市场竞争还是产权改革提高了电信业绩效》，《世界经济》，2010 年第 6 期。

.